Think and
Grow Rich

열망을
생각하다

초판 인쇄 ｜ 2015년 5월 20일 초판 1쇄
초판 발행 ｜ 2015년 6월 1일 초판 1쇄

지은이 ｜ 나폴레온 힐
옮긴이 ｜ 홍성화
감수자 ｜ 김동수
발행인 ｜ 박명환
펴낸곳 ｜ 비즈토크북

주 소 ｜ 서울시 마포구 와우산로 3길 15(상수동, 2층)
전 화 ｜ 02) 334-0940
팩 스 ｜ 02) 334-0941
홈페이지 ｜ www.vtbook.co.kr
출판등록 ｜ 2008년 4월 11일 제 313-2008-69호

편집장 ｜ 경은하
마케팅 ｜ 윤병인 (010-2274-0511)
디자인 ｜ 이미지공작소 02) 3474-8192
제 작 ｜ (주)현문

ISBN 979-11-85702-06-3 03190

THINK AND GROW RICH

비즈토크북은 **디자인뮤제오**의 출판브랜드입니다.

열망을
생각하다

나폴레온 힐 지음 | 홍성화 옮김 | 김동수 감수

Think and
Grow Rich

BIZ TALK BOOK

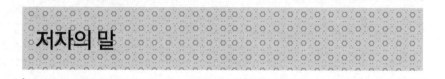

저자의 말

이 책에는 500명이 넘는 사람들을 엄청난 거부로 만들어 준 '부자가 되는 비밀'이 들어 있다. 나는 오랫동안 성공한 부자들을 주의 깊게 분석하고 연구했다.

내가 부자가 되는 비밀에 대해 생각하게 된 것은 25년 전쯤 만난 앤드루 카네기Andrew Carnegie 덕분이었다. 이 지혜롭고 매력적인 스코틀랜드 출신 노인은 어떻게 생각하면 무심한 듯한 태도로 아직 세상에 대해서 잘 알지 못하는 20대 초반이었던 내게 그 비밀을 말해 주었다. 그러고는 의자에 편한 자세로 앉아서 자기 말의 의미를 내가 충분히 이해할 만한 머리를 가졌는지 알아보려는 듯 미소 띤 맑은 눈으로 지긋이 바라보았다.

내가 알아들었다고 확신하자, 카네기는 그 비밀을 모르면 실패한 삶을 살아갈 사람들에게 도움을 줄 수 있도록 그것을 세상에 알리는 데 20년 이상을 기꺼이 투자할 수 있겠냐고 물었다. 나는 그렇게 하겠다고 대답했고, 그의 도움을 받으며 약속을 지켰다.

이 책은 이 세상 거의 모든 분야에서 일하는 수천 명의 사람들에게 검증받은 그 비밀을 담고 있다. 카네기는 자신에게 엄청난 부를 가져다 준

마법의 공식이 시간 부족 탓에 돈 버는 방법을 연구할 수 없는 사람들의 손이 닿을 수 있는 곳에 놓여야 한다고 생각했다. 또 그가 마법의 공식 magic formula이라고 부르는 부자가 되는 비밀의 효과성을 세상의 온갖 직업을 가진 사람들의 경험을 통해서 내가 시험하고 증명해 주기를 바랐다. 그는 또한 마법의 공식을 초등학교, 중고등학교, 대학교에서 가르쳐야 한다고 믿었고, 그렇게 되기만 한다면 교육 시스템에 혁명을 가져와서 필요한 교육 기간을 절반 이하로 줄일 수 있다고 말했다. 카네기는 찰스 슈왑Charles M. Schwab을 비롯해 비슷한 유형의 젊은이들과 만남을 통해 학교에서 배우는 교육이 부자가 되는 것과는 대부분 관계가 없다고 확신하게 되었다. 학교 교육을 거의 받지 못한 젊은이들을 채용해 마법의 공식을 가르치면 그들이 뛰어난 리더로 성장하는 것을 경험했기 때문이다.

'믿음'에 관해 이야기하는 3장에서 당신은 한 젊은이에 의해 아이디어가 만들어지고 그것이 현실로 이루어져 초거대기업 US 스틸US Steel이 설립되는 놀라운 이야기를 접하게 된다. 카네기는 그 청년을 통해서 받아들일 준비가 된 사람에게는 마법의 공식이 반드시 효과가 있다는 사실을 증명했다. 찰스 슈왑이라는 그 청년은 단 한 번의 공식 실천으로 엄청난 부와 기회를 획득했는데, 그 가치는 금전적인 면에서만 보더라도 약 6억 달러에 달했다.

카네기를 아는 거의 모든 사람들이 인정하는 이런 사실들은 당신이 진정 무엇을 원하는지 알고 있기만 하면 이 책이 당신에게 어떤 선물을 가져다줄지 예측할 수 있게 해 준다. 부자가 되는 비밀은 수천 명에게 전해졌고, 카네기가 계획했던 대로 그들은 개인적 목표를 성취하기 위해서 그것을 사용했다. 어떤 사람들은 큰돈을 벌었고, 어떤 사람들은 자신이 원하던 화목한 가정을 이뤘다. 연간 수입이 열 배 이상 수직 상승한 사람도 있었다.

신시내티에 사는 양복점 주인 아서 내시Arthur Nash는 공식의 효과를 알아보기 위해서 거의 부도 직전인 가게를 실험 대상으로 삼았다. 가게는 되살아났고 그는 큰돈을 벌었다. 주인인 아서 내시는 죽었지만 가게는 여전히 번창하고 있다. 그 실험이 대단히 독특했기 때문에 신문과 잡지에서는 백만 달러 이상의 홍보 효과를 가진 호의적인 기사를 실었다.

부자가 되는 비밀은 텍사스 주 댈러스에 사는 스튜어트 위어Stuart Austin Wier에게도 알려졌다. 그는 그 비밀을 전수받을 준비가 되어 있었다. 자신이 하고 있던 일을 그만두고 새로 법률 공부를 시작했다. 그는 성공했을까? 그 이야기도 책 속에 실려 있다.

라살 개방 대학교 Lasalle Extension University가 거의 무명이었을 때, 나는 홍보 책임자로 일하면서 총장 채플린J. G. Chapline이 마법의 공식을 아주 효과적으로 활용해서 학교를 미국에서 가장 유명한 개방 대학교의 하나로 발전시키는 과정을 옆에서 지켜보는 행운을 누렸다.

내가 말하는 비밀은 이 책에서 100번 이상 언급되는데, 특별히 이름을 붙이진 않았다. 왜냐하면 비밀이 이것이라고 콕 찍어서 알려 주는 것보다는 그냥 밖으로 드러내어 눈에 띄도록 해서 비밀을 알 준비가 되어 있고 찾고자 하는 사람들이 가져갈 수 있게 하는 편이 더 효과적이기 때문이다. 그것이 바로 카네기가 내게 그 비밀을 무엇이라고 이름 붙이지 않고 그렇게 조용히 전해 준 이유다. 당신이 그것을 사용할 준비가 되어 있다면, 각 장에서 적어도 한 번 이상 그 비밀이 무엇인지 찾을 수 있다. 방법을 말해 줄 수 있다면 좋겠지만, 그러면 당신이 스스로 그 비밀을 발견했을 때 얻을 수 있는 유익을 빼앗는 결과를 빚을 것이다.

당신이 좌절에 빠진 적이 있다면, 도저히 극복할 수 없는 엄청난 어려움을 겪은 적이 있다면, 최선을 다했는데도 실패하고 말았다면, 질병이나 사고로 장애를 갖고 있다면, 내 아들이 카네기 공식을 발견하고 활용한 이야기가 절망이라는 사막에서 헤매는 당신에게 오아시스가 될 것이다.

이 비밀은 제1차 세계대전 당시 윌슨 대통령이 심도 있게 활용했다. 또 세계대전에 참전했던 군인들에게 전선 투입 전 훈련이라는 형태로 포장되어 전달되었다. 윌슨 대통령은 내게 그 비밀이 전쟁에 필요한 자금을 모으는 데 강력한 요소였다고 말했다.

이 비밀의 특이한 점은 획득해서 사용하는 사람들이라면 누구든 바로 성공으로 직행한다는 사실이다. 이 말이 의심스러우면 그것을 사용했던 사람들이 이 책에서 언급될 때마다 기억해서 그들의 이력을 조사해 보면 사실임을 확인할 수 있다.

이 세상에 거저 얻어지는 것은 없다. 마찬가지로 내가 말하는 비밀도 그 가치에 비해서 훨씬 적긴 하지만 대가를 치러야 한다. 동시에 아무리 높은 값을 지불하더라도 그것을 찾기 위해서 의식적으로 노력하지 않는 사람은 그 비밀에 접근할 수 없다. 그 비밀은 나누어 줄 수도 없고 돈으로 살 수도 없다. 왜냐하면 그 비밀은 두 부분으로 이루어져 있는데 한쪽 부분은 받을 준비가 된 사람들이 이미 갖고 있기 때문이다.

비밀은 받을 준비가 되어 있는 사람들 모두에게 똑같이 도움을 준다. 교육 수준과는 전혀 관계가 없다. 내가 태어나기도 훨씬 전에 비밀은 토마스 에디슨Thomas A. Edison 손에 들어갔다. 그는 그 비밀을 대단히 지혜롭게 잘 사용해서 단 3개월뿐이었던 학교 교육만 받고도 세계적으로 손꼽히는 발명가가 되었다.

비밀은 또 에디슨의 사업 파트너인 에드윈 반즈Edwin C. Barnes에게 전해졌다. 연간 1만 2000달러만 벌던 그는 비밀을 아주 효과적으로 사용한 덕분에 엄청난 부를 축적해서 젊은 나이에 은퇴했다. 1장 첫머리에 그의 이야기가 실려 있다. 그 내용을 읽으면서 당신은 부란 자기 능력 범위 밖에 있는 것이 아니며 당신은 아직도 자신이 원하는 사람이 될 수 있고, 누구든 돈, 명예, 인정, 행복이라는 축복을 가질 준비와 갖겠다는 결심을 한다면 그것을 가질 수 있다는 확신을 얻을 것이다.

어떻게 그런 예상을 할 수 있을까? 당신은 이 책을 마치기 전에 그 답을 찾게 될 것이다. 1장에서 발견할 수도 있고, 아니면 마지막 페이지에서 발견할 수도 있다.

카네기의 요청에 따라 20년에 걸친 과제를 해결해 가면서 나는 저명인사들을 수백 명 연구했다. 그들 중 다수는 자신이 마법의 비밀 덕분에 엄청난 부를 축적할 수 있었다고 인정했다. 그중 몇 사람 이름이 아래에 적혀 있다.

헨리 포드 Henry Ford (포드 자동차 설립자)

해리스 F. 윌리엄스 Harris F. Williams (미국 시카고의 변호사)

윌리엄 리글리 William Wrigley Jr (윌리엄 리글리 주니어사의 대표. 시카고 컵스 구단주 역임)

프랭크 건솔러스 Dr. Frank Gunsaulus (미국의 목사이자 교육자)

존 워너메이커 John Wanamaker (워너메이커백화점 설립자. 미 체신부 장관 역임)

다니엘 윌러드 Daniel Willard (1910년~1941년 B&O 사장 역임)

제임스 제롬 힐 James J. Hill (미국 그레이트노던 철도의 최고 경영자)

킹 질레트 King Gillette (미국의 사업가로 질레트 면도기 창업자)

조지 S. 파커 George S. Parker (미국 파커 펜 회사 설립자)

랄프 윅스 Ralph A. Weeks (미국 Ridge Road Express 스쿨버스 운송회사 사장)

스타틀러 E. M. Statler (미국 상용호텔의 선구자로 스타틀러 호텔 체인 설립)

다니엘 라이트 Judge Daniel T. Wright (미 연방법원 판사 역임)

헨리 L. 도허티 Henry L. Doherty (공공시설 건설회사 경영자)

사이러스 커티스 Cyrus H. K. Curtis (미국의 잡지 및 신문 발행인)

존 D.록펠러 John D. Rockefeller (미국의 석유재벌이자 자선가)

조지 이스트먼 George Eastman (미국의 사진 기술자. 이스트먼 코닥 회사 설립자)

토마스 A. 에디슨 Thomas A. Edison (미국의 발명가. '발명왕 에디슨'으로 유명)

찰스 슈왑 Charles M. Schwab (US 스틸 전문 경영인)

프랭크 밴더리프 Frank A. Vanderlip (미국 뉴욕 내셔널시티 은행장 역임)

테오도어 루즈벨트 Theodore Roosevelt (미국의 26대 대통령. 노벨 평화상 수상)

F.W. 울워스 F. W. Woolworth (미국 최초의 할인형 염가매장 '파이브 앤 다임' 창업자)

존 W. 데이비스 John W. Davis (정치인이자 변호사. 미 법무차관 역임)

로버트 A. 달러 Robert A. Dollar (미국의 목재왕이자 선박왕)

엘버트 허버드 Elbert Hubbard (로이크로프트 출판사 설립. 출판 경영자이자 에세이스트)

윌버 라이트 Wilbur Wright (미국의 비행기 제작자. 라이트 형제 중 형)

에드워드 A. 파이린 Edward A. Filene (파이린즈 베이스먼트의 창립자)

윌리엄 제닝스 브라이언 William Jennings Bryan (미국의 진보파 정치가. 미 국무장관 역임)

에드윈 반즈 Edwin C. Barnes (토마스 에디슨의 사업 파트너)

아서 내쉬 Arthur Nash (미국의 사업가, 작가이자 대중 연설가)

데이비드 스타 조던 Dr. David Starr Jordan (인디애나 대학교와 스탠포드 대학교 총장 역임)

클라렌스 대로우 Clarence Darrow (미국의 변호사)

우드로 윌슨 Woodrow Wilson (미국의 28대 대통령)

오그던 아무르 J. Ogden Armour (미국의 아무르 미트 패킹 사장. 시카고컵스 구단주 역임)

윌리엄 하워드 태프트 William Howard Taft (미국의 27대 대통령)

아서 브리즈번 Arthur Brisbane (미국의 저널리스트)

루터 버뱅크 Luther Burbank (미국의 원예개량가로 품종 개량에 전념)

줄리어스 로젠왈드 Julius Rosenwald (미국 시카고의 사업가. 시카고 과학 산업 박물관 설립)

에드워드 복 Edward W. Bok (미국의 편집자로 퓰리처상 전기 및 자서전 부문 수상자)

스튜어트 오스틴 위어 Stuart Austin Wier (미국의 법률가. 작가이자 강연자)

프랭크 먼지 Frank A. Munsey (미국의 출판업자로 현대 잡지출판 산업의 선구자로 불림)

프랭크 크레인 Dr. Frank Crane (미국의 목사이자 칼럼니스트)

엘버트 H. 게리 Elbert H. Gary (미국의 법률가이자 US 스틸 회장 역임)

조지 M. 알렉산더 George M. Alexander (미국의 정치가로 로스엔젤리스 시장 역임)

알렉산더 그레이엄 벨 Dr. Alexander Graham Bell (발성학자이자 최초의 실용적 전화기 발명가)

J.G. 채플린 J. G. Chapline (미국의 라살 통신대학교 총장 역임)

제닝스 랜돌프 Jennings Randolph (1958년~1985년까지 미 상원의원으로 재임)

존 H. 패터슨 John H. Patterson (미국 내셔널 캐시 레지스터 컴퍼니(NCR)의 창립자)

위에 열거한 사람들은 금전적으로나 그 밖의 다른 면에서 커다란 성공을 거둔 수백 명 중 극소수인데, 카네기의 비밀을 이해하고 적용하면 사회에서 높은 위치에 도달할 수 있다는 사실을 증명해 준다. 나는 아직까지 비밀을 사용한 사람치고 자신이 선택한 영역에서 뛰어난 성공을 거두지 못하는 것을 본 적이 없다. 또 비밀을 습득하지 않은 사람이 유명해지거나 큰 부자가 되는 것을 보지 못했다. 이 두 가지로 나는 부자가 되는 비밀이 소위 교육이라고 불리는 전 과정을 통해 배우는 어떤 지식보다도 우리 삶에서 더 중요하다는 결론에 도달했다. 그런데 '교육'이란 무엇인가? 이 책에는 이 질문에 대한 상세한 답이 들어 있다.

　당신이 준비되어 있기만 하다면 책을 읽으면서 어디에선가 지금까지 이야기해 온 비밀이 튀어나와 당신 앞에 확실한 모습을 드러낼 것이다. 그것을 보면 당신은 곧장 '아! 바로 이것이 그 비밀이구나.' 하고 알아챌 수 있다. 비밀이 모습을 드러내면 책의 첫 페이지든지 아니면 마지막 페이지든지 거기서 멈추고 그 순간을 마음 속 깊이 새겨야 한다. 왜냐하면 그 순간이야말로 당신 삶에서 가장 중요한 전환점이 될 것이기 때문이다.
　또 이 책은 꾸민 이야기가 아니라 사실을 다룬다는 점, 이 책의 목적은 보편적 진실을 전달해서 그것을 받아들일 준비가 된 사람들이라면 누구나 무엇을 어떻게 해야 하는지 배울 수 있게 돕는 것임을 기억하기 바란다. 그들은 첫발을 내딛는데 필요한 자극도 받을 수 있다.

마지막으로 첫 장을 시작하기 전에 카네기의 비밀을 찾는데 도움이 될 만한 짧은 힌트를 하나 주려고 한다. 그것은 모든 성취, 노력을 통해 획득한 모든 부는 아이디어에서 시작된다는 사실이다. 당신이 그 비밀을 받아들일 준비가 되어 있다면 이미 그 절반을 갖고 있는 셈이다. 따라서 당신은 나머지 절반이 눈에 띄면 즉시 그것을 알아차릴 수 있다.

나폴레온 힐

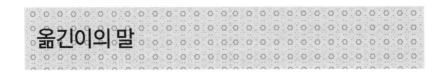

이 책은 저자 나폴레온 힐이 미국에서 가장 성공한 사람들 500명 이상을 직접 인터뷰한 결과를 정리한 것이다.

그는 1883년 미국 버지니아 주의 가난한 가정에서 태어났다. 부유한 친척의 도움을 받고 싶어 그 친척의 이름을 따서 나폴레온이라고 이름을 지었다고 전해지지만 별 도움을 받지는 못했다.

1908년 25세 때 기사를 쓰기 위해 철강왕 앤드루 카네기와 인터뷰를 하게 된 것이 그의 삶에 전환점이 되었다. 당시 카네기는 73세로 미국에서 가장 부유한 사람 중 한 명이었다. 가난한 스코틀랜드 이민자 출신이었던 카네기는 자신과 같이 어려운 집안에서 태어난 사람이 미국을 대표하는 거부가 될 수 있다면 누구라도 부자가 될 수 있다고 믿었다. 그는 사람들이 부자가 되는 방법을 몰라서 평생을 가난하게 사는 것이 안타까웠다.

인터뷰를 하는 과정에서 나폴레온 힐에게 호감을 느끼게 된 카네기는 그를 자신의 집으로 초대했다. 그리고 가난했던 자신이 부자가 될 수 있었던 비밀을 이야기한 후 다음과 같은 제안을 했다.

"세상에는 천문학, 지리학, 물리학, 화학, 수학 등은 있어도 성공 철학은 없네. 이제껏 내가 가진 성공 비결을 자네에게 모두 전수했는데, 지금부터 누구에게나 적용 가능한 성공 철학을 찾아서 정리해 주지 않겠나?"

나폴레온 힐은 카네기의 제안을 받아들였고, 그때부터 20년 넘는 오랜 세월에 걸쳐 성공 비결을 정리하고 검증했다. 이 책은 그의 땀과 삶의 흔적이 담긴 오랜 노력의 결과물이다.

세상에는 수많은 성공학 관련 책이 있지만 이 책은 적어도 두 가지 점에서 다른 책들과 차별화된다. 첫째, 나폴레온 힐이 세 명의 대통령을 포함해 미국에서 가장 성공한 사람들 수백 명을 직접 만나 그들에게 들은 성공 비결을 정리하고 오랜 시간에 걸쳐 검증했다는 점이다. 그가 이 책에서 제시하는 기본 원리를 익히고 실천하면 반드시 성공한다는 점에서 나폴레온 힐의 성공 철학은 성공 과학이라고 불린다. 둘째, 이 책은 현대 성공학의 고전이다. 나폴레온 힐 이후에도 성공학 분야에서 수많은 저자들이 다양한 저서들, 그리고 프로그램을 내놓았다. 지금까지 성공학에 관심을 갖고 공부해 왔던 독자들이라면 자신이 읽었던 책, 참가했던 프로그램의 많은 주요 내용들이 이 책에 담겨 있는 성공 원리를 이용하고 있다는 점을 발견할 것이다. 성공학의 원조에 해당하는 책을 읽고 싶었다면 이 책이 바로 독자 여러분이 찾고 있던 바로 그 책이다.

이 책을 번역하고 책으로 나올 수 있도록 인연의 끈을 이어준 김동수 원장님과 윤병인 본부장님, 그리고 내 삶의 원천인 아내와 두 딸 정연, 승연에게 깊은 감사의 마음을 전한다.

홍성화

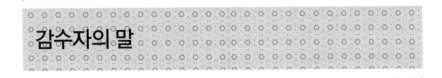

감수자의 말

　나폴레온 힐의 대표저서인 ≪Think and Grow Rich≫가 한국어로 출판되도록 허락해 주신 미국 나폴레온 힐 재단의 돈 그린Don Green, 주디 윌리엄슨Judith Williamson 두 분과 최선을 다해 번역해 주신 홍성화 박사님, 출판을 위해 수고하신 윤병인 본부장님께 먼저 감사의 말씀을 드리며, 드디어 완역본을 읽게 된 독자분들께도 축하의 말씀을 전합니다.

　이 책을 통하여 우리나라는 물론 한국말을 사용하는 전 세계 한민족 동포들이 마음에 행복과 성공의 씨앗을 품고, 그것을 믿어서 원하는 바를 이루는 데 도움이 되었으면 하는 작은 소망을 가져 봅니다. 아울러 이 책은 한국에서도 진행되고 있는 나폴레온 힐 세미나에 참가하는 강사와 수강생들에게 참고 도서로서 프로그램 내용의 이해와 실천에 필수적인 길잡이가 될 것입니다.

　나폴레온 힐의 말대로 여기 실린 내용은 당신에게 백만 달러 이상의 가치를 지닐 것이라고 확신합니다.

김동수

CONTENTS

I 생각은 결과물

우리들이 마음속으로 생각하고 믿는 것은
그것이 무엇이든지 모두 이루어진다.

**Whatever the mind of man can
conceive and believe it can achieve.**

생각을 통해서
토마스 에디슨의 파트너가 된 사람

"생각은 물체다." 정말 그렇다. 확고한 목적과 끈기, 재산이나 다른 물건으로 변환하려는 욕구와 결합하면, 생각은 평범한 물체가 아니라 강력한 힘을 가진 결과물이다.

몇 년 전, 에드윈 반즈 Edwin C. Barnes는 사람들이 생각을 통해서 실제로 부자가 된다는 것이 얼마나 맞는 말인지 알게 되었다. 단번에 그 발견이 이루어지진 않았다. 그것은 위대한 발명가 에디슨의 사업 파트너가 되고 싶다는 강렬한 욕구로부터 서서히 시작되었다.

반즈의 욕구가 가진 중요한 특성 중 하나는 확고했다는 것이다. 그는 에디슨 회사의 직원이 아니라 에디슨의 사업 파트너가 되고 싶다는 확고한 욕구를 갖고 있었다. 그가 자신의 욕구를 어떻게 현실로 바꾸어 갔는지 주의 깊게 들여다보면, 부로 안내하는 원칙들을 보다 잘 이해할 수 있을 것이다.

생각이 처음 떠올랐을 때, 그는 그 생각을 실행에 옮길 수 없는 형편이었다. 두 가지 장애 요소가 있었는데, 첫째는 그가 에디슨을 전혀 모른다는 사실이었고, 다른 하나는 에디슨이 사는 뉴저지 주 오렌지까지 갈 기차 요금이 없다는 점이었다. 아마 대다수는 이런 형편이라면 에디슨을 만나러 갈 생각조차 하지 못했을 것이다. 그러나 에디슨의 사업 파트너가 되고 싶다는 반즈의 욕구는 평범한 욕구가 아니었다. 그는 포기 대신 화물 열차에 오르는 방법을 선택했다.

발명가와 '부랑자'

그는 에디슨의 실험실에 나타나서 에디슨과 함께 사업을 하러 왔다고 선언했다. 몇 년 후 반즈와 처음 만났을 때를 회상하면서 에디슨은 이렇게 말했다.

"내 앞에 서 있는 반즈의 외양은 그저 그런 부랑자였다. 그러나 그의 표정에서는 자신이 원하는 것을 반드시 얻고야 말겠다는 결단이 느껴졌다. 나는 오랜 경험을 통해서 어떤 사람이 무언가를 진실로 강렬하게 원하고 그것을 얻는 데에 자신의 모든 것을 기꺼이 건다면 반드시 성공한다는 사실을 알고 있었다. 나는 그가 자신이 원하는 것을 얻을 때까지 무슨 일이 있더라도 물러나지 않겠다고 결심했음을 알았기에 원하는 기회를 주었다. 그 후 펼쳐진 상황은 내가 실수하지 않았다는 것을 증명해 준다."

반즈가 에디슨의 회사에서 일할 수 있게 된 것이 그가 했던 말 때문은 아니었다. 그의 외모 덕분은 더욱 아닐 것이다. 왜냐하면 그에게 외양은 확실한 마이너스 요인이었기 때문이다. 그가 입사할 수 있었던 결정적 이유는 그의 생각이었다. 에디슨과의 첫 번째 인터뷰에서 반즈가 얻은 것은 파트너십이 아니었다. 그는 단지 사무실에서 아주 낮은 보수로 일할 수 있는 기회를 얻었을 뿐이다.

몇 개월이 흘렀다. 겉보기에는 반즈가 확고한 주목적definite major purpose 으로 삼았던 야심찬 목표를 달성하는 데에 가까워질 수 있는 일은 전혀 일어나지 않았다. 그러나 무엇인가 중요한 일이 반즈의 마음속에서 벌어지고 있었다. 그는 에디슨의 사업 파트너가 되겠다는 자신의 욕구를 꾸준히 강화하고 있었다.

심리학자들은 "우리가 어떤 것에 대한 준비가 되어 있으면 그것이 겉으로 나타난다."라고 말한다. 맞는 말이다. 반즈는 에디슨과 사업을 함께 할 준비가 되어 있었다. 게다가 그는 자신이 원하는 것을 얻을 때까지 준비를 계속하겠다는 결심마저 하고 있었다. 그는 "그래, 어쩌겠어. 방법이 없잖아. 도저히 안 된다면 세일즈맨이 되지 뭐."라고 마음속으로 생각하지 않았다. 대신 "내가 여기 온 것은 에디슨의 사업 파트너가 되기 위해서야. 내 인생을 걸고 그 일을 해내겠어."라고 말했고, 실제로 그렇게 각오하고 있었다. 우리가 확고한 목적을 정하고, 그것을 달성하는 것에 자기 인생을 걸고, 자나 깨나 그것만 생각한다면 우리 삶은 얼마나 달라질까?

어쩌면 젊은 반즈는 당시에 그것을 깨닫지 못했겠지만, 그의 확고한 결단과 자기 삶의 목적을 달성할 때까지 결코 후퇴하지 않는 끈기는 결국 모든 장애를 극복하고 그가 찾는 기회를 가져다줄 수밖에 없었다.

교묘하게 포장된 기회

마침내 그에게 기회가 왔다. 하지만 기회는 반즈가 생각한 것과 다른 형태로 다른 방향에서 생겼다. 이것이 기회가 사용하는 기교 가운데 하나다. 기회는 은밀하게 후문으로 들어오는 습관이 있고, 종종 불행이나 일시적 좌절이라는 가면을 쓰고 나타난다.

에디슨은 그 당시 '에디슨 녹음기'로 알려진 새로운 사무기기를 완성했다. 회사 영업사원들은 녹음기를 엄청난 노력 없이는 팔기 어렵다고 생각해서 그다지 환영하지 않았다. 반즈는 좋은 기회라고 생각했다. 기회는 반즈와 녹음기를 발명한 에디슨 외에는 아무도 흥미를 느끼지 않는 이상한 모습을 한 기계 속에 숨어서 조용히 나타났다. 반즈는 자신이 녹음기를 팔 수 있다고 에디슨에게 제안했고, 곧 기회를 얻었으며 결국 성공했다. 결과가 너무 좋아서 에디슨은 반즈에게 전국 판매권을 주었다.

녹음기 사업으로 반즈는 부자가 되었지만 실은 그것과 비교할 수 없는 엄청난 일을 했다. 사람이 "생각함으로써 부자가 된다."는 사실을 실제로 증명한 것이다. 반즈가 실제로 돈을 얼마나 벌었는지는 알 수 없다. 아마도 2백만 혹은 3백만 달러 정도겠지만 금액이 실제로 얼마였다는 점보다 훨씬 중요한 것은 이미 알려진 원칙을 적용해서 무형인 생각이 물질적 보상으로 바뀔 수 있다는 확고한 지식을 얻은 데에 있다.

반즈는 문자 그대로 에디슨의 파트너가 되겠다는 생각을 통해서 그것을 현실로 이루어냈다. 그는 생각을 통해서 부자가 되었다. 처음에 그는 자신이 원하는 것이 무엇인지를 아는 능력과 원하는 것을 이룰 때까지 견디어 내는 결단 외에는 아무것도 가진 게 없었다.

금맥까지 3피트

가장 흔한 실패 원인의 하나는 한때의 패배에 단념해 버리는 습관이다. 누구나 한두 번은 경험하는 실수다.

다비R.U.Darby의 삼촌 한 명이 금광을 발견해 부자가 되겠다는 열의에 차서 골드러시 때 서부로 떠났다. 그는 "땅에서 캐낸 금보다 더 많은 금이 사람들 생각에서 나온다."라는 사실을 모르고 채광권을 사서 삽과 곡괭이를 들고 일을 시작했다. 몇 주간 고생 끝에 반짝이는 금을 찾아냈는데 원석을 끌어올리려면 장비가 필요했다. 다른 사람들이 눈치채지 못하게 현장을 가려 놓고, 그는 메릴랜드 주 윌리엄스버그의 집으로 돌아와서 친척들과 가까운 지인들에게 금광을 발견했다고 알렸다. 그들은 돈을 모아 장비를 구입해서 보냈고, 삼촌과 다비는 채굴을 계속하러 돌아갔다.

처음 채굴한 원석을 제련소에 보냈고, 콜로라도 주에서 가장 질이 좋다는 판정을 받았다. 몇 번만 더 채굴하면 빚을 갚고 그 후부터는 엄청난 이익이 나기 시작할 것이었다. 착암기가 땅속으로 들어갈 때마다 다비와 삼촌의 희망은 커져 갔다. 그때 갑작스럽게 금광맥이 사라져 버렸다. 부풀었던 꿈은 깨지고 더 이상 금을 찾을 수 없었다. 그래도 그들은 다시 금맥을 찾기 위해서 계속 땅을 파 들어갔지만, 아무리 해도 발견할 수 없었다.

결국 그들은 실패를 인정하고 채굴을 중지하기로 결정했다. 그들은 장비를 몇 백 달러라는 헐값에 고물상에게 처분하고 고향으로 돌아가는 기차에 올랐다. 그 장비를 사들인 고물상은 광산 기술자를 불러서 조사를 의뢰했다. 광산 기술자는 가짜 금맥을 몰랐기 때문에 실패한 것이라고 이유를 말해 주었다. 그의 계산에 따르면 진짜 광맥은 다비와 삼촌이 채굴을 중지한 곳에서 3피트 떨어진 곳에 있었고, 채굴 결과 실제로 거기서 금맥을 발견할 수 있었다. 그 고물상은 포기하기 전에 전문가 조언을 구하는 지혜 덕분에 수백만 달러어치의 금을 채굴할 수 있었다.

나는 결코 상대방이 거절한다고 해서 포기하지 않겠다

오랜 시간이 흐른 후 다비는 욕구가 금으로 바뀔 수 있다는 사실을 발견해서 자신이 입은 손실을 몇 배로 되돌려 받을 수 있었다. 그 발견은 생명보험 영업을 시작한 다음에 이루어졌다. 단 3피트를 앞두고 포기하는 바람에 입은 엄청난 손해를 기억한 다비는 거기서 얻은 경험을 바탕으로 "금광 찾기는 3피트 전방에서 중단했지만, 보험을 팔 때는 상대방이 거절한다고 해도 결코 포기하지 않겠다."라고 스스로 다짐하는 단순한 방법으로 보험 영업에서 큰 성공을 거뒀다. 다비는 생명보험 영업에서 연간 백만 달러 이상 실적을 올린 뛰어난 소수 그룹의 일원이 되었다. 그는 끈기 있는 보험 영업인이 된 이유를 금광 채굴을 중도 포기하면서 얻은 교훈 덕택이라고 말한다.

　어떤 사람이든 성공에 앞서 한때 패배나 실패를 겪기 마련이다. 패배를 당했을 때 하는 가장 쉽고 합당한 행동은 그만두는 것이고, 사람들 대부분은 정말 그렇게 한다. 미국에서 가장 성공한 사람들 500명 이상이 자신의 커다란 성공은 패배를 겪은 곳의 단 한 걸음 너머에서 찾아왔다고 내게 말했다. 실패는 갑작스러운 반전을 즐기고, 교활한 사기꾼과도 같다. 실패는 사람들을 성공의 문턱에서 좌절시키면서 큰 기쁨을 맛본다.

끈기에 관한 50센트짜리 교훈

커다란 실패라는 인생 대학교 졸업장을 받고, 그 실패에서 얻은 경험을 활용하려고 할 때 다비는 운 좋게도 '노'라는 말이 반드시 거절이라는 의미가 아님을 보여 주는 현장을 목격했다.

어느 날 오후 그는 옛날 방식 맷돌로 밀 빻는 삼촌 일을 돕고 있었다. 삼촌은 커다란 농장 주인이었는데, 농장에는 흑인 소작농이 여럿 살고 있었다. 그때 문이 조용히 열리고 소작농 딸인 어린 흑인 소녀가 들어오더니 문 가까운 곳에 멈춰 섰다. 삼촌은 흑인 소녀를 발견하자 큰 소리로 거칠게 "무슨 일이야?"라고 물었다. 소녀는 온순한 태도로 "엄마가 50센트를 받아오라고 하셨어요."라고 대답했다.

"안 돼. 그냥 집으로 돌아가거라." 삼촌이 말했다. 소녀는 "네."라고 대답하면서도 움직이진 않았다. 삼촌은 일을 계속했다. 일에 열중해서 주의를 기울이지 않았기 때문에 소녀가 가지 않았다는 사실도 몰랐다. 그러다가 아직도 가지 않고 서 있는 소녀가 보이자 삼촌은 소리를 질렀다. "집으로 돌아가라고 했잖아. 얼른 안 가면 회초리로 맞을 줄 알아라."

소녀는 "네."라고 대답했지만 역시 움직이지 않았다. 맷돌에 부어 넣으려던 밀 부대를 내려놓고 삼촌이 옆에 있던 몽둥이를 집어 들더니 험악한 표정으로 소녀에게 다가갔다. 다비는 숨을 죽였다. 당장 심한 폭행을 가할 것이 틀림없었다. 그는 삼촌이 화나면 대단히 무섭다는 사실을 알고 있었다.

삼촌이 소녀가 서 있는 곳에 도착하자 아이는 재빨리 오히려 한 발짝

다가서더니 눈을 똑바로 쳐다보면서 목이 터져라 소리쳤다. "엄마한테 줄 50센트를 달란 말이에요!" 삼촌은 걸음을 멈추고 한참 동안 소녀를 주시했다. 그러더니 천천히 몽둥이를 바닥에 내려놓고 호주머니 속에서 50센트를 꺼내 소녀에게 건넸다. 그 아이는 돈을 받더니 방금 자신이 무너뜨린 사람에게서 잠시도 눈을 떼지 않으며 문으로 뒷걸음질 쳤다. 소녀가 떠나자 삼촌은 상자 위에 앉더니 10분 넘게 창밖으로 허공을 응시했다. 그는 두려움 속에서 방금 자신이 당한 일을 떠올리고 있었다.

다비 역시 생각에 잠겼다. 흑인 소녀가 성인 백인 남자를 꺾는 장면을 목격한 것은 처음이었다. 어떻게 흑인 소녀가 그렇게 할 수 있었을까? 삼촌은 어째서 처음에는 그렇게 거칠더니 나중엔 양처럼 순해졌을까? 소녀가 삼촌을 이기려고 어떤 독특한 힘을 사용한 것일까? 다비는 이런 의문을 품었지만 그에 대한 답을 찾은 것은 여러 해가 지난 후 내게 그 이야기를 해 줄 때였다. 묘하게도 그가 이 독특한 경험을 나에게 말해 준 장소가 바로 삼촌이 흑인 소녀에게 맥없이 패했던 그 낡은 방앗간이었다.

소녀가 가진 불가사의한 힘

우리가 곰팡이 냄새가 풍기는 낡은 방앗간에 서 있을 때 다비는 직접 봤던 이상한 경험을 이야기해 주면서 이렇게 물었다. "어떻게 된 일인지 이해가 갑니까? 그 흑인 소녀에게 어떤 불가사의한 힘이 있었기에 삼촌은 그렇게 꼼짝도 못했을까요?"

당신은 그 질문에 대한 답을 이 책에 담긴 원칙들 속에서 찾을 수 있다. 그 답은 온전하고 완벽하다. 거기에는 자세한 내용과 방법이 들어 있으므로 누구든 소녀가 우연히 사용했던 것을 이해하고 똑같이 강한 힘을 발휘하도록 사용할 수 있다. 유심히 주의를 기울이면 그 소녀를 구한 것이 어떤 독특한 힘인지 정확히 알 수 있다. 바로 다음 장에서 당신은 이 힘을 어렴풋이 볼 수 있다. 이 책의 어디에선가 당신은 자신의 수용 능력을 높이고, 소녀가 사용했던 것과 동일한 거역할 수 없는 힘을 자유자재로 사용하게 해 주는 아이디어를 발견할 수 있다. 첫 장에서 이 힘을 찾을 수도 있고, 아니면 그 다음 장에서 문득 떠오를 수도 있다. 단 한 가지 아이디어 형태를 띨 수도 있고, 계획이나 목적이라는 형태일 수도 있다. 자신이 과거에 경험했던 실패나 좌절로 돌아가 교훈을 얻도록 해서 그 과정에서 잃었던 것을 모두 되찾을 수도 있다.

그 흑인 소녀가 자신도 모르게 사용했던 힘을 다비에게 설명하자 그는 생명보험 영업사원으로 보냈던 30년간의 경험을 돌아보면서 자신이 성공했던 이유의 상당 부분은 그 소녀로부터 배웠던 교훈 덕분이라는 사실을 솔직하게 인정했다.

다비는 이렇게 말했다. "고객이 보험 계약을 거절하고 잘 가라고 인사할 때마다 나는 그 낡은 방앗간에서 그냥 집으로 돌아가라고 겁주던 삼촌을 도전적으로 쏘아보던 소녀를 떠올렸습니다. 그리고 무슨 일이 있더라도 이 계약에 성공해야 한다고 다짐했지요. 내가 체결한 보험 계약의 절반 이상은 처음에 '노'라고 거절당했던 것들입니다." 그는 또 자신이 금광단 3피트 앞에서 포기한 것을 회상하면서 "그 경험은 실패로 가장한 축복이었습니다. 왜냐하면 어떤 일을 하는 과정이 아무리 힘들더라도 굴하지 않고 계속하라는 교훈을 가르쳐 주었으니까요. 그것은 내가 어떤 일을 하든지 성공하려면 반드시 배워야 할 가르침이었습니다."라고 말했다.

다비와 삼촌, 흑인 소녀와 금광 이야기는 생명보험 영업을 하는 수많은 사람이 읽게 될 것이다. 나는 영업 사원들에게 다비가 매년 백만 달러가 넘는 실적을 올릴 수 있게 된 것은 이 두 가지 경험 덕택이었다고 말해 주고 싶다. 다비의 경험은 누구나 겪을 수 있는 단순한 것일 수도 있지만, 그런 경험이 그의 삶을 결정했다는 점에서 보면 그에게는 인생 그 자체라고 할 만큼 중요한 의미를 가진다. 그 두 가지 경험에서 커다란 이득을 얻을 수 있었던 것은 그가 자신의 경험을 분석하고 거기서 교훈을 발견했기 때문이다. 그러나 성공으로 안내해 줄 지식을 찾기 위해서 자신이 경험한 실패를 공부할 시간도 없고 공부를 좋아하지도 않는 사람은 어떻게 해야 할까? 패배를 기회로 가는 계단으로 바꾸는 기술을 어디에서 어떻게 배울 수 있을까? 이 책은 바로 이런 질문에 대한 답이 될 것이다.

필요한 것은 단 한 가지 좋은 아이디어다

독자들의 질문에 답하기 위해서 이 책에서는 13가지 원칙을 설명하고 있다. 하지만 당신이 가진 삶의 불가사의에 대한 답은 책을 읽는 동안 이 책이 아니라 당신의 마음속에서 어떤 아이디어, 계획 혹은 목적이라는 형태로 나타날 수 있다는 점을 기억하기 바란다. 성공하기 위해서 필요한 것은 단 한 가지 좋은 아이디어다. 이 책이 설명하는 원칙들은 유용한 아이디어를 만들어 내는 방법과 도구들을 담고 있다. 원칙들을 설명하기 전에 지금 여러분에게 한 가지 중요한 이야기를 하고 싶다.

"부가 올 때는 너무 빨리, 한꺼번에 오기 때문에 사람들은 도대체 부가 그 긴 시간 동안 어디에 숨어 있었던 것인지 궁금하게 여긴다." 이것은 놀랄 만한 말이다. 대개 부는 오직 열심히 오랫동안 일한 사람들 것이라고 믿고 있기 때문에 더욱 그렇다. 당신도 생각을 통해서 부자가 되기 시작하면 부가 아주 작은 노력 혹은 거의 노력 없이도 정신 자세, 확고한 목적과 함께 시작된다는 점을 느낄 수 있다. 당신은 물론이고 그 누구라도 어떻게 하면 부를 끌어들이는 정신 자세를 가질 수 있는지 흥미를 느낄 것이다. 나 역시 "부자들은 어떻게 부자가 되는 것일까?"를 알고 싶어서 그것을 연구하는 데 25년을 보냈다.

이 성공 철학의 원칙들을 공부하고 나면, 즉시 자신의 정신 자세를 세밀하게 관찰하면서 원칙들을 삶에 적용하라. 당신의 재정 형편이 나아지기 시작하고, 당신이 손대는 일은 무엇이든 재산 증가로 연결될 것이다. 불가능한 일일까? 전혀 그렇지 않다.

사람들이 가진 주된 약점 가운데 하나는 '불가능'이라는 단어에 너무 익숙하다는 사실이다. 사람들은 왜 안 되는지에 대해서는 모르는 게 없다. 왜 할 수 없는지에 대해서도 잘 안다. 이 책은 그 대신 성공하는 방법을 알고자 하고, 그 방법을 배우기 위해서라면 어떤 일이라도 할 각오가 되어 있는 사람들을 위한 것이다. 성공은 성공 의식 success consciousness 을 가진 사람들에게 온다. 실패는 아무 생각 없이 스스로 실패 의식 failure consciousness 을 갖도록 방치하는 사람들에게 온다. 이 책의 목적은 실패 의식에서 성공 의식으로 자기 마음을 바꾸는 기술을 배우고 싶은 사람들에게 도움을 주는 것이다.

또 한 가지 수없이 많은 사람에게서 발견되는 약점은 모든 사물과 사람들을 자기 자신의 느낌과 믿음이라는 잣대를 통해서 재는 것이다. 이 책을 읽는 사람들 가운데 일부는 가난, 부족, 불행, 실패, 좌절에 깊이 물들어 있기 때문에 자신에게는 '생각을 바꿔라. 그리고 부자가 되라'는 말이 해당되지 않는다고 믿고 있을 것이다.

이 불행한 사람들을 보고 있으면 나는 미국 방식을 배우기 위해서 미국에 온 유명한 중국인이 생각난다. 그는 시카고 대학교University of Chicago에 다니고 있었다. 어느 날 하퍼 Harper 총장이 캠퍼스에서 이 젊은 동양인을 만나 잠시 이야기를 나누다가 미국 사람들 특징 중에서 가장 눈에 띄는 것이 무엇인지 물었다. 그 학생은 "눈이 이상하게 생겼어요."라고 대답했다. 그 중국인에 대해서 우리는 뭐라고 말할까? 우리는 자신이 이해하지 못하는 것은 믿지 않으려고 한다. 여러 가지로 부족한 존재인데도 바보같이 자신만 옳다고 믿는다. 아마 우리 눈이 이상한 것이 아니라 그 친구 눈이 이상하다고 말할 것이다. 왜냐하면 그의 눈이 우리 눈과 다르기 때문이다.

불가능했던 포드의 8기통 엔진

헨리 포드Henry Ford가 유명한 8기통 엔진을 개발할 때 이야기다. 그는 8개의 실린더가 한 엔진 블록에 들어가게 만들기로 결정하고, 엔지니어들에게 그런 엔진을 설계하도록 지시했다. 엔지니어들은 종이 위에 그런 디자인을 그리긴 했지만, 한 사람도 빠짐없이 8기통 엔진 블록 전체를 하나로 주조하는 것은 불가능하다고 말했다. 포드는 "무슨 수를 쓰더라도 만들게."라고 말했다. 그들은 "그렇지만 그것은 불가능한 일입니다."라고 대답했다. 포드는 "시작하게. 그리고 시간이 얼마나 걸리든 성공할 때까지 계속하게."라고 명령했다.

엔지니어들은 어쩔 수 없이 엔진 제작에 착수했다. 해고되지 않으려면 다른 방법이 없었다. 6개월이 지났지만 전혀 진척이 없었다. 그리고 또 6개월이 흘렀지만 역시 진척은 없었다. 엔지니어들은 포드의 명령을 수행하기 위해서 생각할 수 있는 온갖 시도를 했다. 그러나 그것은 불가능해 보였다. 그해 말 엔지니어들에게 진척 상황을 물었을 때 아무리 노력해도 방법을 찾지 못했다고 하자, 포드는 "다시 시작하게. 나는 무슨 일이 있어도 8기통 엔진을 반드시 개발하고 말걸세."라고 말했다. 그들은 계속 개발에 몰두했고, 마치 마술처럼 8기통 엔진의 비밀을 찾아냈다. 포드의 결단이 다시 한 번 성공한 것이다! 이 이야기의 상세한 내용 하나하나를 모두 정확히 서술하기는 어렵겠지만, 크게 보면 이런 과정을 거쳐서 8기통 엔진이 개발됐다. 당신이 부자가 되고 싶다면 이 이야기에서 포드의 성공 비밀을 찾아보라. 그다지 멀지 않은 곳에서 비밀을 발견할 수 있을 것이다.

헨리 포드는 성공의 원칙을 알고 그 원칙을 실천했기 때문에 성공했다. 원칙 가운데 하나는 욕구 desire, 즉 자신이 무엇을 원하는지 아는 것이다. 포드 이야기를 기억하고 있다가 책을 읽으면서 그의 엄청난 성취 비밀이 담긴 곳을 찾아보기 바란다. 당신이 헨리 포드를 부자로 만든 비밀은 바로 이것이라고 어떤 원칙들을 지적할 수 있다면, 당신은 어떤 직업을 선택했든 헨리 포드에 못지않은 성취를 이룰 수 있다.

내 운명의 주인은 바로 나 자신

영국 시인 헨리 William E. Henley가 "나는 내 운명의 주인이며 내 영혼의 선장"
이라고 말하면서 왜 그런지를 함께 말해 주었더라면 더 좋았을 것이다.
그것은 우리가 자기 생각을 통제할 수 있는 힘을 갖고 있어서다. 그는 또
우리가 마음속에 담는 지배적 생각은 자석처럼 그 생각과 조화를 이루는
힘, 사람, 상황을 끌어들인다는 사실도 말했어야 한다. 또 큰 부자가 되
려면 먼저 부자가 되겠다는 강한 욕구로 우리 마음을 채워서 어떤 방법으
로 돈을 벌겠다는 확고한 계획을 세울 때까지 항상 돈에 관해서 생각해야
한다는 점도 알려 주었더라면 좋았을 것이다.

하지만 헨리는 시인이지 철학자가 아니므로 삶의 큰 진실을 시 형태로
표현한 것에 만족하고 다른 사람들이 시에 담긴 철학적 의미를 해석하도
록 했다. 진실은 차츰 밝혀졌고, 마침내 이 책에서 설명하는 원칙들이 우
리의 경제적 운명을 좌우하는 비밀을 지닌 것이 확실해 보인다.

우리 운명을 바꾸는 원칙들

이제 첫 번째 원칙을 공부할 때가 되었다. 항상 열린 마음을 갖고 지금부
터 공부하는 원칙들이 한 사람이 만든 것이 아니라는 점을 기억하기 바란
다. 원칙들은 수많은 사람들의 삶을 바꿨고 당신도 그것을 사용해서 계
속 도움을 받을 수 있다. 또 원칙들을 사용하는 것이 어렵지 않다는 사실
을 깨닫게 될 것이다.

몇 년 전 나는 웨스트버지니아 주 샐럼 대학교 Salem College 에서 졸업 축
사를 했다. 내가 축사에서 다음 장에 나오는 원칙을 너무나 강조해서인

지 졸업생 한 명은 그 원칙을 자기 삶의 철학으로 받아들였다. 그 젊은이는 하원의원이 되었고, 루스벨트 행정부에서 중요한 인물이 되었다. 그가 내게 보낸 편지가 다음 장에 등장하는 원칙에 대한 그의 의견을 아주 잘 설명하고 있어서 여기에 소개한다. 그 원칙을 실천하면 어떤 보상을 받게 되는지 짐작할 수 있을 것이다.

나폴레온 선생님께,

하원 의원으로 일하면서 수많은 사람이 안고 있는 문제에 대해서 이해할 수 있었기에 그들에게 도움을 줄 수 있는 제안을 드리려고 이 편지를 씁니다.

선생님은 1922년 샐럼 대학교에서 졸업식 축사를 하셨습니다. 저는 졸업생 가운데 한 명이었지요. 축사를 통해서 선생님은 제 마음속에 한 가지 생각을 심어 주셨습니다. 지금까지 제가 국민을 위해서 봉사할 수 있는 기회를 가질 수 있었고, 또 앞으로도 성공을 거둘 수 있다면 대부분은 그 아이디어 덕분일 겁니다.

무일푼에 도움을 줄 영향력 있는 친구도 없던 헨리 포드가 커다란 성공을 거둘 수 있었던 방법에 대한 선생님의 멋진 설명을 마치 어제 일처럼 생생히 기억합니다. 바로 그때 선생님이 연설을 끝내시기도 전에 저는 어려움이 아무리 많더라도 극복해서 성공하고야 말겠다고 결심했습니다.

수많은 젊은이가 올해도, 내년에도 잇따라 졸업할 것입니다. 그들도 제가 그랬던 것처럼 실제로 쓸 수 있는 격려의 말을 듣고자 할 것입니다. 그들도 사회생활을 시작하면서 어떤 방향으로 가고, 어떤 일을 해야 하는지 알고 싶을 것입니다. 선생님께서 그 일을 해 주실 수 있으리라 믿습니다. 왜냐하면 지금까지 많은 이들의 문제 해결을 선생님이 도와주고 계시기 때문입니다.

지금 미국에는 자신이 가진 아이디어를 사업화할 수 있는지 궁금해 하는 사람, 무에서 새로 시작해야 하는 사람, 라기 손실을 복구해야 하는 사람 등 수많은 사람이 있습니다. 누군가 그들에게 도움을 줄 수 있다면 선생님이 바로 그분입니다.

만일 그런 책을 출판하신다면 제가 친필 서명을 받아서 소유하는 첫 독자가 되고 싶습니다. 선생님의 건강과 행운을 기원합니다.

제닝스 랜돌프(Jennings Randolph)

졸업식 축사를 한지 35년 후, 나는 샐럼 대학교에서 1957년 학위 수여식 축하 연설을 했고 명예 문학박사 학위를 받았다. 1922년 이후 나는 랜돌프가 항공사 임원과 뛰어난 대중 연설가, 웨스트버지니아 주 상원의원으로 성장해 가는 것을 관심 있게 지켜보았다.

연습문제

당신 삶을 부로 이끄는 13가지 단계를 계속하기 전에 다음의 자체 평가를 시행해 보라. 이것은 '항상 그렇다/때때로 그렇다/전혀 아니다'로 구성된 20가지 질문인데, 정답이나 오답은 없다. 오직 당신만 볼 것이므로 가능한 한 솔직하게 답한다.

자체 평가

1. 나는 10단어나 그 이하로 삶에서 원하는 것을 말할 수 있다.
   ☐ 항상 그렇다   ☐ 때때로 그렇다   ☐ 전혀 아니다

2. 나는 내가 갖고 싶은 금액을 정확히 알고 있다.
   ☐ 항상 그렇다   ☐ 때때로 그렇다   ☐ 전혀 아니다

3. 나는 단순한 목표가 아닌 강한 집념을 가지고 있다.
   □ 항상 그렇다   □ 때때로 그렇다   □ 전혀 아니다

---

4. 나는 내가 믿고 있는 사람들과 철학을 확신한다.
   □ 항상 그렇다   □ 때때로 그렇다   □ 전혀 아니다

---

5. 내 목표는 내 믿음과 일관성이 있다.
   □ 항상 그렇다   □ 때때로 그렇다   □ 전혀 아니다

---

6. 내 행동은 내 믿음과 일관성이 있다.
   □ 항상 그렇다   □ 때때로 그렇다   □ 전혀 아니다

---

7. 나는 현재의 내 재정적 꿈이 미래의 재정적 현실로 바뀔 것이라고 믿는다.
   □ 항상 그렇다   □ 때때로 그렇다   □ 전혀 아니다

---

8. 나는 나 자신과 내가 설정한 목표에 대해서 긍정적으로 표현한다.
   □ 항상 그렇다   □ 때때로 그렇다   □ 전혀 아니다

---

9. 나는 자신에 대한 긍정적 생각을 내 잠재의식에 전하기 위해 매일 시간을 낸다.
   □ 항상 그렇다   □ 때때로 그렇다   □ 전혀 아니다

---

10. 나는 내가 가진 다양한 일반지식이 특정 분야의 전문화된 지식보다 부의 추구에서
    덜 중요하다고 생각한다.
    □ 항상 그렇다   □ 때때로 그렇다   □ 전혀 아니다

---

11. 나는 앞으로 어떤 삶을 살게 될지 꿈꾸는 데에 매일 하루 중 일부분을 할애한다.
    □ 항상 그렇다   □ 때때로 그렇다   □ 전혀 아니다

12. 나는 한 문제에 대해 몇 가지 가능한 해결책들을 고안한다.
    ☐ 항상 그렇다   ☐ 때때로 그렇다   ☐ 전혀 아니다

13. 나는 선택된 믿을 만한 친구들 그룹에 내 의견을 말해 본다.
    ☐ 항상 그렇다   ☐ 때때로 그렇다   ☐ 전혀 아니다

14. 나는 딱 맞는 일을 요구하는 대신에 내가 회사에 무엇을 줄 수 있는지를 찾으려고 노력한다.
    ☐ 항상 그렇다   ☐ 때때로 그렇다   ☐ 전혀 아니다

15. 나는 신속하게 결정을 내린다.
    ☐ 항상 그렇다   ☐ 때때로 그렇다   ☐ 전혀 아니다

16. 나는 결정을 변경하거나 번복하는 것에 느리다.
    ☐ 항상 그렇다   ☐ 때때로 그렇다   ☐ 전혀 아니다

17. 목표를 염두에 두면, 무엇도 나를 거기서 멀어지게 하지 못한다.
    ☐ 항상 그렇다   ☐ 때때로 그렇다   ☐ 전혀 아니다

18. 나는 성적 욕구로 만들어진 에너지를 내 직업적, 재정적 목표를 달성하는 데 좀 더 이바지하는 활동들로 다시 돌릴 수 있다.
    ☐ 항상 그렇다   ☐ 때때로 그렇다   ☐ 전혀 아니다

19. 나는 강렬하고 생생한 감정들이 내 잠재의식에 도달하기를 원한다.
    ☐ 항상 그렇다   ☐ 때때로 그렇다   ☐ 전혀 아니다

20. 나는 육감과 직감을 이용해 성공적인 결과를 얻는다.
    ☐ 항상 그렇다   ☐ 때때로 그렇다   ☐ 전혀 아니다

항상 그렇다 라고 표시한 문항 각각에 **1점**을 준다.

때때로 그렇다 라고 표시한 문항 각각에 **2점**을 준다.

전혀 아니다 라고 표시한 문항 각각에 **3점**을 준다.

모든 점수를 더한 것이 최종 점수다.

만약 20~30점을 기록했다면

축하한다. 당신은 당신이 바라는 모든 부를 거의 다 성취해 가고 있다. 이 책에 담긴 내용들이 이미 사용하고 있는 연습과 믿음을 강화할 것이다. 또 당신이 현재 알지 못할 수 있는 배경 정보를 제공할 것이다. 앞으로도 계속 잘해 나가고, 당신이 원하는 모든 것을 얻을 준비를 하라.

만약 31~49점을 기록했다면

사람들 대다수가 처음에 이 범위 점수를 기록한다. 본능적으로 당신은 커다란 성공을 달성하는 데 필요한 일을 하고 있는 것처럼 보인다. 적어도 가끔씩. 이제 필요한 것이 무엇인지에 대한 세부사항과 이 책에서 하는 말에 귀를 기울여서 지속적으로 이런 원칙들을 활용하는 방법을 알아내야 한다.

만약 50~60점을 기록했다면

당신은 이 자체 평가가 가장 필요한 사람이다. 그러나 절대 두려워하지 마라. 당신에게 성공과 큰 부에 대한 욕구가 없었다면, 이 책을 사지 않았을 것이다. 그리고 욕구는 경제적 성공의 기반이다. 당신이 원칙들을 마스터하는데 좀 오래 걸릴 수도 있지만, 완료될 수 있고 결국 달성할 것이다. 이제 일을 시작하자!

CHAPTER II 욕구

우리가 받아들이지 않는 한
우리 생각을 제약하는 것은 아무것도 없다.

**There are no limitations
to the mind except those we acknowledge.**

에드윈 반즈가 50여 년 전 뉴저지 주 오렌지 역에 도착해 화물 열차에서 내릴 때 그의 겉모습은 영락없는 부랑자였다. 그러나 그의 생각은 왕이나 다름없었다. 역에서 에디슨의 사무실로 가면서 그의 머릿속은 분주히 움직이고 있었다. 그는 이미 에디슨 앞에 서 있는 자신을 보았고, 살아오면서 자나 깨나 생각해 온 불타는 욕구, 즉 사업파트너가 될 수 있는 기회를 달라고 에디슨에게 부탁하는 말을 들었다.

반즈의 욕구는 단순한 희망도 바람도 아니었다. 그것은 모든 것을 뛰어넘는 불타는 욕구였으며 명확하고 확고했다. 몇 년 후 에드윈 반즈는 처음 에디슨을 만났던 사무실에서 에디슨 앞에 서 있었다.

그 사이 반즈는 그의 사업 파트너가 되었다. 그의 삶을 지배해 온 꿈이 마침내 현실로 이루어진 것이다. 반즈가 꿈을 이룰 수 있었던 것은 확고한 목적을 설정하고, 그 목적에 자신의 모든 에너지, 의지, 노력을 바친 덕분이었다.

퇴로를 없애버린 반즈

반즈가 찾던 기회가 온 것은 5년 후였다. 그때까지 다른 모든 사람에게 그는 이름 없는 직원에 지나지 않았지만, 반즈 자신에게는 입사 첫날부터 에디슨의 파트너였다. 이것은 확고한 욕구가 갖는 힘을 보여주는 아주 좋은 사례다. 반즈가 목표를 달성할 수 있었던 것은 그가 이 세상 그 무엇보다 더 에디슨의 사업 파트너가 되길 원했기 때문이다. 그는 그 목적을 달성하기 위한 계획을 세운 다음 퇴로를 없애버렸다. 그리고 그 욕구가 자나 깨나 그의 삶을 지배하고 결국 현실로 이루어질 때까지 그것을 포기하지 않았다.

그는 에디슨을 만나러 갈 때 자신에게 "에디슨이 나를 채용하도록 최선을 다하겠다."라고 말하지 않았다. 대신 "나는 에디슨을 만나서 그와 함께 일하러 왔다고 알리겠다."라고 다짐했다. 그는 또 "에디슨의 회사에서 일할 수 없다면 다른 회사도 알아보겠다."라고 말하지 않았다. 대신 "내가 이 세상에서 할 유일한 일은 에디슨과 일하는 것이다. 나는 이 일을 결코 포기하지 않을 것이고, 이 일에 내 인생을 걸겠다."라고 결심했다. 그는 스스로 퇴로를 없애버렸다. 이기느냐 아니면 죽느냐의 문제였다. 반즈의 성공 비결은 바로 그것이었다.

부자가 되게 하는 힘

오래전 어떤 위대한 장군이 전장에서 승리하기 위해 대단히 힘든 결정을 내려야만 하는 상황에 직면했다. 적군 수는 아군보다 많았고 강력했다. 그는 병사들을 배에 태우고 적지에 도착하자 병사와 장비들을 내린 다음

배를 태워 버리라고 명령했다. 첫 전투가 시작되기 전 병사들에게 그는 이렇게 말했다. "저기 불타고 있는 배를 봐라. 적군을 무찌르지 못한다면 우리는 살아서 돌아갈 수 없다. 선택은 두 가지다. 승리할 것인가 아니면 죽을 것인가?"

그들은 승리했다. 어떤 일을 하든지 이기고자 하면 기꺼이 자신이 타고 온 배를 불태워 버리고 퇴로를 차단해야 한다. 그렇게 해야만 승리에서 필수 요소인 이기고자 하는 불타는 욕구를 유지할 수 있다.

시카고 대화재 다음 날, 상인들 여럿이 시내 중심가에서 아직 연기가 피어오르는 자기 상점의 잔해를 바라보고 있었다. 그들은 상점이 있던 곳에 새로 재건축을 할지 아니면 시카고가 아닌 다른 유망한 곳으로 장소를 옮길지에 대해서 협의했다. 그리고 시카고를 떠나기로 결정했지만, 한 사람은 예외였다. 시카고에 남아서 재건축하기로 결정한 상인은 자기 상점이 있던 장소를 가리키면서 이렇게 말했다. "여러분, 저는 바로 저기에 세계에서 가장 훌륭한 상점을 지을 겁니다. 만일 화재가 또 발생한다고 해도 굴하지 않고 끝까지 해낼 것입니다."

시카고 대화재가 발생한 지 100년이 지났다. 그 상인이 짓겠다고 공언했던 상점은 세워졌고, 불타는 욕구라는 정신 자세의 힘을 보여주는 위대한 상징물로 지금도 그 자리에 서 있다. 마셜 필드 Marshall Field 가 그 상인이다. 다른 상인들과 함께한다는 결정이 그에게 가장 쉬웠을 것이다. 상황이 어렵고 미래가 암울할 때 다른 상인들은 포기하고, 보다 수월해 보이는 곳으로 옮겼다. 마셜 필드와 그들의 차이를 놓치지 말기 바란다. 왜냐하면 바로 그 차이가 모든 성공하는 사람과 실패하는 사람을 구별 짓기 때문이다. 돈의 가치를 이해하는 연령대의 모든 이들은 부자가 되고 싶어 한다. 그러나 부자가 되고 싶다는 단순한 바람wishing만으로는 부자가 될 수 없다. 하지만 부자가 되고 싶다는 강한 욕구가 반드시 부자가 되고 말겠다는 집념이 되고, 부자가 되기 위한 확고한 계획을 세우고, 실패에 결코 굴복하지 않는 끈기가 그 계획을 뒷받침하면 부자가 된다.

부자가 되는 6단계

1단계 자신이 벌고 싶은 돈이 얼마인지 결정한다. "돈을 많이 벌겠다."라는 것으로는 부족하다. 금액을 명확하게 정해야 한다. 다음 장에서 왜 명확해야 하는지 심리적 이유를 설명하겠다.

2단계 자신이 원하는 돈을 벌기 위해서 어떤 대가를 치를 것인지 명확하게 결정한다. 현실 세계에서 무언가를 얻으려면 반드시 대가를 지불해야 한다.

3단계 자신이 원하는 돈을 언제까지 벌 것인지 마감일을 확정한다.

4단계 자신이 결정한 돈을 벌기 위한 명확한 계획을 세우고, 준비 여부와 관계없이 즉시 계획을 실행에 옮긴다.

5단계 자신이 벌고자 하는 돈의 액수, 언제까지 그 돈을 벌 것인지, 그 돈을 벌기 위해서 어떤 대가를 지불할 것인지를 담은 문서를 작성하고 그 돈을 벌기 위한 계획을 적는다.

6단계 그 문서를 매일 두 번 큰소리로 읽는다. 한 번은 밤에 자기 직전에, 또 한 번은 아침에 일어나서가 좋다. 읽으면서 자신이 그 돈을 이미 가졌다고 느끼고 믿는다.

부자가 되고 싶다면 이 6가지를 지켜야 한다. 그중에서도 가장 중요한 단계를 고르라고 하면 마지막 6단계다. 혹자는 돈을 실제로 갖고 있지도 않으면서 그것을 이미 가진 것처럼 시각화하는 일은 불가능하다고 불평할지도 모른다. 그래서 불타는 욕구가 필요하다. 부자가 되고 싶은 욕구가 너무 강해서 집념이라고 부를 수 있을 정도가 된다면, 당신은 그것을 반드시 갖게 되리라고 자신을 설득하는 데 어려움이 없을 것이다. 목표는 돈을 강렬하게 원하고, 반드시 그것을 갖고 말겠다는 결단을 내려서 틀림없이 그 돈을 벌게 된다고 자기 자신을 설득하는 것이다.

자신이 백만장자라고 상상할 수 있는가?

마음의 법칙을 잘 모르는 사람들에게 이 6단계 부자가 되는 방법은 비현실적으로 보일지 모른다. 6단계 방법의 강력한 효과를 인식하지 못하는 사람들에게 나는 이 방법이 앤드루 카네기에게서 전수된 것이라는 말을 하고 싶다. 그는 제철소의 평범한 인부로 시작했지만, 이 원칙을 적용해서 재산이 1억 달러를 훨씬 넘는 부자가 되었다. 또 토마스 에디슨도 이 6단계 방법을 세밀하게 확인해 보고 나서, 이것이 부자가 되는 것뿐만 아니라 모든 목표 달성에 필수 요소라고 보증했다.

이 6단계는 힘든 노동을 필요로 하지도 엄청난 희생을 요구하지도 않는다. 아주 비논리적이어서 도저히 믿을 수 없다거나 우스꽝스럽다고 말하기도 어렵다. 실행에 옮기려면 교육 수준이 높아야 하는 것도 아니다. 그러나 이 6단계를 실행하려면 우연한 기회나 뜻밖의 행운이 갑자기 찾아오기를 무작정 기다리기만 해서는 결코 부자가 될 수 없다는 것을 알고 이해할 수 있는 상상력을 가져야 한다. 큰 부자들은 부자가 되기 전에 반드시 부자 되기를 꿈꾸고, 희망하고, 바라고, 열망하고, 계획했던 이들이라는 점을 알아야 한다. 당신이 돈을 열망하고 자신이 그 돈을 이미 소유했다고 진정으로 믿도록 온 힘을 다해 스스로 설득하지 못한다면, 결코 큰 부자가 되지는 못한다고 단언할 수 있다.

큰 꿈이 주는 힘

부자가 되고 싶다면 우리가 살고 있는 이 새로운 세상은 새로운 아이디어, 새로운 행동방식, 새로운 리더, 새로운 발명품, 새로운 교육 방법, 새로운 마케팅 방법, 새로운 책, 새로운 문학, 새로운 방송 프로그램, 새로운 영화를 요구한다는 점을 파악해야 한다. 이런 새롭고 더 좋은 것을 요구하는 세상에서 승리하고 싶다면 반드시 가져야 할 한 가지 필수 자질이 있다. 그것은 확고한 목적, 즉 자신이 무엇을 원하는지 알고 그것을 갖고자 하는 불타는 욕구다.

부자가 되고 싶은 사람들과 진정한 리더들은 항상 새로운 기회라는 눈에 보이지도 않는 힘을 포착하고 현실에 맞도록 활용해서 그 힘 혹은 아이디어를 높은 빌딩, 도시, 공장, 비행기, 자동차, 삶을 보다 풍요롭게 해 주는 온갖 형태의 편리한 물건들로 변환시킨 사람들이라는 점을 기억해야 한다. 계획을 세울 때는 너무 꿈이 큰 건 아닐까 하고 스스로 위축되지 않기를 바란다. 이 새로운 세상에서 큰 몫을 가져가려면 새 세상을 꿈꾸고 현재의 문명 생활을 가능하게 했던 위대한 개척자들의 정신을 본받아야 한다. 그 개척 정신이야말로 미국의 동맥으로서 당신과 내게 기회를 주고, 우리 재능을 개발하고 발휘할 수 있도록 해 준다.

　당신이 하고자 하는 일이 옳고, 그것이 가능하다고 믿는다면 망설이지 말고 즉각 실천에 옮겨라. 당신의 꿈을 알리고 잠시 패배를 당했을 때 다른 사람들이 뭐라고 하든지 신경 쓰지 말라. 그들은 모든 실패가 그 이상의 성공 씨앗을 품고 온다는 사실을 알지 못할 것이다.

　토마스 에디슨은 전구 발명을 꿈꾸고 즉시 그 꿈을 이루기 위한 행동을 시작했다. 만 번 이상의 실패에도 굴하지 않고 계속한 끝에 결국 성공했다. 현실 감각을 갖춘 꿈이 있는 사람들은 단념하지 않는다. 휠란Whelan은 담배 가게 연쇄점을 꿈꾸고 그 꿈을 이루기 위해서 필요한 일들을 시작했다. 지금 그의 가게들은 미국 전역에 퍼져 있다. 라이트Wright 형제의 꿈은 하늘을 나는 기계를 만드는 일이었다. 지금 전 세계 하늘을 나는 비행기가 그 꿈이 결코 터무니없지 않았다는 증거가 아닐까? 또 마르코니Marconi는 공기가 가진 무형의 힘을 활용할 수 있는 시스템을 꿈꾸었다. 그 꿈의 결과가 세상에 존재하는 수없이 많은 라디오와 텔레비전이다. 마르코니의 친구들은 그가 선으로 직접 연결하지 않고도 공기를 통해 메시지 전달이 가능한 원리를 발견했다고 하자, 그를 정신병원에 가두고 검사받게 했다. 우리는 이것과 비교하면 좋은 환경이다. 세상은 예전에 자기 꿈을 이루고자 고생했던 사람들은 꿈도 꾸지 못할 수많은 기회로 가득 차있다.

꿈을 실현하는 방법

어떤 사람이 되고 싶고 어떤 일을 하고 싶다는 불타는 욕구를 갖는 것이 출발점이다. 꿈은 무관심, 게으름 혹은 욕망의 결여에서는 생기지 않는다. 성공하는 사람들은 누구나 출발이 매끄럽지 않고 목적지에 도착할 때까지 수없이 가슴 아픈 어려움을 통과한다는 점을 기억하기 바란다. 성공하는 사람들은 보통 위기의 순간에 삶의 전환점을 맞는다. 위기의 순간에 그들은 자신의 다른 자아를 발견한다.

존 버니언John Bunyan은 그가 가진 종교적 견해 탓에 투옥되어 심한 처벌을 받고 나서 영국 문학을 대표하는 ≪천로역정Pilgrim's Progress≫을 저술했다. 오 헨리O. Henry는 엄청난 불행을 겪고 오하이오 주 콜럼버스에서 철창에 갇힌 후 자기 내면에 잠자고 있던 천재성을 찾아냈다. 불행을 겪으며 원하지 않게 자신의 다른 자아를 발견하고 잠재되어 있던 상상력을 발휘하면서, 그는 불쌍한 범죄자가 아닌 위대한 작가로서의 자신을 드러냈다. 찰스 디킨스Charles Dickens는 구두약에 라벨을 붙이는 일로 시작했다. 첫사랑의 불행은 그의 영혼 깊숙이 파고들어 그를 세계적인 위대한 작가로 변신시켰다. 그 불행은 먼저 ≪데이비드 코퍼필드David Copperfield≫에서 시작해 연이어 다른 작품들을 탄생시켰고, 그의 책을 읽은 사람들에게 커다란 영향을 미쳤다. 헬렌 켈러Helen Keller는 태어난 지 얼마 지나지 않아 보지도 듣지도 말하지도 못하게 되었다. 커다란 불행에도 굴하지 않고 그녀는 역사를 빛낸 위인의 반열에 올랐다. 그녀의 삶 전 과정은 패배로 받아들이지 않는 한 패배는 없다는 것을 잘 보여준다. 로버트 번스Robert Burns는 교육을 받지 못한 시골 청년이었다. 그는 가난한 데다 나중에는 주정뱅이가 되었지만, 아름다운 시를 통해서 이 세상을 더 아름다운 곳으로 만들었다. 베토벤Beethoven은 귀가 들리지 않았고, 밀튼Milton은 앞을 보지 못했다. 그러나 꿈을 꾸었고 자기 꿈을 음악과 시로 만들어 냈기 때문에 그들의 이름은 역사에 영원히 남을 것이다.

무엇인가를 바란다는 것만으로는 그것을 받을 준비가 되었다고 말할 수 없다. 받을 준비가 되어 있다는 것은 자신이 그것을 획득할 수 있다는 믿음을 요구한다. 단순한 희망이나 바람이 아니라 믿음이라는 정신 자세가 필요하다. 믿음에는 열린 마음이 필수 조건이다. 닫힌 마음은 믿음, 용기, 신념을 주지 못한다. 높은 목표와 풍요, 성공이 불행과 가난을 받아들이는 것보다 더 많은 노력을 요구하지 않는다는 점을 기억하기 바란다. 어떤 위대한 시인은 그 진리를 이렇게 노래하고 있다.

"삶에게 잔돈을 요구했더니,
삶은 내게 잔돈만을 주었다.
저녁에 텅 빈 금고를 보고,
더 달라고 애원해도 소용없었다.

삶은 공정한 고용주라서,
우리가 요구한 것을 주기 때문이다.
물론 높은 임금을 받으려면,
당연히 그에 합당한 일을 해야지.

지금까지 나는 형편없이 작은 돈만 받고 일했지만,
알고 보니 기가 막히게도,
내가 요구하기만 했다면 삶은,
제 아무리 많은 돈이라도 기꺼이 지불했을 텐데."

운명을 이기는 열망

이 장에 꼭 맞는 사례로 내가 지금까지 만난 사람들 가운데 가장 특별한 사람을 소개하고 싶다. 내가 그를 처음 본 것은 태어난 지 몇 분 후였다. 그는 태어날 때 귀가 없었고, 의사는 아이가 평생 동안 듣지도 말하지도 못할 것이라고 말했다.

나는 의사 말에 동의하지 않았고, 그럴 권리가 있었다. 내가 바로 아이의 아버지였기 때문이다. 나도 아이에 대해서 판단을 내리고 의견을 제시했지만, 침묵 속에서 나 자신에게 한 것이었다. 나는 마음속으로 내 아들이 들을 수도 있고, 말할 수도 있으리라는 것을 알았다. 어떻게 그럴 수 있었을까? 나는 해결책이 반드시 존재하고 그 해결책을 내가 찾아내리라는 점을 확신했다. 나는 불멸의 에머슨Emerson이 한 말을 떠올렸다. "세상 모든 일은 우리에게 믿음을 가르치기 위해서 생긴다. 우리가 할 일은 단지 그 가르침에 복종하는 것이다. 우리 각자에게는 안내자가 있으며 우리가 낮은 자세로 듣는다면 올바른 답을 들을 수 있다."

올바른 답이 무엇일까? 그것은 바로 열망이다. 이 세상에서 내가 가장 열망하는 것은 바로 내 아들이 보고 듣는 일이었다. 그 열망에서 나는 한 순간도 후퇴하지 않았다. 내가 할 수 있는 게 무엇일까? 어떻게 해서든지 나는 귀 없이도 소리를 아이 뇌에 전달할 수 있는 방법을 찾고 말겠다는 나의 열망을 아들의 마음속에 이식해야 할 것이다. 아이가 내 뜻을 이해할 수 있을 정도로 자라기만 하면 즉시 그의 마음속을 듣고 싶다는 열망으로 가득 채울 것이다. 그러면 위대한 자연의 힘이 그것을 현실로 이루어낼 것이다. 마음속에 이런 생각들이 떠올랐지만 나는 아무에게도 이야기하지 않았다. 대신 하루도 빠짐없이 내 아들은 무슨 일이 있더라도 반드시 말하고 들을 것이라는 다짐을 되새겼다.

아이가 커 가고 주위 사물을 인식하기 시작하면서 우리는 그가 아주 미세한 청력은 지녔음을 알았다. 아이들이 대개 말을 시작할 때가 되었지만, 우리 애는 말할 기미가 전혀 없었다. 그러나 아이 행동을 관찰하면서 우리는 그가 어떤 소리는 약간 들을 수 있다는 점을 발견했고, 그것으로 충분했다. 나는 아이가 조금이라도 들을 수 있다면 더 잘 듣게 할 수도 있다고 확신했다. 그때 우리에게 희망을 주는 일이 일어났다. 전혀 예측도 할 수 없었던 곳에서.

인생을 바꾼 사건

우리는 축음기를 샀다. 아이는 처음으로 음악을 접하자 엄청나게 좋아했다. 그 다음부터 아이는 축음기를 독점했다. 한번은 그 앞에서 거의 두 시간 동안 음악을 들었는데, 묘하게도 축음기 한쪽을 이로 물고 있었다. 그 당시 우리는 골전도 Bone Conduction에 대해 알지 못했으므로 그것이 어떤 의미인지 이해한 것은 몇 년이 지난 후였다.

아이가 축음기를 독점하기 시작한지 얼마 지나지 않아서, 내가 입술을 아이 귀 뒤에 있는 뼈에 대고 말을 하면 아들이 잘 알아듣는다는 사실을 발견했다. 아이가 내 말을 잘 들을 수 있다는 판단이 서자마자 나는 아들 마음속에 듣고 말하고 싶다는 열망을 불어넣기 시작했다. 나는 아이가 잠자기 전 이야기해 주면 좋아한다는 것을 발견하자 그에게 자립심, 상상력, 정상인처럼 말하고 듣고 싶다는 열망을 주입할 수 있는 이야기를 들려주기 시작했다.

그중에서도 특히 어떤 이야기 하나는 매번 새롭고 재미있게 바꿔 가면서 자주 들려주었다. 그 이야기는 아이 마음속에 자신의 장애는 짐이 아니라 반대로 큰 가치를 가진 자산이라는 생각을 심으려고 만든 것이었다. 어려움은 항상 그 이상의 유익한 씨앗을 가져온다고 하지만, 고백하건대 당시 나는 아이의 장애가 실제로 그에게 도움을 줄 수 있다고는 전혀 생각하지 못했다.

6센트로 새로운 세상을 얻다

돌이켜보면, 아이가 내게 가졌던 신뢰가 놀라운 결과를 내는 데 중요한 역할을 한 것이 분명하다. 아이는 내 말에 대해서 어떤 의문도 품지 않았다. 나는 아이에게 그가 형보다 더 유리한 점이 많고, 나중에 여러 가지로 좋은 일이 있을 것이라고 생각하게 만들었다. 예를 들어서 이런 이야기였다. 너에게 귀가 없기 때문에 학교 선생님들이 너를 특별 대접할 것이고 대단히 친절하게 대할 것이다. 항상 그렇게들 행동하기 때문이다. 또 네가 커서 신문을 팔게 되면(그 당시 아이 형은 이미 신문을 팔고 있었다), 형보다 훨씬 유리할 것이다. 왜냐하면 사람들은 네가 귀가 없는데도 열심히 일하는 모습을 보고 더 많이 더 비싼 값으로 사줄 것이기 때문이다.

아이가 일곱 살이 됐을 때, 우리는 그의 마음에 불어넣고자 했던 생각들이 열매 맺고 있음을 느끼기 시작했다. 아이가 몇 달 동안 엄마에게 신문 판매를 졸랐지만 아이 엄마는 허락하지 않았다. 마침내 아들은 결단을 내렸다. 어느 날 오후 집에 혼자 있을 때 아이는 몰래 밖으로 나갔다. 그리고 동네 구둣가게 주인에게서 6센트를 빌린 다음, 신문을 사서 팔고 다시 사서 팔기를 저녁까지 반복했다. 빌린 6센트를 돌려주고 이익을 계산해 봤더니 무려 42센트였다. 그날 밤 우리가 집에 도착했을 때 아이는 그날 자기가 번 돈을 꼭 쥔 채로 잠들어 있었다.

아이 엄마는 그 손을 펴서 아이가 움켜쥔 동전을 빼낸 후 울음을 터뜨렸다. 세상에! 아이가 살면서 처음으로 사업에 성공했는데 울다니…. 나의 반응은 정반대였다. 나는 아이 마음속에 자신에 대한 믿음을 채워 넣으려던 내 노력이 성공을 거뒀기에 통쾌하게 웃었다. 아이 엄마는 처음 시도한 사업에서 돈을 벌기 위해 목숨을 걸고 거리로 나간 어린 귀머거리 소년을 보았다. 나는 반대로 용감하고, 야망을 가진 자립심 강한 어린 사업가가 자기 판단으로 사업을 시작하고 성공해서 자신감이 배가하는 모습을 보았다. 아들의 이 작은 사업을 통해 나는 아들의 사업 수완이 뛰어나다는 점을 확인할 수 있어서 기분이 좋았다.

마침내 아들이 들을 수 있게 되다

아들은 교사들이 가까이에서 소리치지 않으면 들을 수 없었지만 초등학교와 중고등학교, 대학교를 졸업했다. 아들은 장애인 학교에 다니지 않았다. 우리는 아이가 수화를 배우길 원하지 않았고, 학교 담당자들과 수많은 논쟁을 벌여야 했지만 아들이 정상인으로 살고, 일반 아이들과 어울리도록 결정했고 그것을 바꾸지 않았다.

아들은 고등학생 때 전자보청기를 착용해 봤지만 별로 도움이 되지는 않았다. 대학교를 마칠 무렵 그의 삶에서 가장 중요한 전환점이 될 사건이 일어났다. 우연히 아들은 새로 개발된 전자보청기를 테스트용으로 받았는데, 예전에 실망했던 경험 때문에 착용을 미루고 있었다. 어느 날 별 기대 없이 보청기를 착용하고 나서 전원을 켜자 마치 마법처럼 일반인과 똑같이 듣고 싶다는 아들의 평생 꿈이 실현되었다. 태어나서 처음으로 보통 사람처럼 들을 수 있었던 것이다.

보청기가 가져다 준 새로운 세상이 너무 기뻐서 아들은 전화기로 달려가 어머니에게 전화했고, 엄마 목소리를 완벽하게 들을 수 있었다. 또 다음 날 강의실에서는 교수님 육성을 처음으로 잘 들을 수 있었다. 난생처음으로 다른 사람들이 소리 지르지 않아도 그들과 자유롭게 대화할 수 있었다. 새로운 세상이 열린 것이다. 열정이 드디어 열매를 맺기 시작한 것이지만 그것으로 끝이 아니었다. 아들은 여전히 장애를 그 이상의 자산으로 만드는 명확하고 현실적인 방법을 찾아야 했다.

생각이 기적을 낳다

얼마나 엄청난 사건이 일어났는지 그 의미를 완전히 이해하지 못한 채, 새로 발견한 소리 가득한 세상에 듬뿍 취해 아들은 자신이 착용한 보청기 제작 회사에 편지를 써서 자기 경험을 열정적으로 토로했다. 그 편지 안에 담긴 무언가가 회사를 움직여서 그를 뉴욕으로 초대하게 했다. 아들이 도착하자 회사는 그를 공장으로 안내했다. 공장에서 기술책임자에게 변화된 세상에 대해서 이야기하던 중에 아들에게 갑자기 아이디어랄까 아니면 영감 같은 것이 떠올랐다. 그의 장애를 자산으로 바꾼 것은 바로 이 갑작스러운 생각이었고, 그 생각은 수많은 사람에게 부와 행복을 줄 수 있는 것이었다.

아들에게 갑자기 떠오른 생각은 이것이었다. 만일 그가 보청기 없이 살아가는 수많은 듣지 못하는 사람에게 보청기로 인해 세상이 얼마나 변했는지 알려줄 수 있다면 그들에게 도움이 되리라는 아이디어였다. 한 달에 걸쳐서 그는 보청기 회사 마케팅 시스템을 분석한 후 전 세계의 듣지 못하는 사람들에게 자신이 발견한 새로운 세상을 알릴 수 있는 수단과 방법을 강구했다. 그리고 그 생각을 2년 계획의 보고서로 작성해 회사에 제시했고, 회사는 그 계획을 실행할 수 있도록 아들을 채용했다. 그는 거기서 일하면서 자신의 도움이 없었다면 평생 동안 듣지 못한 채 살았을 많은 사람에게 희망과 도움을 줄 수 있었다.

만일 나와 아이 엄마가 아들에게 일반인처럼 듣고 말하고 싶다는 열망을 불어넣지 않았다면, 내 아들 블레어Blair는 평생 듣지도 말하지도 못했을 것이라는 점을 의심하지 않는다. 내가 아들의 마음속에 듣고 말하고 보통 사람처럼 살고 싶다는 열망을 심을 때 그와 함께 어떤 미묘한 힘이 작용해서 아이의 뇌와 외부 세계를 단절하던 강에 듣기와 말하기의 다리를 놓아준 것이다.

열망은 그것을 현실로 이루어 내는 절묘한 방법을 품고 있다. 내 아들 블레어는 정상 청각을 열망했고 이제 그것을 보유하고 있다. 블레어는 확고한 열망이 없다면 거리의 부랑자로 전락하기 쉬운 장애를 갖고 태어났다. 아이가 어렸을 때 희망을 주기 위해서 장애가 나중에는 귀중한 자산이 될 것이라고 말했던 나의 거짓말이 현실로 이루어졌다. 옳든 그르든 신념과 열망이 결합되면 하지 못할 일은 없다. 그리고 신념과 열망은 누구에게나 무료로 제공된다.

놀라운 마음의 힘

슈만하잉크 여사Ernestine Schumann-Heink에 관한 짧은 신문 기사는 이 비범한 여성이 오페라 가수로서 엄청난 성공을 거둘 수 있었던 이유를 설명해 준다. 그 이유는 다름 아닌 열망이다. 기사는 이런 내용을 담고 있다.

가수로서 이름이 알려지기 전, 슈만하잉크 여사는 목소리 테스트를 받기 위해서 비엔나 궁전 오페라 책임자를 찾아갔다. 그러나 그는 테스트를 거부했다. 세련되지 못하고 복장도 제대로 갖추지 않은 그녀를 보고 책임자는 이렇게 비웃었다. "얼굴도 예쁘지 않고 개성도 없으면서 어떻게 오페라 가수가 되겠다는 생각을 할 수 있는지 모르겠군. 그런 생각은 버리고 재봉틀을 사서 옷 수선이나 하는 것이 어울리겠소. 당신은 결코 가수가 되지 못할 거요."

'결코'라는 말을 함부로 해서는 안 된다. 비엔나 궁전 오페라 책임자는 노래하는 방법에 대해서는 잘 알았을지 모르지만, 집념에 가까운 열망이 가진 힘에 대해서는 몰랐던 것이 틀림없다. 알았다면 기회도 주지 않고 슈만하잉크 여사와 같은 천재에게 그런 저주를 퍼붓지는 못했을 것이다.

몇 년 전 우리 직원 한 명이 병에 걸렸다. 시간이 갈수록 악화되어 결국 수술을 받기 위해 병원에 입원했다. 의사는 생존 가능성이 거의 없다고 말했다. 그러나 그것은 의사 생각이지 환자 생각은 아니었다. 수술실로 들어가기 전에 그는 힘겨운 목소리로 이렇게 말했다. "걱정 마세요, 사장님. 며칠 내로 나갈 수 있을 겁니다." 간호사는 안타깝다는 눈으로 나를 쳐다보았다. 그러나 환자는 결국 그 위험한 고비를 무사히 넘길 수 있었다. 그가 회복된 후에 의사는 내게 이렇게 말했다. "환자를 구한 것은 살고 싶다는 환자의 열망입니다. 죽을지도 모른다는 가능성을 환자가 거부하지 않았다면 그는 고비를 넘기지 못했을 겁니다."

나는 믿음이 뒷받침되는 열망의 힘을 믿는다. 왜냐하면 열망의 힘이 어려운 처지에 있던 사람들을 권력과 부로 끌어올리는 것을 목격했기 때문이다. 나는 또 온갖 실패를 맛본 사람들이 열망을 통해서 회복하는 모습도 보았다. 나는 귀 없이 태어난 내 아들이 열망 덕분에 정상적으로 행복하고 성공한 삶을 살아가는 것도 지켜보았다.

어떻게 하면 열망의 힘을 손에 넣고 사용할 수 있을까? 그에 대한 답은 이 장을 포함해 책 속에 담겨 있다. 열망에는 어떤 미묘하고 강력한 정신 작용을 통해 불가능이라는 단어와 실패를 결코 받아들이지 않도록 만드는 무엇인가가 들어 있다.

40페이지에 있는 부자가 되는 6단계에 근거해서, 다음 질문들에 답하라. 대답을 마치면, 당신은 자신이 바라는 부를 축적하기 위한 계획의 기초를 갖게 될 것이다.

1. 당신이 원하는 정확한 금액은 얼마인가?

2. 이 돈을 위해 당신이 대가로 줄 것은 정확히 무엇인가? 무엇이든 결코 공짜로 오는 것은 없다는 점을 명심하라.

3. 당신은 원하는 돈을 언제까지 가지려고 생각하는가? 구체적으로 밝혀라.

4. 당신의 욕구를 실현하기 위한 명확한 계획을 세워라. 즉시 당신이 행동에 옮길 수 있는 무언가를 계획으로 세운다. 단계를 구체적으로 만들고, 3단계에서 자신에게 주어진 시간 틀 내에 달성할 수 있도록 한다.

5. 1단계에서 4단계까지 모든 대답을 결합해 글로 적어라. 자꾸 반복되는 것처럼 보일지 모르지만, 불타는 집념이 당신의 욕구를 현실이 되게 만들 때까지 그것을 반복해야 한다는 점을 기억하라.

6. 5단계에서 작성한 글을 크게 읽어라. 다시 읽어라. 빈 공간에 적어 놓고, 매일 하루 중 아무 때나 두 번 이 글을 자신에게 큰소리로 반복하라.

잠재의식에 긍정적 지시를 반복하는 것만이
믿음의 정서를 의식적으로 개발할 수 있는
지금까지 알려진 유일한 방법이다.

**Repetition of affirmation of orders to
your subconscious mind
is the only known method of voluntary development
of the emotion of faith.**

믿음은 우리 정신 활동에서 가장 중요한 역할을 하는 것 중에 하나다. 믿음이 생각과 합쳐지면 잠재의식은 즉시 그 파동을 찾아내서 영적으로 승화시킨 다음, 기도에서 볼 수 있는 것처럼 무한 지성Infinite Intelligence으로 전달한다. 믿음과 사랑, 성적 본능은 인간이 가진 주요 긍정적 감정 중에서 가장 강력한 것들이다. 이 3가지 감정이 생각과 합쳐지면 잠재의식에 전달될 수 있도록 생각의 질을 바꾼다. 생각은 잠재의식에서 무한 지성으로부터 반응을 이끌어낼 수 있는 유일한 모습인 영적 형태로 변화한다.

믿음을 만드는 방법

다음 이야기를 잘 음미하면 내면의 열망을 실물 혹은 부로 변환시킬 때 자기암시 원칙Principle of Autosuggestion이 갖는 중요성을 보다 잘 이해할 수 있다. 그것은 "믿음이란 자기암시 원칙에 따라 잠재의식에 긍정문이나 반복적 지시를 내림으로써 유발하거나 만들 수 있는 마음의 상태"라는 말이다.

예를 들어 당신이 이 책을 읽는 목적에 대해서 생각해 보자. 목적은 물론 내적 열망을 외적인 부로 바꾸는 능력을 얻는 것이다. 자기암시와 잠재의식을 다룬 장에서 설명하는 방법을 실천하면 당신은 자신이 원하는 것을 얻게 되리라고 믿는다는 점을 잠재의식에게 설득할 수 있다. 그러면 잠재의식은 믿음과 함께 당신이 원하는 것을 얻을 수 있는 확고한 계획을 돌려준다.

믿음은 원칙을 적용하고 사용하면 저절로 개발되므로 당신이 13가지 원칙을 숙지하고 나면 언제든지 마음대로 불러올 수 있는 마음의 상태다. 잠재의식에 긍정적 지시를 반복하는 것만이 믿음의 정서를 원칙으로 개발할 수 있는 지금까지 알려진 유일한 방법이다.

사람들이 어떻게 해서 범죄자가 되는지를 이해하면 의미가 좀 더 명확해질 것이다. 유명한 범죄학자 한 사람은 이렇게 말한다. "사람들이 처음으로 범죄와 직면하게 되면 그것을 싫어한다. 그러다가 한동안 범죄와 접촉하다 보면 익숙해지고 견딜 수 있게 된다. 충분히 오랫동안 범죄와 접하면 결국 범죄를 받아들이게 된다." 같은 방식으로 우리가 어떤 생각이든 반복해서 잠재의식에 전달하게 되면, 결국에는 잠재의식이 그것을 수용하고 가장 현실적 절차와 방법에 따라서 그 생각을 외적 현실로 바꾼다.

이와 관련해서, 감정이 추가되고 믿음이 함께하는 모든 생각은 즉시 형태를 지닌 동일한 물체로 변화하기 시작한다는 점을 기억하기 바란다. 생각에 활력과 생명력을 주고 행동으로 옮기게 하는 것은 생각에서 '감정'에 해당하는 부분이다. 믿음과 사랑, 성적 본능이 생각과 결합되면 감정만 존재할 때보다 훨씬 행동 요소가 커진다. 믿음과 결합된 생각뿐만 아니라 사랑, 성적 본능 같은 다른 긍정적 감정이나 어떤 부정적 감정과 결합된 생각이라도 잠재의식에 도달해서 영향을 미칠 수 있다.

나는 운이 없다?

잠재의식은 긍정적, 건설적 생각과 마찬가지로 부정적 또는 파괴적 생각도 그에 상응하는 실제 모습으로 변환한다. 바로 이것이 수없이 많은 사람이 불행이라고 칭하는 기이한 현상을 설명해 준다. 세상에는 자신이 운명적으로 가난과 실패를 타고났다고 믿는 사람이 무수히 많다. 무엇인가 스스로 통제할 수 없는 기이한 힘 때문에 가난하고 실패한다고 여긴다. 사실 알고 보면 불운이나 불행은 그들 스스로 만들어 낸 것이다. 왜냐하면 그들이 경험하는 가난과 실패는 자신이 가진 부정적 신념들을 잠재의식이 받아들여서 현실화한 것이기 때문이다.

자동차, 집 등의 사물이나 돈 같은 자신이 원하는 것을 잠재의식에 전달하고 그것이 실제로 이루어진다고 기대하거나 믿는 일이 중요하다는 점을 재차 강조한다. 잠재의식을 움직이는 것은 신념이나 믿음이다. 내가 아들의 잠재의식을 어느 의미에서 속였듯이 당신도 자기암시를 통해서 자신의 잠재의식을 속일 수 있다. 잠재의식을 더 잘 속이려면, 그것을 부를 때 이미 자신이 원하는 것을 가진 듯이 행동하라. 잠재의식은 명령이 실행될 것이라는 신념이나 믿음을 지닌 상태에서 내린 명령을 가장 정확하게 현실적 수단을 이용해서 그에 상응하는 물질로 바꿀 것이다.

잠재의식에 명령을 내릴 때 반드시 그 명령대로 하겠다는 믿음을 갖고 임해야 한다는 점은 이미 충분히 이야기했다. 이제 필요한 것은 실습이다. 우리는 연습을 통해서 완벽해질 수 있다. 이렇게 해야 한다고 배우기만 해서는 의미가 없다. 핵심은 우리 마음을 긍정적 감정으로 채우고, 부정적 감정은 줄이거나 완전히 제거해야 한다는 것이다. 긍정적 감정이 지배하는 마음은 믿음이 가장 선호하는 거주지다. 긍정적 감정이 지배하는 마음은 언제라도 잠재의식에 자신이 원하는 지시를 내릴 수 있고, 잠재의식은 그 지시를 받아들이고 즉시 이행하기 시작한다.

믿음을 이끌어 내는 자기암시

유사 이래 모든 종교에서는 신자들에게 믿음이 부족하다고 질책해 왔다. 그러면서도 어떻게 해야 믿음을 가질 수 있는지는 알려 주지 않았다. 그들은 "믿음이란 '자기암시'가 유도하는 정신 상태"라는 사실을 말하지 않았다.

지금부터 누구나 이해할 수 있는 쉬운 말로 믿음을 가질 수 있는 원리를 제시하겠다. 가장 기본적 믿음은 자기 자신에 대한 믿음과 무한 지성에 대한 믿음이다. 원리를 제시하기 전에 믿음이 생각에 활력, 힘, 행동을 더하는 불가사의한 힘을 가진 "영원한 묘약"이라는 사실을 다시 상기하기 바란다. 이 말은 몇 번이고 반복할 가치가 있을 만큼 중요하다. 큰 소리로 읽는 것도 좋다.

> 믿음은 부를 축적하는 출발점이다!
> 모든 "기적"과 과학으로 설명할 수 없는 불가사의 뒤에는 믿음이 있다!
> 믿음은 실패를 없앨 수 있는 유일한 해독제다!

믿음은 기도와 합쳐지면 무한 지성과 직접 소통할 수 있게 해 준다.
믿음은 유한한 정신을 가진 인간이 만든 생각의 평범한 진동을 영적 수준으로 변환한다.
믿음은 인간이 무한 지성의 우주적 힘에 접속해서 사용할 수 있는 유일한 매개체다.

자기암시의 마술

믿음에 관한 위의 진술들이 옳다는 증거는 간단하고 쉽게 제시할 수 있으며, 자기암시 원리 안에 들어 있다. 따라서 이제 자기암시라는 주제에 초점을 맞추고 자기암시가 어떤 힘을 지녔는지 살펴보자.

누구나 알고 있듯이, 우리는 자신에게 반복해서 말하는 것을 결국은 믿게 된다. 말하는 것이 진실인지 아닌지는 관계없다. 어떤 사람이 거짓말을 수없이 반복하게 되면, 그는 결국 그것을 진실로 받아들이게 된다. 한 걸음 더 나가서 그것이 진실이라고 믿게 된다. 우리가 지금의 모습이 된 것은 자신의 정신을 채우도록 허용한 지배적 생각 때문이다. 우리가 의식적으로 어떤 생각을 하고, 그 생각에 공감하면서 그것을 강화하고, 한 가지 이상의 감정을 그 생각과 혼합하면, 그것은 우리를 움직이는 힘이 되어서 모든 활동과 행동, 행위를 통제한다.

어마어마한 진실을 담은 다음 말을 기억하기 바란다. "감정과 결합된 생각은 자력Magnetic Force을 갖게 되어 다른 유사한 생각들을 끌어들인다." 이렇게 감정으로 자력을 소유하게 된 생각은 씨앗과 비교할 수 있다. 씨앗은 비옥한 땅에 뿌려지면 싹이 트고, 성장하고, 증식해서 맨 처음 작은 씨앗 하나가 수백 수천만 개의 씨앗이 된다.

인간의 정신은 계속해서 그 정신을 지배하는 진동과 조화를 이루는 진동을 끌어당긴다. 우리가 마음속에 갖는 생각, 아이디어, 계획이나 목적은 비슷한 것들을 끌어들여서 원래 생각과 결속하는 과정을 반복하면서 그 사람을 지배하고, 움직이는 주인이 된다.

이제 최초 출발점으로 돌아가서 첫 원인이 된 아이디어와 계획, 목적이 어떻게 마음에 뿌리내리게 되는지 살펴보자. 간단하다. 아이디어, 계획이나 목적은 생각의 반복을 통해서 마음에 자리 잡는다. 그것이 바로 당신에게 자신의 주목적 혹은 확고한 주목표 진술서를 쓰고, 기억하고, 이런 소리 진동이 잠재의식에 도달할 때까지 매일 소리 내어 반복하도록 하는 이유다. 좋지 않은 환경의 영향을 떨쳐버리고 정연한 자기 고유의 삶을 살아가겠다고 결심하라. 자신의 정신적 강점과 약점을 잘 살펴보면, 가장 커다란 약점은 자신감 Self-Confidence 결여라는 점을 발견하게 된다. 이 결점은 자기암시 원리의 도움으로 극복할 수 있고, 소심함이 용기로 바뀐다. 이 원리의 실행은 단순하다. 긍정적 생각을 적고, 기억하고, 그것이 잠재의식의 일부분이 될 때까지 반복하면 된다.

자신감 공식

첫째, 나는 나 자신이 확고한 인생 목적을 달성할 수 있다는 것을 안다. 따라서 나는 자신에게 그 목적을 달성하기 위해서 꾸준히 계속 행동할 것을 요구하고, 지금 이 자리에서 그런 행동을 시도하겠다고 약속한다.

둘째, 나는 내 지배적 생각이 궁극적으로 외부의 실제적 행동으로 나타나고 차츰 현실화해 간다는 점을 인식한다. 따라서 나는 매일 30분간 내가 되고자 하는 사람에 대해 생각하는 일에 집중해서 내 마음속에 명확한 그림을 그려 내겠다.

셋째, 나는 자기암시 원리를 통해서 내가 마음에 끈기 있게 지닌 열망이 결국 그것을 달성할 수 있는 현실적 수단으로 표출된다는 점을 인식한다. 따라서 나는 자신감을 개발하는 데 매일 10분을 사용하겠다.

넷째, 나는 확고한 주목표 진술서를 작성한다. 나는 그 목표를 달성할 수 있다는 자신감이 충만할 때까지 노력을 중단하지 않겠다.

다섯째, 나는 어떤 부나 지위도 진실과 정의에 뿌리내리지 않으면 지속될 수 없다는 것을 확실하게 안다. 따라서 나는 이해 당사자 모두에게 도움이 되지 않는 어떤 거래도 하지 않겠다. 나는 올바른 힘의 사용과 다른 사람들의 협조를 통해서 성공하겠다. 나는 기꺼이 다른 사람들에게 봉사해서 그들도 나에게 봉사하도록 하겠다. 나는 인간 모두에 대한 사랑으로 미움, 시기, 질투, 이기심, 냉소주의를 제거하겠다. 왜냐하면 다른 사람들에 대한 부정적 태도는 결코 내게 성공을 가져오지 않는다는 사실을 알기 때문이다. 나는 다른 사람들과 나 자신에 대한 믿음을 통해서 그들이 나를 믿도록 하겠다. 나는 이 공식에 서명하고, 공식을 기억하고, 확신을 갖고 하루 한 번 큰 소리로 외우겠다. 그렇게 이 공식이 점점 내 생각과 행동에 영향을 미치면서 결국 나는 독립적이고 성공한 사람이 될 것이다.

이 공식 기반에는 누구도 설명할 수 없는 자연 법칙이 자리하고 있다. 이 법칙의 이름은 중요하지 않다. 이 법칙을 건설적으로 사용하기만 하면 우리에게 영광과 성공을 가져온다는 사실이 중요하다. 반대로 파괴적으로 사용된다면 쉽사리 우리를 망가뜨려 버린다. 이 말에는 매우 중대한 진실이 담겨 있다. 그것은 인생에 실패해서 가난, 불행, 고통 속에 생을 마치는 사람들은 자기암시 원리를 파괴적으로 사용했기 때문이라는 사실이다. 아마도 생각은 그에 상응하는 외적 모습으로 자신을 표현한다는 점이 원인일 것이다.

부정적 사고가 불러오는 재앙

잠재의식은 긍정적 생각과 부정적 생각을 구분하지 않는다. 잠재의식은 우리가 주입하는 재료를 가지고 작업할 뿐이다. 따라서 용기와 믿음에 기초한 생각과 똑같이 두려움에 근거한 생각도 현실로 구현한다.

전기가 건설적으로 사용되면 산업의 수레바퀴를 돌려서 유용한 서비스를 제공하지만 잘못 사용되면 생명을 죽이는 것처럼, 자기암시 법칙도 얼마나 잘 이해하고 사용하는가에 따라서 평화와 번영을 가져오기도 하고, 반대로 고통과 실패, 죽음을 초래할 수도 있다.

당신이 자기 마음을 두려움과 의심, 무한 지성의 힘과 소통하고 활용할 수 있는 능력에 대한 불신으로 채우면 자기암시 법칙은 그 불신을 받아들여서 현실로 드러낼 것이다. 어떤 배는 동쪽으로, 또 다른 배는 서쪽으로 옮기는 바람처럼 자기암시 법칙은 당신이 돛을 어떻게 사용하는지에 따라서 당신을 끌어올리거나 아니면 끌어내릴 것이다. 상상을 뛰어넘는 엄청난 성취를 이룰 수 있게 도와주는 자기암시 법칙은 다음 시에 잘 담겨 있다.

> 만일 당신이 패배했다고 생각한다면,
> 당신은 패배한 것이고,
> 과감하게 그렇지 않다고 생각한다면,
> 당신은 패배한 것이 아니다.

마음속에 승리하고 싶은 마음이 있지만 승리할 수 없을 것이라고 생각한다면, 당신은 승리하지 못할 것이다. 만일 당신이 질 것이라고 생각한다면, 당신은 이미 진 것이나 다름없다. 왜냐하면 우리가 살아가는 세상에서 승리는 우리 의지에서 시작되기 때문이다. 모든 것은 정신 자세에 달려 있다. 만일 당신이 다른 사람들보다 뒤떨어진다고 생각한다면, 실제로 그런 사람이 되기 때문에 높이 올라가려면 생각도 높아야 한다. 상을 받으려면 먼저 자신에 대한 확신을 가져야 한다. 인생이라는 전쟁에서 강하거나 빠른 사람이 반드시 이기는 것은 아니다. 마지막에 이기는 사람은 자신이 승리할 수 있다고 생각하는 사람이다.

우리 뇌 속에서 잠자고 있는 천재

당신의 내면 어딘가에는 깨워서 활용하기만 하면 지금까지 스스로 상상하지도 못했던 높은 곳까지 당신을 이끌어 줄 성공의 씨앗이 잠들어 있다. 뛰어난 음악가가 바이올린 현에서 아름다운 음악을 만들어 내듯 당신도 자기 뇌 속에서 잠자고 있는 천재성을 깨워서 성취하고자 하는 어떤 것이라도 이루게 할 수 있다.

링컨Abraham Lincoln은 마흔이 한참 지날 때까지 하는 일마다 실패했다. 엄청난 경험을 통해 가슴과 머릿속에 잠자고 있던 천재가 깨어나 역사에 기록될 위인이 될 때까지 그는 사실 누구도 주목하지 않는 평범한 사람에 지나지 않았다. 그 경험에는 슬픔과 사랑이 담겨 있는데, 그것은 그가 평생 진정으로 사랑했던 유일한 여인 앤 러틀리지 Ann Rutledge를 통해서 왔다. 사랑이 우리 생각을 영적 수준으로 전환하기 때문에 믿음과 매우 유사한 정신 상태라는 것은 잘 알려진 사실이다. 나는 뛰어난 업적을 달성한 수백 명의 삶과 성공을 연구하면서 그런 성취 뒤에는 거의 예외 없이 여성의 사랑이 존재한다는 점을 발견했다.

믿음에 얼마나 힘이 있는지 증거를 보고 싶다면 믿음을 가진 사람들의 성취를 연구하기 바란다. 그 목록 맨 처음에는 예수가 있다. 누가 뭐라고 해도 기독교 신앙의 기초는 믿음이다. 예수의 가르침과 기적이라고 해석되어 온 그가 행한 많은 놀라운 일들의 요체는 바로 믿음이다. 기적이 존재한다면 그것은 오직 믿음이라는 정신 상태를 통해서만 가능하다.

믿음의 힘을 가장 잘 보여 주는 사례이므로 세계적 인물인 인도의 마하트마 간디 Mahatma Gandhi를 통해서 그 힘에 대해 생각해 보자. 간디는 돈, 군함, 군대, 무기 등 전통적 권력 도구를 아무 것도 보유하지 않았는데도 그 시대 어느 누구보다 큰 힘을 갖고 있었다. 그의 힘은 어디에서 나온 것일까? 그는 믿음의 원칙을 이해하고, 그 믿음을 2억 명의 인도인 마음에 이식하는 그의 능력을 통해서 그 힘을 만들어 냈다. 간디는 2억의 마음이 하나로 모여 마치 한마음처럼 함께 움직이게 하는 놀라운 일을 해냈다. 믿음 외에 지구상에서 그 어떤 힘이 그런 일을 해낼 수 있겠는가?

아이디어로 부자가 된 사람

사업에서는 믿음과 협조가 중요한 요소이기 때문에 사업가들이 커다란 부를 축적해 온 방법, 즉 '받기 전에 먼저 주는 것'을 분석하는 일은 흥미롭고 유익할 것이다.

이와 관련된 사례는 US 스틸이 창립된 1900년으로 거슬러 올라간다. 이야기를 읽으면서 이 핵심 메시지를 항상 기억하기 바란다. 그러면 어떻게 해서 아이디어가 엄청난 부로 바뀌는지를 이해할 수 있다. 당신이 어떻게 하면 큰 부자가 될 수 있는지를 궁금하게 여겨 온 사람 중 한 명이라면 US 스틸이 만들어지는 과정에 관한 다음 이야기가 깨달음을 줄 수 있을 것이다. '생각함으로써 부자가 될 수 있다'는 점에 대해서 조금이라도 의심이 남아 있다면, 이 이야기가 의심을 없애 줄 것이다. 왜냐하면 US 스틸 이야기 속에 이 책에서 말하는 원리들이 적용되고 있음을 명확히 볼 수 있기 때문이다. 뉴욕 월드 텔레그램 New York World-Telegram 신문사 존 로웰 John Lowell의 기사는 아이디어가 가진 힘을 극적으로 잘 묘사하고 있다. 기자 허락을 받아서 아래에 전재한다.

10억 달러 가치를 지닌 연설

1900년 12월 12일 미국 금융계 거물들 80여명이 서부에서 온 젊은 기업가의 이야기를 듣기 위해 5번가 Fifth Avenue 유니버시티 클럽 연회장에 모였을 때, 자신이 미국 기업사에서 가장 중대한 사건을 목격하게 되리라 생각했던 사람은 거의 없었다.

제이 에드워드 시먼즈 J. Edward Simmons와 찰스 스튜어트 스미스 Charles Stewart

Smith는 얼마 전 피츠버그를 방문했을 때 찰스 슈왑이 그들에게 베풀어 준 큰 호의에 대한 보답으로, 서른여덟 살의 슈왑을 동부 금융계에 소개하고자 이 만찬을 준비했다. 그러나 그들도 슈왑이 만찬장을 압도해 버릴 것이라고는 예상하지 못했다. 사실 시먼스와 스미스는 그에게 과장된 연설에 그다지 호응하지 않는 뉴욕 금융계 거물들을 지루하지 않게 하려면 15분 내지 20분쯤 적당히 얘기하고 마치는 정도가 좋을 것이라고 조언했다. 심지어 슈왑 오른 편에 앉았던, 후에 강력한 후원자가 된 제이피 모건 J. P. Morgan도 당시엔 잠시 머물다 떠날 예정이었다. 미디어와 일반 시민에게도 그다지 관심을 끄는 일이 아니라서 다음 날 신문에는 기사 한 줄 실리지 않았다.

따라서 만찬장에 모인 사람들은 별 생각 없이 만찬을 즐기고 있었다. 대화는 거의 없었고, 가능한 한 이야기를 자제하는 분위기였다. 그들 중 철강업계에서 성장해 온 슈왑을 만났던 사람은 거의 없었고, 그를 잘 아는 사람은 아무도 없었다. 하지만 그날 밤이 지나기 전에 그들은 슈왑의 연설에 정신을 빼앗겼다. 금융계 제왕인 모건도 그중 하나였고, 그 결과 10억 달러짜리 US 스틸 아이디어가 탄생한다.

찰스 슈왑의 연설 기록이 남아 있지 않다는 사실은 참으로 안타깝다. 슈왑은 말을 멋들어지게 하려고 신경 쓰는 사람이 아니었으니 아마 그의 연설은 세련되진 않았을 것이고, 대신 많은 경구와 재치 있는 말을 담고 있었을 것이다. 그의 연설은 또한 참석자들에게 생기를 불어넣었다. 90분간이나 이어진 연설이 끝나자 모건은 슈왑을 창가로 안내해 불편한 의자에 앉아 다시 한 시간 동안 이야기를 계속했다. 슈왑의 매력도 충분히 발휘되었지만 더 중요한 것은 철강 산업 확장을 위한 확고하고 명확한 프로그램을 그가 제시했다는 점이다. 그동안 여러 사람이 비스킷, 철사, 설탕, 고무, 위스키, 석유, 껌 회사들 결합처럼 모건을 설득해 철강 기업 결합을 이끌어 내고자 했었다. 존 게이츠 John W. Gates 도 시도했지만 모건은 그를 신뢰하지 않았다. 그 다음에 시카고 주식 중개인으로 성냥 기업 결합과 크래커 회사를 만들었던 무어 Moore 형제가 시도했지만 역시 실패했다. 시골 변호사인 엘버트 게리 Albert H. Gary 도 하고 싶어 했지만 주목을 끌만큼 큰 인물이 아니었다. 슈왑의 연설이 모건을 움직여서 엄청난 프로젝트가 완성된 모습을 나타낼 수 있기까지 그 프로젝트는 쉽게 큰돈을 벌고 싶어 하는 사람들의 비현실적 꿈에 지나지 않았다.

수천 개에 달하는 규모가 작고 비효율적 경영을 하는 회사들을 합쳐 경쟁을 압도할 수 있는 큰 회사로 만드는 것은 이미 30여 년 전 기업사냥꾼 존 게이츠가 소규모 회사들을 통합해서 아메리칸 스틸 앤 와이어 American Steel and Wire 를 만들 때 사용했던 방식이다. 그는 모건과 함께 페더럴 스틸 Federal Steel 도 설립했다.

그러나 53개 파트너 회사들을 소유하고 운영하는 앤드루 카네기의 거대한 수직 기업 결합에 비교하면 다른 기업 집단들은 난쟁이에 불과했다. 아무리 다른 기업들과 합쳐 봐도 카네기와의 경쟁은 불가능했다. 모건도 그 사실을 잘 알고 있었다. 카네기 역시 그것을 알고 있었다. 그는 스코틀랜드의 멋진 거처 스키보 성 Skibo Castle 에서 때로는 즐겁게, 또 어떤 때는 불편한 느낌으로 모건의 회사들이 자기 사업 영역에 침투하려는 시도를 지켜보았다. 시도가 너무 노골적이라고 생각되자 카네기도 화가 나 반격을 가했다. 그는 경쟁자들의 모든 사업에 진출하기로 결정했다. 그 때까지 카네기는 철사, 파이프, 관, 판재 등에는 관심이 없었고, 그 제품을 만드는 회사에 원재료를 제공해 자기들이 원하는 제품으로 가공하게 했다. 이제 그는 슈왑이라는 유능한 파트너와 함께 적들에게 공격을 시작할 계획이었다.

바로 그때 슈왑의 연설이 있었고, 모건은 그 연설에서 기업 결합에 관해서 자신이 갖고 있던 문제의 해답을 찾았다. 가장 거대한 카네기가 빠진 기업 결합이란 사실 의미가 없었다. 1900년 12월12일 밤 슈왑의 연설은 거대한 카네기의 회사가 모건 밑으로 들어올 수도 있다는 의미를 담고 있었다.

슈왑은 철강 산업의 미래, 효율성을 위한 재편, 전문화, 문제 있는 공장 폐기와 잘 돌아가는 공장에 대한 노력 집중, 원료 운송의 경제성, 일반 관리 비용의 경제성, 해외시장 확보에 대해서 이야기했다. 그는 관행적으로 철강 산업에서 자행되는 높은 가격을 통한 착취의 문제점도 지적했다. 독점체제를 만들고 가격을 인상해서 독점이 주는 이익을 누리는데 목적이 있는 것이 문제라는 슈왑의 해석이었다. 그는 그 시스템을 신랄하게 비판했다. 슈왑은 그런 시스템은 모든 분야가 확장하고 있는 시대에 오히려 시장을 제한하므로 매우 근시안적이라고 이야기하면서, 반대로 철강 가격을 내리면 지속적으로 시장이 확대되어 갈 것이라고 주장했다. 철강 용도가 확산될 것이고 세계무역에서 차지하는 몫도 커질 것이라는 말이었다. 실제로 연설 당시엔 자신도 알지 못했지만 슈왑은 현대적 대량 생산의 전도사였다.

만찬이 끝나고 모건은 슈왑이 제시한 장밋빛 예측에 대해 생각하기 위해서 집으로 돌아갔다. 슈왑은 피츠버그 공장으로 돌아가서 경영을 계속했고, 다른 참석자들도 다음 행동을 고민하며 각자 업무로 돌아갔다. 결단을 내리는 데는 오랜 시간이 걸리지 않았다. 모건이 슈왑의 논리 정당성을 검토하는 데 걸린 시간은 1주일 남짓이었다. 재무적으로 큰 문제가 없으리라는 확신이 서자 그는 슈왑에게 만나고 싶다는 뜻을 전했다. 뜻밖에도 슈왑의 반응은 난처하다는 것이었다. 만일 카네기가 자신이 신임하는 슈왑이 월가의 황제로 불리는 모건과 만난다는 사실을 알게 된다면, 평생 월가에는 발을 들여놓지 않겠다고 결심한 카네기가 좋아하지 않을 것이라는 이야기였다. 그러자 중개인 역할을 한 존 게이츠가 아이디어를 냈다. 슈왑이 필라델피아 벨뷰Bellevue호텔에 갈 때 모건 역시 우연히 그 호텔에 들러서 서로 만난다는 각본이었다. 하지만 슈왑이 각본대로 호텔에 도착했을 때 모건은 없었다. 마침 몸이 좋지 않아서 그가 뉴욕 집을 떠날 수 없었기 때문이다. 모건의 간곡한 초청을 받고 슈왑은 뉴욕으로 가서 그와 마주했다.

어떤 경제 역사가들은 이 드라마가 처음부터 끝까지 다 앤드루 카네기의 각본이었다고 믿고 있다. 즉 슈왑을 만찬에 초대한 것, 유명한 슈왑의 연설, 슈왑과 모건의 일요일 밤 미팅이 전부 카네기가 교묘하게 짠 각본에 따른 것이었다는 주장이다. 그러나 사실은 정반대다. 카네기가 거래 마무리를 위해서 슈왑을 불렀을 때까지도, 슈왑은 과연 카네기가 회사를 팔자는 자기 이야기를 들어주기나 할지조차 확신하지 못하고 있었다. 특히 사려고 하는 이들이 평소 카네기가 간교하다고 말해 온 월가 사람들이었기에 더욱 그랬다. 어쨌든 뉴욕에서 슈왑은 모건과 협의에 들어갔고, 그가 생각하는 새로운 철강회사에 필수적으로 요구되는 회사들의 실제적 가치와 잠재적 수익 능력을 6페이지에 걸쳐서 직접 종이에 기록했다.

그리고 네 사람이 그 숫자를 검토했다. 물론 좌장은 돈의 힘을 깊이 신봉하는 모건이었다. 그리고 그 옆에는 학자이자 신사인 귀족풍 파트너 로버트 베이컨Robert Bacon이 자리했다. 세 번째 참석자는 존 게이츠였다. 모건은 그를 도박꾼으로 생각했지만 도구로 활용했다. 네 번째가 철강을 만들고 파는 것에 관한 한 세계 최고인 슈왑이었다. 회의 내내 슈왑이 숫자를 제시하면 그 누구도 반론을 제기하지 않았다. 그가 이 회사 가치가 얼마라고 말하면 그것으로 끝이었다. 슈왑은 또 새로 만들 기업에 포함시킬 파트너 사로는 오직 자기가 추천하는 회사만을 고집했다. 그가 생각하는 기업은 중복 생산을 하지 않는 회사였다. 심지어 모건이 만드는 기업에 자기 회사가 포함되기 원하는 친구들 부탁도 들어주지 않았다.

새벽이 되자 모건이 일어섰다. 이제 해결해야 할 것은 단 하나였다. "카네기가 회사를 팔도록 설득할 수 있어요?" 모건이 물었다. "해 보죠." 슈왑의 대답이었다. "만일 카네기를 설득해 낸다면, 나는 자금을 책임지겠소." 모건이 말했다. 지금까지는 잘 풀렸다. 그런데 카네기가 정말로 팔까? 판다면 얼마를 요구할까?(슈왑은 약 3억 2천만 달러 정도를 예상하고 있었다) 지급 방식은 무엇을 선호할까? 보통주일까 아니면 우선주일까? 채권일까? 아니면 현금일까? 현금으로 3억 달러 이상을 준비할 수 있는 사람은 아무도 없었다.

1월의 어느 날 웨스트체스터에 있는 세인트앤드루스 골프코스에서 카네기와 슈왑이 골프를 쳤다. 카네기는 추위 때문에 스웨터를 입고 있었고, 슈왑은 평소처럼 이런저런 재미난 이야기를 했다. 하지만 골프를 마치고 근처에 있는 따뜻한 카네기 별장에서 편하게 휴식을 취할 때까지 사업 이야기는 전혀 없었다. 드디어 슈왑은 유니버시티 클럽에서 백만장자들 80여명을 매료시켰던 것과 같은 설득력을 발휘하며 카네기에게 화려한 은퇴생활과 원하는 것을 무엇이든 할 수 있는 수백만 달러 현금에 대해서 이야기했다. 카네기도 결국 동의했다. 그리고 종이에 숫자를 적어 슈왑에게 건네며 말했다. "좋아. 이 금액에 팔겠네." 카네기가 쓴 숫자는 4억 달러였다. 그것은 슈왑이 말한 3억2천만 달러에 지난 2년간 가치 증대분 8천만 달러를 더한 액수였다. 나중에 대서양 횡단 정기선 갑판에서 카네기가 후회하는 어조로 "그때 1억 달러 더 달라고 할 걸…."이라고 말하자 모건은 "만일 그랬다면 더 받을 수 있었을 텐데요."라고 경쾌하게 대답했다.

거래가 성사되자 예상했던 대로 야단이 났다. 영국 기자는 거대한 기업 합병에 외국 철강업계가 경악했다고 타전했다. 해들리^{Hadley} 예일 대학교 총장은 기업 합병을 규제하지 않으면 25년 안에 워싱턴에는 황제가 등장할 것이라고 말했다. 그런데도 유능한 증권 중개인이었던 킨^{Keene}이 새 회사 잔여 주식을 일반인들에게 팔았고, 6천만 달러에 달하는 주식은 순식간에 매진되었다. 그 결과 카네기는 자기 몫인 수백만 달러의 현금을 받았고, 모건은 그간 온갖 수고의 대가로 6천2백만 달러를 벌었고, 다른 사람들도 자기 몫을 챙겼다. 물론 38세였던 슈왑도 보상을 받았다. 그는 새 기업의 사장이 되었고, 1930년까지 그 자리를 지켰다.

부는 생각에서 시작된다

방금 읽은 극적인 US 스틸 탄생 이야기는 열망이 현실로 이루어지는 것을 보여 주는 아주 좋은 사례다. 그 거대 기업은 한 사람의 마음속에서 만들어졌다. 재무적 안정성을 가진 제철소로 새 회사를 만들자는 계획 역시 그의 마음속에서 나왔다. 그의 믿음, 열망, 상상력, 끈기야 말로 US 스틸을 만든 핵심 요소였다. 기업 탄생 후 제철소와 장비들을 매입했는데, 분석해 보면 여러 회사를 통합해 동일한 경영진이 운영하도록 한 거래만으로 이미 가치가 6억 달러 증가했다.

다시 말해 슈왑의 아이디어와 모건의 마음속에 전달한 믿음이 6억 달러라는 가치를 창조한 것이다. 아이디어 하나의 가치가 6억 달러라니… 대단하지 않은가? US 스틸은 성공했고 미국에서 가장 돈 많고, 강력한 회사 중 하나가 되었다. 종업원이 수천 명에 달했고, 철강의 새로운 용도를 개발했으며, 새로운 시장을 개척했다. 슈왑의 아이디어가 가져온 6억 달러의 가치가 헛된 것이 아니었음을 증명했다.

부는 생각이라는 형태로 시작된다! 부의 크기를 제한하는 것은 행동으로 옮겨지는 생각을 마음속에 가진 우리 자신뿐이다. 믿음은 제한을 없앤다! 당신이 얼마만큼 가치를 가졌는지 삶과 협상할 때 이것을 꼭 기억하기 바란다.

다음 질문들에 답하시오.

1. 당신이 자신의 목표에 도달하기 전에 반드시 믿어야 한다고 생각하는 5가지 믿음을
   적어라. 이 믿음은 당신 자신, 당신의 가족, 친구들이나 동료들 또는 우주 전체에
   대한 것일 수 있다.

   a)

   b)

   c)

   d)

   e)

2. 앞의 질문에서 당신이 열거한 것들을 자신에게 자주 반복하고, 앞서 주어진 공식을
   사용해 믿기 위해 노력하는 동안, 이미 깊은 믿음을 갖고 있는 것들을 기억하는
   것도 중요하다. 아래에 무엇이든 의심의 여지없이, 가급적이면 당신의 목표를 성
   취하는 데 도움을 줄 당신이 현재 지닌 5가지 믿음을 목록으로 작성하라.

   a)

   b)

   c)

   d)

   e)

모든 어려움, 모든 실패, 그리고 모든 고통은
그와 같거나 또는 그보다도 큰 보상의 씨앗을 품고 있다.

Every adversity, every failure
and every heartache carries with it
the seed of an equivalent
or a greater benefit.

잠재의식을 바꾸는 도구 부자가 되기 위한 3단계

자기암시는 오감을 통해서 마음에 도달하는 모든 암시와 스스로 가한 모든 자극을 의미한다. 다시 말해 자기암시란 자기 자신이 제공하는 모든 암시를 말한다. 자기암시란 의식적 생각이 일어나는 마음속 부분과 잠재의식을 위한 활동이 일어나는 부분 사이의 소통 수단이다.

우리가 자의식에 머물 수 있도록 허용한 지배적 생각(그 생각이 긍정적인지 부정적인지는 중요하지 않다)은 자기암시 원리를 통해 잠재의식에 도달해서 영향을 준다. 인간은 잠재의식에 도착하는 것들을 오감을 통해서 완전히 통제할 수 있다. 그렇다고 인간이 자신의 통제력을 실제로 사용한다는 말은 아니다. 사람들 대부분은 자신이 가진 통제력을 사용하지 않는다. 그것이 수많은 사람이 가난하게 살아가는 이유다. 잠재의식은 비옥한 정원과 같아서 자신이 원하는 씨를 뿌리지 않으면 잡초만 가득 자랄 수도 있다는 말이 기억날 것이다. 자기암시는 잠재의식이라는 정원에 창조적 생각의 씨앗을 뿌릴 수도 있고, 반대로 파괴적 생각이 은밀하게 뿌리내리도록 방치할 수도 있는 자기 소유의 통제 수단이다.

이미 돈을 가진 자기 모습을 보고 느끼라

당신은 2장 욕구에 등장하는 부자가 되는 6단계 중 마지막 6단계에서 매일 자신이 원하는 금액을 기록한 문서를 큰 소리로 두 번 읽고, 이미 그 돈을 가진 자기 모습을 보고 느끼라는 말을 기억할 것이다. 그것이 바로 우리 욕구를 완벽한 사실로 잠재의식에 직접 전달하는 방법이다. 그 절차를 반복하면 저절로 자기 열망을 돈으로 바꾸려고 노력하는 사고 습관을 만들게 된다.

지금 바로 2장으로 돌아가 부자가 되는 6단계를 주의 깊게 읽고 난 뒤, 이 페이지로 되돌아와 계속 읽기 바란다. 그리고 앞으로 읽게 될 7장 '체계적인 계획'에서는 마스터마인드 연합 구축을 위한 4가지 유의 사항도 집중해서 읽도록 한다. 그 두 가지를 자기암시 원리와 비교해 보면 둘 다 그 원리를 담고 있음을 발견할 수 있다.

따라서 매일 두 번씩 큰 소리로 자신이 벌고 싶은 액수를 말할 때(부자 의식을 개발하는 과정이다), 단순히 소리만 내어 말하는 것은 부질없다는 점을 기억하기 바란다. 거기에는 반드시 감정과 느낌이 함께해야 한다. 잠재의식은 우리 생각이 감정이나 느낌과 합쳐져야만 그것을 인식하고 행동으로 옮기기 시작한다. 자기암시 원리를 적용하려고 했다가 실패하는 사람들 대부분이 원하는 결과를 얻지 못하는 이유가 바로 여기에 있기 때문에 극히 중요한 사항이다. 무미건조한, 감정이 담기지 않는 말은 잠재의식에 영향을 미치지 못한다. 당신이 신념이라는 정서가 가득 담긴 생각이나 말을 통해서 잠재의식에 도달하는 방법을 배우기 전까지는 원하는 결과를 얻기 어려울 것이다.

처음 감정을 시도할 때 뜻대로 되지 않는다고 해서 실망하지 않길 바란다. 세상에 대가를 치르지 않고 공짜로 얻을 수 있는 것은 없다. 속임수를 쓰는 것도 불가능하다. 잠재의식에 영향을 미치기 위해서 지급할 대가는 여기에서 설명하는 원리를 꾸준히 실천하는 것이다. 값을 덜 치르면 원하는 수준만큼 능력을 가질 수 없다. 다른 누군가가 아닌 오직 자신만이 얻고자 하는 보상이 우리 노력 이상의 가치가 있는지 판단할 수 있다. 자기 암시 사용 능력은 특정한 욕구가 불타는 열망이 될 때까지 당신이 그 욕구에 지속적으로 집중할 수 있는지에 달려 있다.

집중력을 키우는 방법

2장에서 설명한 부자가 되는 6단계를 실행에 옮기기 시작하면, 집중의 원리를 활용할 필요성을 느낄 것이다. 지금부터 집중력을 효과적으로 사용하는 방법을 제시하겠다. 6단계 중에서 1단계인 "자신이 원하는 정확한 금액을 마음속에서 확정하라."를 실행할 때는 눈을 감고, 실제로 그 금액을 마음속에서 볼 수 있을 때까지 생각을 집중한다. 매일 최소한 한 번씩 한다. 이 훈련을 하면서 3장 '믿음'에서 제시한 방법대로 이미 그 돈을 가진 자기 모습을 본다.

가장 중요한 핵심은 이것이다. 잠재의식은 완벽한 믿음이 실린 명령에 복종하고 그 명령을 수행한다. 명령은 한 번으로 그치는 것이 아니고, 잠재의식이 명령을 이해할 수 있을 때까지 반복해서 여러 번 해야 한다. 이 방식에 따라서 잠재의식에게 당신이 머릿속에서 실제로 보고 있는 돈은 당신이 요구할 때만을 기다리고 있는 정당한 자기 돈이므로, 잠재의식이 당신 돈을 어떻게 하면 받을 수 있는지와 관련된 계획을 제시해야만 한다고 믿게 할 수 있다. 그런 생각을 자신의 상상력에 제공하고 자신이 열망하는 돈을 벌 수 있는 현실적 계획을 세우기 위해서 상상력이 무엇을 할 수 있고, 무엇을 하는지 지켜보자.

자신이 열망하는 돈을 벌 수 있는 확고하고 명확한 목표가 나올 때까지 기다리지 말고 이미 그 돈을 가졌다고 시각화하고, 잠재의식에게 그 돈을 벌 수 있는 계획을 기대하고 요구하라. 계획이 떠오르는지에 주의를 집중하라. 계획은 육감이나 영감이라는 형태로 섬광처럼 떠오를 것이다. 경외하는 마음으로 그 육감, 영감을 대하고 무엇보다도 연상되는 즉시 실행에 옮겨라.

6단계 중에서 4단계는 "자신의 열망을 달성하기 위한 확고하고 명확한 계획을 세우고 즉시 실행에 옮겨라."이다. 앞에서 말한 방식에 따라서 이 4단계를 실행해야 한다. 돈 벌기 위한 계획을 세울 때 논리를 너무 믿지 말아야 한다. 지나치게 논리에 의존하면 실망할 수 있다. 눈을 감고 자신이 벌고자 하는 돈을 시각화할 때, 자신이 그 돈의 대가로 치를 서비스나 상품을 제공하고 있는 모습을 마음속에 그려라. 매우 중요하므로 꼭 기억하기 바란다.

잠재의식을 자극하는 6단계

2장에서 말한 부자가 되는 6단계를 이 장에서 설명한 원칙들과 통합하면 다음과 같이 요약, 정리할 수 있다.

첫째, 방해받지 않을 조용한 곳(밤에 침대가 좋다)으로 가서 눈을 감고 자신이 벌고 싶은 금액, 시한, 대가로 제공할 서비스와 상품을 기록한 목적 진술서를 큰 소리로(자기가 들을 수 있도록) 읽는다. 동시에 그 돈을 이미 가진 자기 모습을 시각화한다. 예를 들어서 지금부터 5년 후 1월 1일까지 5만 달러를 모으고, 그 대가로 영업사원으로서 서비스를 제공하려고 한다고 하자. 그 목적 진술서는 아래와 유사할 것이다.

"○○년 1월 1일까지 나는 5만 달러를 갖게 될 것이다. 그 돈에 대한 대가로 나는 ○○(자신이 판매하는 서비스나 상품을 적는다)의 영업사원으로 양과 질에서 최고 서비스를 제공하겠다. 나는 그 돈을 갖게 될 것이라고 믿는다. 내 믿음이 확고하기 때문에 나는 그 돈을 볼 수 있고 손으로 만질 수도 있다. 돈은 곧 내게 이체될 때만 기다리고 있다. 나는 지금 그 돈을 벌 수 있는 계획을 기다리고 있다. 계획을 받게 되면 나는 그것을 즉시 실행에 옮기겠다."

둘째, 이 프로그램을 자신이 벌고자 하는 돈을 머릿속에서 볼 수 있을 때까지 아침저녁으로 반복한다.

셋째, 목적 진술서를 언제든 볼 수 있는 곳에 비치하고, 기억될 때까지 잠들기 직전에 읽고 다시 아침에 일어나자마자 읽는다. 이 단계는 잠재의식에 명령하기 위해서 자기암시 원리를 적용하고 있다. 또 우리 잠재의식은 감정이 담긴 명령만을 따른다는 점도 기억하라. 믿음은 감정 중에서 가장 강력하고 생산적인 감정이다. 3장 '믿음'에서 이야기한 것을 실천하기 바란다.

내가 당신에게 아침저녁으로 실천하도록 한 것들이 처음에는 너무 비현실적으로 느껴질 수도 있다. 하지만 절대 동요하지 말고 내가 말한 대로 실천하기 바란다. 그러면 얼마 지나지 않아서 엄청난 새로운 힘의 세계가 당신 앞에 펼쳐질 것이다.

정신력Mental Power 의 비밀

사람들은 새로운 아이디어를 잘 받아들이지 않는다. 그러나 당신이 내가 앞에서 말한 방법을 실천하면 의심이 믿음으로 대치되고, 다시 완전한 믿음으로 바뀔 것이다. 많은 철학자가 우리 운명의 주인은 바로 우리 자신이라고 말했다. 하지만 그들 대다수는 왜 우리 자신이 운명의 주인인지를 설명하지 못했다. 이 장은 왜 우리가 우리 운명 특히 경제 상황에 대한 주인인지를 상세히 설명하고 있다. 우리가 자기와 자신을 둘러싼 상황의 주인이 될 수 있는 것은 자신의 잠재의식에 영향을 미칠 수 있는 힘을 갖고 있기 때문이다.

돈을 벌고 싶다는 욕구를 실제 돈으로 바꾸는 것은 자기암시를 통해서 가능하다. 자기암시로 우리는 잠재의식에 도달하고 영향을 미칠 수 있다. 다른 원리들은 자기암시를 적용하기 위한 도구에 지나지 않는다는 점을 꼭 기억하기 바란다. 그러면 당신은 자기암시가 이 책에서 설명하는 방법으로 원하는 돈을 버는 데 얼마나 중요한 역할을 하는지 잊지 않을 것이다.

이 책을 다 읽은 다음에 다시 이 장으로 돌아와서 다음 내용을 꼭 실천하기 바란다. "자기암시 원리가 참으로 타당한 원리이며, 자신이 원하는 것을 무엇이든 달성할 수 있게 해 줄 것이라는 사실을 완벽하게 확신할 때까지 4장 전체를 큰 소리로 매일 한 번씩 읽는다. 읽으면서 무언가 의미심장하다고 느끼면 밑줄을 그으면서 읽는다." 이것을 철저하게 실천하면 성공 원리를 완벽하게 이해하고 체득할 수 있다.

연습문제

자기암시 원리를 사용하기 위한 능력은 특정한 욕구가 불타는 열망이 될 때까지 당신이 그 욕구에 지속적으로 집중할 수 있는지에 달려 있다.

당신은 부자가 되기 위한 행동 방침을 매일 두 번씩 큰 소리로 반복해 왔다. 이제 매일의 여정에 몇 가지를 더할 때다. 아래에 당신의 신념이 담긴 5가지 자기암시를 적어라.

a)

b)

c)

d)

e)

CHAPTER V

전문지식

교육받은 사람이란 '정신능력을 개발해서
다른 사람들의 권리를 해치지 않으면서도
자신이 원하는 것을 무엇이든 얻을 수 있는 사람' 이다.

An educated man is
one who has so developed the faculties of his mind
that he may acquire anything he wants,
or its equivalent, without violating the rights of others.

지식에는 두 종류가 있다. 하나는 일반지식이고 다른 하나는 전문지식
이다. 일반지식은 아무리 많고 다양하다고 해도 돈 버는 데는 거의 도움이
되지 않는다. 대학교수들을 전체로서 보면 아마 인류가 가진 모든 일반지
식을 거의 다 갖고 있다고 해도 과언이 아닐 것이다. 그러나 교수들은 대
부분 부자가 아니다. 그들은 지식을 가르치는 전문가이지 지식을 사용하
는 전문가는 아니다.

지식은 구체적 계획을 통해서 돈을 벌겠다는 확고한 목적을 향해 조직
화되고, 그 방향이 설정되지 않으면 돈을 끌어오지 않는다. 수많은 사람
이 이것을 이해하지 못한 채 "지식은 힘이다."라고 오해하고 있는데, 전
혀 그렇지 않다. 지식은 그저 '잠재적 힘Potential Power' 일 뿐이다. 지식은
구체적 계획으로 만들어지고 특정한 목적을 지향할 때만 힘으로 변한다.
이것이 바로 모든 교육 시스템에서 발견되는 잃어버린 연결고리다. 교육
기관들은 학생들이 지식을 습득한 이후에 그 지식을 조직화하고 사용하
는 방법을 가르치려고 하지만 실패한다.

많은 사람이 헨리 포드가 정규교육을 거의 못 받았다는 이유로 그를 교육이 부족한 사람이라고 생각하는 우를 범한다. 그것은 그들이 교육의 진정한 의미를 알지 못하기 때문이다. 교육의 어원은 라틴어 'educo'인데, '잠재된 능력을 끌어내다' 혹은 '내면에서 개발하다'라는 의미를 가진다. 교육받은 사람이 반드시 일반지식이나 전문지식이 풍부한 사람을 의미하진 않는다. 교육받은 사람이란 '정신능력을 개발해서 다른 사람들의 권리를 해치지 않으면서도 자신이 원하는 것을 무엇이든 얻을 수 있는 사람'이다.

부자가 된 무식한 사람

제1차 세계대전 중 시카고의 어느 신문사가 사설에서 헨리 포드를 '무식한 반전주의자'라고 칭했다. 포드는 화가 나서 그 신문사를 명예훼손죄로 고소했다. 신문사측 변호인은 명예훼손 사실을 부인하면서 포드의 무식을 증명하려고 포드를 직접 증인석에 앉혔다. 그는 포드가 자동차 제조라는 특정 분야에 관한 전문지식은 있을지 모르지만 전체적으로 보면 무식하다는 것을 증명하기 위해서 무지를 드러낼 만한 여러 가지 질문을 퍼부었다. 예를 들면 다음과 같은 질문이었다.

"베네딕트 아놀드 Benedict Arnold(미국 독립전쟁 때 장군)에 대해서 말해 보시오." "1776년 식민지 반란을 제압하기 위해서 영국이 미국에 보낸 군인들 수는 몇 명입니까?"

두 번째 질문에 대해서 포드는 다음과 같이 대답했다. "영국이 보낸 군인들 수는 정확하게 모르겠지만, 내가 확실하게 아는 것은 처음에 온 군인들 수가 나중에 돌아간 군인들 수보다 훨씬 많다는 것이요." 이런 식의 질문이 계속되자 포드도 넌더리가 났다. 결국 변호사가 또 다시 아주 모욕적인 질문을 던지자 포드는 손가락으로 그를 가리키면서 이렇게 말했다. "당신이 방금 내게 던진 바보 같은 질문이나 지금까지 계속해 온 어리석은 질문들은 대답할 가치도 없다고 생각해요. 꼭 대답해야 한다고 해도, 이 말은 해야겠소. 내가 회사에 돌아가면 내 책상 위에 버튼이 여러 개 있는데, 사업에 관해 궁금한 것이 있을 때 그 버튼 중 하나를 누르면 답을 해 줄 사람이 금방 옵니다. 변호사 양반, 내가 원하면 언제든지 달려와 필요한 지식을 제공해 줄 사람이 옆에 있는데 내가 왜 당신 질문 같은 일반지식을 기억하려고 내 머리를 혼란스럽게 해야 합니까?"

포드의 말에는 분명한 논리가 있었다. 변호사는 반박할 수가 없었다. 법정에 있던 모든 사람은 포드의 답변이 무식하지 않은, 교육 받은 사람의 답변이라는 것을 인정할 수밖에 없었다. 교육받은 사람이란 필요할 때 어디에서 지식을 구할 수 있는지 알고, 그 지식을 명확한 행동 계획으로 조직화하는 방법을 아는 사람이다. 마스터마인드 연합의 도움을 통해서 포드는 필요한 모든 지식을 언제든지 구할 수 있었고, 그 결과 그는 미국에서 가장 부유한 사람 가운데 한 명이 되었다. 그 자신이 필요한 모든 지식을 갖고 있을 필요는 없었다.

우리는 필요한 모든 지식을 얻을 수 있다

자신에게 부자가 될 수 있는 능력이 있다는 확신을 가지려면, 먼저 부자가 되기 위해서 제공해야 하는 서비스, 상품 혹은 전문 분야에 관한 전문지식이 필요하다. 원하는 만큼 돈을 벌려면 아마도 자신이 이미 갖고 있거나 앞으로 습득하고 싶은 것보다 훨씬 많은 전문지식이 필요할 것이다. 그럴 때 마스터마인드 연합을 통해서 그 차이를 메울 수 있다.

큰 부자가 되려면 힘이 필요한데, 힘은 고도로 조직화되고 방향 정렬이 잘된 전문지식에서 나온다. 하지만 그 지식을 자신이 모두 소유할 필요는 없다. 이것은 큰 부자가 되고 싶지만 그 사업에 필요한 전문지식을 습득할 수 있는 교육을 받지 못했던 사람들에게 희망을 주는 말이다.

사람들은 종종 자신이 교육받지 못했다는 이유로 열등감을 느끼고 괴로워하는데, 쓸데없는 일이다. 돈을 버는 데 필요한 지식을 가진 사람들과 마스터마인드 연합을 결성하고 리드할 수 있는 사람은 이미 다른 누구 못지않은 지식인이다.

토마스 에디슨이 평생 받은 정규 교육은 고작 3개월이었다. 그러나 그는 교육이 부족하지도 않았고 가난하게 살지도 않았다. 헨리 포드는 정규교육을 6년도 채 못 받았지만 잘 살았고 부자가 되었다. 전문지식은 부자가 되는 데 필요한 서비스 중에서 가장 풍부하고 저렴한 것의 하나다. 이 말이 믿기지 않는다면 대학교 한 곳을 골라서 급여 대장을 살펴보기 바란다.

지식을 구매하는 방법을 배우라

우선 자신에게 필요한 지식의 종류와 용도를 결정한다. 자기 삶의 주목적이 필요한 지식을 결정하는 데 가장 큰 도움을 준다. 이것이 해결되면 다음에는 믿을 만한 지식 원천에 관한 정확한 정보가 필요하다. 중요한 지식 원천을 몇 가지 들자면 다음과 같다.

· 자기 자신의 경험과 교육
· 다른 사람들과 협조를 통해서 얻을 수 있는 경험과 교육(마스터마인드 연합)
· 대학교와 대학원에서 전공하는 전문 분야
· 공공 도서관(책과 정기간행물에 담긴 다양한 지식들)
· 교육 프로그램(야간 학교와 통신교육 등)

지식이 확보되면 다시 조직화하고 실행 계획을 통해 특정한 목적을 위해서 사용해야 한다. 지식은 가치 있는 목적을 향해서 활용되지 않으면 의미가 없다.

혹시 추가적으로 교육을 더 받으려는 사람이 있다면, 먼저 지식을 어떤 목적을 위해서 쓸 것인지 결정한 다음에 믿을 만한 사람이나 기관을 이용해 어디에서 그 지식을 습득할 수 있는지 알아봐야 한다.

어떤 영역에서든 성공하는 사람들은 자신의 주목적, 사업이나 전문 직업에 관한 전문지식 습득을 멈추지 않는다. 성공하지 못하는 사람들은 졸업과 동시에 지식 습득이 끝난다고 믿는 잘못을 저지른다. 학교 교육이란 실제 지식 습득 방법을 배우는 길에 들어서도록 할 뿐이다. 오늘날 중요한 것은 전문화다.

컬럼비아 대학교Columbia University 취업 담당 책임자였던 로버트 무어Robert P. Moore 는 신문에 기고한 글에서 다음과 같이 전문화의 중요성에 대해 강조하고 있다.

사회가 가장 필요로 하는 것은 전문가

기업들이 가장 많이 찾는 것은 특정 분야 전문가들이다. 회계와 통계 교육을 받은 MBA, 다양한 분야의 엔지니어, 저널리스트, 건축가, 화학자, 졸업반에서 학생회 활동이나 동아리 활동을 한 학생들이다. 학교생활에 적극적이라서 공부를 열심히 하면서도 누구와도 잘 어울릴 수 있는 학생들이 공부에만 전념한 학생들에 비해서 훨씬 유리하다. 이런 학생들은 여러 곳에서 취업 제의를 받았고, 그중에는 6곳에서 취업 제의를 받은 경우도 몇 명 있다. 해당 분야에서는 선두 기업인 어떤 대기업은 무어에게 다음과 같은 편지를 보냈다. "우리는 경영관리 분야에서 두각을 낼 수 있는 인재를 구하고 있습니다. 따라서 특정 분야 성적보다는 성품, 두뇌, 인간관계 등을 훨씬 중요하게 생각합니다."

인턴제도 제안

로버트 무어는 사무실, 상점, 기업체에서 여름방학 동안 학생들을 인턴으로 고용하는 시스템을 제안했다. 그는 대학생들이 2학년이나 3학년을 마치면 의무적으로 미래 진로를 확정하게 하고, 뚜렷한 방향과 목적 없이 학교생활을 해 왔다면 교육을 중단하는 시스템을 주장했다. 무어는 "대학교육 기관들은 모든 직장과 직업에서 요구하는 것이 전문가라는 현실을 직시해야 한다."라고 말하면서 교육 기관들이 직업 안내에 관해 보다 직접적 책임을 받아들여야 한다고 요구한다.

전문적 학교 교육을 필요로 하는 사람들에게 가장 믿음이 가고, 현실적인 지식 원천은 큰 도시 대부분에서 찾을 수 있는 야간 학교들이다. 통신교육 학교는 우편물을 받을 수 있는 곳이라면 미국 어디서나 어떤 교육이라도 받을 수 있게 해 준다. 재택 교육이 갖는 장점은 언제든지 여유시간에 공부할 수 있다는 점이다. 또 한 가지는 (학교 선택을 잘 하기만 하면) 코스 대부분이 전문가와의 상담을 함께 제공하고 있기 때문에 전문지식을 얻으려는 사람들에게는 엄청난 가치가 있다는 점이다. 사는 곳이 어디든 여러분도 통신교육의 혜택을 누릴 수 있다.

수금 담당 부서가 가르쳐 주는 교훈

사람들은 노력하지 않고, 값을 치르지 않고 얻는 것에 대해서 보통 고마워하지도 않고 때로는 그 가치를 무시한다. 우리가 중고등학교 시절을 허송하는 이유가 여기 있는지도 모른다. 전문교육 프로그램에서 얻는 '자기 통제력'은 지식이 무료였던 때 우리가 헛되이 보냈던 기회를 일부 보상해 준다. 통신교육 학교들은 잘 조직된 비즈니스 기관이다. 수강료가 너무 싸기 때문에 신속한 납부를 요구한다. 납부 요청을 받으면(학생 성적이 좋든 나쁘든 관계없이) 요청받지 않았더라면 코스를 중단할 수도 있는 학생에게 계속 듣게 하는 효과가 있다. 어떤 면에서 보면 수금 담당 부서야말로 학생들에게 의사결정, 신속성, 시작한 일을 마무리 짓는 습관에 관해 최고의 훈련을 제공하고 있는지도 모른다.

　나는 그것을 25년 남짓 전에 직접 경험을 통해서 배웠다. 나는 광고를 배우기 위해서 통신교육에 등록했다. 8번째 내지 10번째 수업을 마친 다음에 공부를 중단했지만, 학교는 내게 고지서를 끊임없이 보냈다. 내가 공부를 계속하는지와 상관없이 학교는 수강료 독촉을 했다. 나는 계속 공부하든 그만두든 어쨌든 납부해야만 한다면(법적으로 내야만 했다), 차라리 코스를 계속해서 마치지 내 돈을 그냥 주지는 않겠다고 결심했다. 당시에는 학교가 너무 심한 게 아닌가 생각했지만, 세월이 흘러 돌아보니 별반 비용을 들이지 않고 좋은 교육을 받았다는 사실을 알게 되었다. 어차피 돈을 내야 했기 때문에 학업을 지속해서 코스를 마칠 수 있었던 것이다. 나이가 들고 나서 학교 수금 시스템이 내가 돈 버는 데 큰 도움이 되었다는 사실을 깨달았다.

전문지식으로 가는 길

미국에는 세계 최고의 공립학교 제도가 있다. 이상한 인간 특성의 하나는 자기가 대가를 지급하는 것만 소중히 여긴다는 사실이다. 돈을 내지 않아도 되는 학교와 무료 도서관을 공짜라는 이유로 사람들은 귀하게 생각하지 않는다. 이것이 바로 수많은 사람이 학업을 중단하고 취직한 다음에 다시 교육을 받는 이유다. 이것은 또 기업들이 통신교육을 받는 사람들을 우대하는 주된 이유 중 하나이기도 하다. 기업들은 집에서 여유 시간의 일부를 할애해 공부할 정도로 꿈이 있는 사람이라면 리더가 될 자질이 있다는 것을 경험으로 알고 있다.

사람들이 가진 약점 중에서 치료할 방법이 없는 것이 있다. 일반적으로 널리 가진 약점인데, 바로 꿈이 없다는 것이다. 직장에 다니는 사람들 중에서 특히 여유 시간을 투자해 통신교육을 받는 사람들은 조직 밑바닥에 오래 머무르지 않는다. 그들의 행동은 승진으로 향하는 문을 열어 주고, 과정에 도사린 장애물을 제거해 주며, 기회를 줄 수 있는 사람들이 그들에게 호감을 갖게 한다.

통신교육을 통한 학습은 학교를 떠나 취업한 직장인들이 전문지식을 추가로 공부하고 싶지만 학교로 돌아가 공부할 만큼 시간을 내기 어려울 때 특히 효과적이다. 스튜어트 오스틴 위어 Stuart Austin Wier 는 건축 엔지니어가 되려고 공부했고 그 방면의 일을 계속했다. 그러다 불경기가 닥쳐 시장이 축소되었고 더는 자신이 원하는 정도의 수입을 얻을 수 없었다. 그는 자신을 평가해 본 후 변호사로 직업을 바꾸기로 결정했다. 학교로 돌아가서 기업체 사내 변호사로 일할 수 있게 도와주는 특별 과정에 등록했다. 교육을 마친 뒤 그는 변호사 시험을 통과하고 나서 변호사로 성공했다.

혹시 "나는 가족을 부양해야 해서 공부할 수 없었다."라고 말하거나 "나는 나이가 너무 많다."라고 할 사람들이 있을까봐서, 스튜어트 위어가 학교로 돌아갈 때 마흔을 넘긴 나이였고 아내가 있었다는 점을 밝히고 싶다. 그는 또 자신이 선택한 과목을 가장 잘 가르치는 코스를 신중히 선택해서 법대생 대부분이 4년 걸리는 과정을 2년 만에 마칠 수 있었다. 지식을 구입하는 좋은 방법을 아는 것은 큰 도움이 된다.

간단한 아이디어가 커다란 성과를 거두다

한 가지 구체적 사례를 들어 보자. 식품가게 직원 한 명이 갑자기 해고를 당했다. 경리 업무 경험이 있었기 때문에 그는 회계 코스에 등록해서 최신 장부 정리 및 사무기기 사용법을 배운 뒤 사무실을 열었다. 자신이 전에 일했던 식품가게부터 시작해서 그는 중소 상점들 100개 이상과 아주 저렴한 가격으로 장부 정리 대행 계약을 맺었다. 그의 아이디어가 매우 현실적이어서 일감이 늘었고, 얼마 지나지 않아 작은 트럭에 이동식 사무실을 차려서 업무를 처리했다.

그는 지금 현대식 장부 정리기기를 갖춘 이런 이동식 사무실을 여러 대 갖추고, 많은 직원을 채용해 중소 상인들에게 상당히 낮은 금액으로 최고의 회계 서비스를 제공하고 있다. 전문지식과 상상력이 결합해 이처럼 독특하고 성공적인 비즈니스가 탄생한 것이다. 작년에 그는 자신이 일했던 식품가게 주인보다 10배에 달하는 소득세를 납부했다. 이 성공적 비즈니스의 출발점이 아이디어 하나였다는 사실에 주목하기 바란다.

그에게 아이디어를 준 사람이 나였다. 사실 나는 회계서비스보다 더 큰 수입을 가져올 가능성이 있는 또 다른 아이디어를 제공하기도 했다. 추가 아이디어의 단초를 준 사람은 식품가게에서 해고되어 중소 상점을 대상으로 도매점 형식의 장부 정리업을 시작한 바로 그 사람이었다. 그의 실직 문제 해결책으로 장부 정리업을 해 보면 어떻겠냐고 하자, 그는 "아이디어는 좋은데, 그걸로 돈을 벌 수 있을 것 같지는 않은데요."라고 대답했다. 다시 말해 장부 정리 지식을 습득할 수는 있겠지만, 그것을 마케팅하기는 어려울 거라고 불평한 것이다.

해결해야 할 문제가 하나 더 생긴 것이다. 그래서 여성 타이피스트 한 명의 도움을 받아서 새로운 장부 정리 시스템의 장점을 잘 보여 주는 아주 매력적인 자료집을 만들었다. 도움이 될 자료를 깨끗하게 스크랩북에 잘 정리한 후 상인들에게 보여 주었더니 반응이 상당히 좋아서 장부 정리 사업은 처리하기 어려울 정도로 고객들이 늘었다.

자신이 원하는 직업을 구할 수 있는 자기소개서

미국에는 매력 있는 자기소개서를 만들어 줄 전문가를 필요로 하는 사람들이 많이 있다. 위에 설명한 자료집이라는 아이디어는 긴급한 상황에 처한 사람을 돕기 위한 필요에서 나온 것이었지만 단지 한 사람에게 도움을 주는 것에서 멈추지 않았다.

아이디어를 낸 여성은 상상력이 뛰어난 사람이다. 그녀는 자기가 대신 만들어 준 자료집에서 자기 서비스를 판매하기 원하는 수많은 사람에게 도움을 주는 것을 업으로 하는 새로운 직업 탄생 가능성을 보았다. 자신의 첫 번째 작품이 큰 성공을 거두자 열정이 넘치는 이 여성은 다음 대상자로 대학을 졸업했지만 전혀 직장을 구할 수 없는 비슷한 처지에 놓인 자기 아들을 선택했다. 그녀가 아들을 위해서 만든 자기소개서는 내가 그때까지 본 것 중에서 최고였다.

그 여성이 준비한 자기소개서에는 아들의 강점, 교육, 경험, 그밖에 수많은 다른 정보가 깔끔하게 타이핑되고 잘 정리되어 담겨 있었다. 소개서는 거의 50페이지에 달했는데, 아들이 원하는 직책과 함께 채용되면 구체적으로 어떤 일을 추진할 것인지까지 포함하고 있었다.

자기소개서를 만들기 위해서 몇 주 동안 열심히 준비해야 했다. 그동안 그녀는 아들을 거의 매일 도서관에 보내서 취업에 도움이 될 만한 정보를 구하게 했다. 또 아들을 지원하고자 하는 회사의 경쟁사들에 보내서 사업 방식에 관한 핵심 정보를 입수하도록 했다. 그 정보는 자기소개서 작성에 큰 도움이 되었다. 완성된 자기소개서는 아들이 지원하는 회사가 즉시 사용할 수 있고, 많은 도움을 받을 수 있는 6가지가 넘는 무척 유용한 제안을 담고 있었다.

꼭 바닥에서 시작할 필요는 없다

어떤 사람은 "취직 좀 하려고 그 짓까지 해야 돼?"라고 물을지도 모른다. 그 질문에 대한 내 대답은 이렇다. "어떤 일을 잘해서 문제가 되는 일은 없다. 그 여성이 아들을 위해서 준비한 자기소개서 덕분에 그는 첫 번째 인터뷰에서 바로 취업이 결정되었고, 급여도 자신이 원했던 그대로 받을 수 있었다."

또 하나 중요한 것은 그녀의 아들이 일반 직원으로 바닥부터 직장생활을 시작하지 않았다는 점이다. 그는 임원 임금을 받으면서 초임 임원으로 시작했다. "왜 그런 복잡한 짓을 해야 할까?"라는 물음에 대한 답을 보여 주는 사례이다. 그는 자신이 채용되면 회사에 어떤 도움을 줄 수 있는지에 관해 잘 준비하고 계획해서 지원한 덕택으로 바닥부터 차례차례 승진을 거쳐 그 자리에 도달할 때와 비교하면 최소한 10년 이상을 절약할 수 있었다.

조직 맨 밑바닥에서 시작해서 점점 위로 올라간다는 생각은 건전해 보인다. 하지만 바닥에서 시작하는 대다수가 기회를 잡을 수 있을 만큼 높은 위치로 진급하지 못하고 계속 바닥에 머물기 십상이기 때문에 나는 그 생각에 반대한다.

바닥에서 위를 바라보면 너무 암담해서 의욕을 꺾어 버리는 경향이 있다는 점도 지적하고 싶다. 이것을 '녹이 슬다'라고 부르는데, 그 의미는 조직 맨 밑바닥에서 보내는 하루하루 일상생활은 습관이 되고, 나중에는 그것이 너무 굳어져서 그 습관을 버리려는 노력 자체도 중단하게 되고, 결국은 자기 운명으로 받아들이게 되고 만다는 것이다. 바로 그런 점 때문에 처음 출발할 때 한 두 단계 위부터 시작하는 편이 좋다. 그러면 주위를 둘러보고, 다른 사람들이 어떻게 하고 있는지 관찰하고, 기회를 살펴보다가 주저 없이 포착하는 습관을 갖추게 된다.

불만을 기회로 만들라

댄 핼핀Dan Halpin이 적절한 본보기다. 그는 대학 시절 1930년 전미 챔피언이었던 노트르담Notre Dame 미식축구 팀의 매니저였고, 당시 감독은 크누트 로크네Knute Rockne였다. 핼핀이 대학교를 졸업할 때는 대공황으로 직원을 채용하는 회사가 드물어서 상황이 좋지 않았다. 그래서 그는 투자은행과 영화사 취업을 시도해 보다가 가능성이 있어 보이는 곳 중에서 자신을 받아주는 첫 번째 회사에 취직했다. 판매 인센티브 급여 조건으로 보청기를 판매하는 것이 일이었다. 그 정도라면 누구라도 쉽게 구할 수 있는 그다지 좋은 조건의 직장은 아니었다. 핼핀도 그 점을 알고 있었지만, 그가 필요로 했던 것은 기회의 문을 여는 일뿐이었다.

거의 2년 동안 그는 마음에 들지 않는 일을 계속했다. 만일 핼핀이 자기 불만을 해소하기 위한 해결책을 강구하지 않았다면 그 일에서 벗어나지 못했을 것이다. 그는 먼저 대리가 되는 것을 목표로 정했다. 그리고 나서 목표를 달성했다. 수많은 판매사원 위로 한 계단 올라서자 그는 더 큰 기회를 볼 수 있었고, 동시에 기회도 그를 마주하게 되었다.

핼핀의 보청기 판매 실적이 매우 좋았기 때문에 경쟁사였던 전화녹음 장치를 만드는 딕토그라프dictograph 사의 회장 앤드루스A. M. Andrews 가 오랜 역사를 지닌 자사 매출에 큰 지장을 주고 있는 댄 핼핀에 대해서 궁금해 했다. 회장이 그를 불러서 직접 인터뷰를 했다. 면담이 끝났을 때 핼핀은 딕토그라프 음향 본부의 새로운 세일즈 매니저가 되어 있었다. 그 다음 앤드루스는 핼핀이 어느 정도 그릇인지 알아보기 위해서 침몰하든 아니면 버텨내든 간에 그에게 판매를 맡겨 두고 3개월간 플로리다로 떠났다.

핼핀은 침몰하지 않았다. 노트르담 미식축구 팀 감독 크누트 로크네의 "세상은 승자를 사랑하고, 패자에게는 관심조차 없다."라는 정신에 따라서 자기 업무에 모든 것을 쏟은 덕분에 그는 부사장이 되었다. 6개월 만에 보통 사람들이 10년 동안 열심히 노력해도 될까 말까인 자리에 오른 것이다. 나는 출세하거나 밑바닥에 주저앉는 것은 우리가 하려고 들기만 한다면 통제할 수 있는 환경 때문이라는 점을 강조하고 싶다.

함께 일하는 동료의 가치는 무한하다

내가 강조하고 싶은 것이 하나 더 있다. 성공과 실패는 모두 습관의 결과라는 점이다. 나는 댄 핼핀이 노트르담 미식축구 팀을 세계적으로 명성을 떨치게 만든 최고 지향의 크누트 로크네 감독과 함께 하면서 그 위대한 감독의 정신이 그의 마음속에 뿌리내렸으리라는 사실을 추호도 의심치 않는다. 자신이 숭배하는 영웅이 있다는 것은 삶에 도움이 된다. 단그 영웅이 승자라는 조건을 충족시킬 경우에 한한다.

나는 동료가 누구인지가 성공과 실패를 가르는 데에 결정적 요소라고 믿는다. 그것을 잘 보여주는 사례가 있다. 내 아들 블레어Blair가 댄 핼핀과 취업 협상을 할 때였다. 핼핀은 아들에게 경쟁사에 가면 받을 수 있는 급여의 절반 수준을 제시했다. 나는 아버지로서 압력을 행사해 블레어가 그 임금을 받아들이도록 설득했다. 왜냐하면 자신에게 주어진 환경과 타협하기를 거부하는 사람과 함께 일할 수 있는 기회는 돈으로 환산하기 어려운 가치가 있다고 믿었기 때문이다.

조직의 밑바닥은 누구에게나 단조롭고, 쓸쓸하고, 별로 도움이 되지 않는 곳이다. 그것이 내가 지금까지 긴 이야기를 통해서 잘 계획하면 초라한 시작을 피할 수 있음을 보여 주고 싶었던 이유다.

아이디어의 가치를 꽃피우는 것은 전문지식이다

아들을 위해서 자기소개서를 작성해 준 그 여성은 자기 서비스를 더 높은 값에 팔기 원하는 사람들로부터 소개서 작성을 해 달라는 부탁을 전국에서 받고 있다. 그 여성이 그저 전에 낮은 가격을 받던 동일 서비스를 보다 높은 값을 받게 해 주는 효과적 판매 전략을 이용할 뿐이라고 생각하지 말기 바란다. 그녀는 직장을 구하는 사람뿐만 아니라 그 사람을 채용하는 회사의 이익도 중요하게 생각해서, 회사가 지급하는 추가 임금에 합당한 가치를 회사에 돌려줄 수 있도록 소개서를 준비한다.

당신이 상상력을 갖고 있고, 자기 능력을 발휘할 수 있는 더 좋은 직장을 원한다면 내가 한 이야기가 좋은 자극제가 될 수 있다. 좋은 아이디어는 자격증을 따기 위해 오랜 시간 공부해야 하는 의사, 변호사, 엔지니어들보다 훨씬 더 높은 수입을 가져올 수 있다. 좋은 아이디어의 가치는 정해져 있지 않다.

모든 아이디어 뒤에는 전문지식이 있다. 불행히도 부자가 아닌 사람들은 아이디어보다는 전문지식을 더 많이 갖고 있다. 이로 인해 자기소개서 작성을 도와주는 것처럼 상상력을 가진 사람들에 대한 수요는 갈수록 늘어나고, 그들은 점점 더 많은 기회를 얻게 된다. 능력이란 상상력이다. 그리고 상상력은 부를 만들어 낼 수 있는 확고한 계획이라는 형태로 전문지식을 아이디어와 결합하는 데에 필요한 유일한 자질이다.

당신이 상상력을 가졌다면 5장은 바라는 부를 축적하는 출발점이 되기에 충분한 아이디어를 제공해 줄 수 있다. 중요한 것은 아이디어임을 기억하기 바란다. 전문기술은 어디서든지 어렵지 않게 구할 수 있다.

연습문제

당신이 욕구를 재산으로 바꾸는 자신의 능력을 확신할 수 있으려면, 재산을 위해 대가로 제공하려고 생각하는 서비스, 상품, 전문 분야에 관한 전문지식이 필요할 것이다.

1. 아래에 당신이 가지고 있는 전문지식의 3가지 분야를 열거하라.

a)

b)

c)

2. 작은 노력으로 당신의 일반지식 분야가 좀 더 전문화된 지식이 되는 방향으로 움직일 수 있는 어떤 다른 분야가 존재하는가? 그것들은 무엇이고, 어떻게 그것들을 전문지식 분야로 바꾸도록 도울 수 있는가?

----

3. 질문1에서 당신이 열거한 3가지 분야 중 하나를 선택하고, 브레인스토밍을 통해 당신이 자신의 재정적 목표를 향해 나아가기 위해서 이 전문지식을 어떻게 사용할지 가능한 한 많은 아이디어를 찾아내라.

인간이 가진 유일한 한계는
상상력의 개발과 활용에 있다.

**Man's only limitation lies in
his development and use of his imagination.**

정신의 작업장
부자가 되기 위한 5단계

상상은 말 그대로 인간의 모든 계획이 만들어지는 작업장이다. 거기서 욕구는 정신이 지닌 상상 능력을 통해 모양과 틀을 갖추게 되고 행동으로 변화한다.

인간은 상상할 수 있는 것이라면 무엇이든 만들 수 있다는 말이 있다. 상상이라는 기능의 도움 속에서 인간은 지난 50년 동안 그 이전 세월을 모두 합친 것보다 더 많이 자연의 힘을 발견하고 활용할 수 있었다. 인간이 공기를 완벽하게 정복했기 때문에 새들은 인간과 비행 경쟁을 벌일 수 없다. 인간은 수백만 마일 떨어진 태양을 분석하고 상상력을 통해서 태양의 구성 요소를 알아냈다. 인간은 교통수단의 속도를 향상해서 지금은 시속 600마일 이상으로 여행할 수 있다.

인간이 가진 유일한 한계는 상상력의 개발과 활용에 있다. 인간은 아직까지 상상력을 완벽하게 활용하지 못하고 있다. 단지 상상력을 보유하고 있다는 사실을 발견하고, 이제 초보 수준에서 활용하기 시작했을 뿐이다.

두 가지 종류의 상상력

상상력은 두 가지 형태로 작용한다. 하나는 종합적 상상력, 다른 하나는 창조적 상상력이다.

종합적 상상력

이 기능을 통해 우리들은 과거의 개념, 아이디어 혹은 계획을 새로운 조합으로 배열할 수 있다. 이 기능은 무엇을 창조하지 않는다. 다만 입력되는 경험, 교육, 관찰을 가지고 작업할 뿐이다. 대부분의 발명가들은 이 종합적 상상력을 사용한다. 그러나 예외적으로 종합적 상상력을 통해서 문제를 해결할 수 없는 발명가는 다음에 설명하는 창조적 상상력을 사용한다.

창조적 상상력

창조적 상상력을 통해서 인간의 유한한 정신은 무한 지성과 직접적으로 소통한다. 창조적 상상력으로 우리는 육감이나 영감을 받는다. 이 기능이 바로 근본적이고 완전히 새로운 모든 아이디어를 인간에게 전달한다. 또한 한 사람이 다른 사람들의 잠재의식과 주파수를 맞추고 소통하는 것도 바로 이 기능을 통해서다. 창조적 상상력은 자동적으로 작용하는데, 다음 페이지에서 그 방식을 설명하겠다. 창조적 상상력은 의식이 아주 빠르게 일하고 있을 때만 작동하는데, 의식이 강렬한 욕구라는 정서로 자극받고 있을 때가 한 예다. 창조적 상상력은 사용하는 것에 비례해서 개발되고 강해진다. 비즈니스, 제조업, 금융계의 훌륭한 리더들과 위대한 예술가, 음악가, 시인, 작가들은 창조적 상상력 개발을 통해서 큰 인물이 되었다.

인체의 근육이나 기관들이 사용에 의해 발달하듯이 종합적 상상력과 창조적 상상력도 사용함에 따라 더 활발해진다. 욕구는 단지 하나의 생각

일 뿐이라서, 명확하지 않고 또 순식간에 사라져 버린다. 욕구는 현실로 이루어지기 전까지는 관념적이며 가치가 없다. 종합적 상상력이 욕구를 부로 전환하는 과정에서 훨씬 자주 사용되지만, 우리는 언제라도 창조적 상상력을 요구하는 상황에 직면할 수 있다는 사실을 잊어서는 안 된다.

상상력은 훈련해야 한다

우리 상상력은 쓰지 않아서 약해져 있을 수 있지만, 사용해서 다시 활력을 찾을 수 있다. 상상력은 없어지진 않지만 이용하지 않으면 나태해진다. 종합적 상상력이 돈 버는 과정에서 더 자주 이용되므로 우선 종합적 상상력 개발에 관심을 집중하도록 하자. 형체 없는 욕구를 형체를 갖춘 실체, 즉 돈으로 변환하려면 계획이 필요한데, 이 계획은 상상력 특히 종합적 상상력의 도움을 통해서 만들어진다.

이 책을 끝까지 읽고 난 다음 다시 이 장으로 돌아오기 바란다. 그리고 당장 당신의 욕구를 돈으로 바꾸려는 계획을 세우기 위해 상상력을 발휘하라. 계획을 만들기 위한 구체적 방법들은 거의 모든 장에 담겨 있다.

자신에게 가장 잘 맞는 방법을 선택해서 실행하고, 계획을 완성하면 문서로 작성하기 바란다. 이것을 마치는 그때가 바로 형체가 없던 욕구에 당신이 형체를 부여한 순간이다. 앞 문장을 다시 한 번 읽기 바란다. 큰 소리로 아주 천천히 읽는다. 그러면서 당신이 자기 욕구와 욕구 실현을 위한 계획을 문서화할 때가 바로 생각을 현실로 변환하는 일련의 과정에서 첫 단계를 완수하는 순간임을 기억하라.

부자가 되는 법칙

우리가 살아가고 있는 지구, 사람들, 나 자신, 다른 모든 물질은 진화론적 변화의 결과물이다. 그를 통해 극히 미세한 물질의 조각들이 질서 있게 조직되고 정렬되었다. 또한 지구와 우리 몸을 구성하고 있는 수십억 개의 세포 하나하나, 물질을 구성하는 모든 원자들은 형체 없는 에너지에서 시작했다. 이것은 엄청나게 중요한 사실이다.

욕구는 생각이다. 그리고 생각은 에너지다. 돈을 벌겠다는 우리 욕구나 생각은 자연이 지구, 신체와 두뇌를 포함한 우주의 모든 물질을 만든 것과 동일한 물질이다. 우리는 변치 않는 법칙들의 도움을 받아서 부자가 될 수 있다. 그러나 먼저 그 법칙들에 익숙해지고, 그것을 사용하는 방법을 배워야 한다. 반복과 모든 각도에서 원칙에 접근하는 것을 통해서 나는 당신에게 부자가 될 수 있는 비밀을 알려 주고 싶다. 조금은 이상하고 모순적으로 들릴지도 모르지만, 큰 부자가 되는 비밀은 사실 비밀이 아니다. 자연이 스스로 지구, 별들, 행성들, 우리 주위에 있는 물질들, 풀, 우리 눈에 보이는 모든 생명들을 통해서 그 비밀을 드러내고 있다.

다음에 나오는 원리들은 상상력을 이해하게 해 줄 것이다. 처음 읽으면서 납득한 부분이 있으면 일단 흡수하라. 다음에 다시 읽고 공부하면, 뜻이 더 명확해지고 보다 넓은 시각을 갖게 될 것이다. 최소한 이 책을 세 번 읽을 때까지는 원리에 대한 공부를 계속해야 한다. 그 다음에는 공부를 멈추고 싶지 않을 것이다.

상상력의 실질적 활용 방법

아이디어는 모든 부의 출발점이고, 상상력의 산물이다. 상상력이 부를 모으는 데 활용되는 구체적 방법을 배우길 바라면서, 이제부터 엄청난 부를 창조해 낸 잘 알려진 아이디어 몇 개를 살펴보자.

마법의 주전자

50년 전, 늙은 시골 약제사 한 사람이 읍내에 말을 묶어 놓고는 약국 후문으로 조용히 들어가 젊은 직원과 흥정하기 시작했다. 한 시간이 넘게 두 사람은 조제대 뒤에서 낮은 목소리로 대화했다. 그러고 나서 의사가 나가더니 마차에서 큰 구식 주전자와 나무 주걱을 가져와 약국 뒤에 내려놓았다. 직원은 주전자를 살펴보고 주머니에서 돈을 꺼내 약제사에게 건넸다. 500달러로 그가 평생 모은 전 재산이었다. 약제사는 제조 비법이 적힌 쪽지를 직원에게 넘겨주었다. 거기 적힌 내용의 엄청난 가치를 약제사는 알지 못했던 것이다. 주전자가 끓기 위해서는 그 제조 비법이 필요했지만, 비법을 판 의사도 비법을 산 직원도 그 주전자에서 얼마나 어마어마한 부가 흘러나올지는 모르고 있었다. 약제사는 주전자와 비법을 500달러에 팔고 만족스러웠다. 약국 직원은 평생 모은 돈을 낡은 주전자와 쪽지 한 장에 거는 큰 모험을 했다. 그는 자기 투자가 언젠가 알라딘의 램프를 능가하는 금이 흘러나오는 주전자가 될지 꿈에도 알지 못했다.

약국 직원이 실제로 산 것은 아이디어였다. 낡은 주전자와 나무 주걱, 쪽지에 적힌 제조 비법은 부차적인 것이었다. 주전자에서 놀라운 성과가 나타나기 시작한 것은 새 주인이 그 제조 비법에 새로운 성분을 섞은 다음이었다. 그 젊은 이가 약제사의 비법에 추가해 주전자에서 금이 흘러넘치게 한 성분이 무엇일지 생각해 보기 바란다. 여기에 소설보다 더 소설 같은, 아이디어 형태로 시작된 실제 이야기가 있다.

이 아이디어가 창출한 엄청난 부를 살펴보자. 이 아이디어는 주전자에 담긴 물질을 전 세계 수백 수천만 명을 대상으로 판매하는 사람들에게 여태껏 엄청난 부를 가져다주었고 지금도 여전하다. 그 주전자는 현재 전 세계 설탕 소비에서 가장 큰 소비자 가운데 하나로 사탕수수를 재배하고, 설탕을 정제하고 판매하는 수많은 사람에게 직장을 제공하고 있다. 그 주전자는 매년 유리병 수백만 개를 소비해서 무수한 유리병 제조 근로자들에게 일자리를 공급하고 있다. 그 주전자는 전국의 수많은 사무직원, 속기사, 카피라이터, 광고 전문가에게 일을 주고 있다. 그것은 상품을 훌륭하게 표현한 예술가들에게 명예와 부를 안겨 주었다. 그 주전자는 미국의 작은 남부 도시를 남부 경제의 수도로 바꾸어서 도시 거주자들 모두에게 직간접적으로 도움을 준다.

이 아이디어는 전 세계 모든 문명국에게 도움을 주고, 손대는 사람에게 계속해서 금물결을 쏟아낸다. 그 주전자로부터 나오는 금은 남부에서 가장 유명한 대학교 중 하나를 세워서 유지하고 있다. 거기서 젊은이들 수천 명이 성공에 필수인 교육을 받는다. 만일 그 낡은 주전자가 말을 할 수 있다면, 온갖 언어로 흥미로운 로맨스를 이야기할 것이다. 사랑 로맨스, 사업 로맨스, 전문 직업인들의 로맨스를 들려줄 것이다. 내가 그 일부분이었으므로 나도 최소한 한 가지 로맨스는 알고 있다. 그것은 약국 직원이 낡은 주전자를 구입했던 바로 그 장소에서 멀지 않은 곳에서 시작된다. 내가 아내를 만난 곳이 바로 그곳이었고, 내게 그 마법의 주전자 이야기를 해 준 사람이 바로 내 아내였다. 그리고 내가 아내에게 청혼할 때 우리가 마시고 있던 것이 바로 그 주전자에서 나온 제품이었다.

여러분이 누구든, 어디에 살고, 직업이 무엇이든 간에 앞으로 코카콜라라는 단어를 볼 때마다 그것이 가진 엄청난 부와 영향력이 단 하나의 아이디어에서 출발했다는 것, 그리고 약국 직원이었던 아사 캔들러Asa Candler가 제조 비법에 섞은 신비한 새로운 성분은 바로… '상상력'이었다는 사실을 기억할 것이다.

잠시 읽기를 멈추고 생각해 보라. 코카콜라의 영향력이 전 세계 모든 도시, 읍, 마을, 교차로까지 확대되어 간 것은 바로 이 책에서 설명하는 부자가 되는 13단계라는 수단을 통해서 이루어졌다는 사실과 함께, 당신이 생각해 내는 어떤 아이디어도 그 역사에서 보았듯이 그리 대단하다고 말할 수 없는 코카콜라만큼만 되어도 이 세계적 갈증 해소 음료 못지않은 성과를 올릴 가능성이 존재한다는 점을 기억하기 바란다.

만일 내게 백만 달러가 있다면

이 이야기는 "뜻이 있는 곳에 길이 있다."라는 속담을 증명해 준다. 나는 이 이야기를 존경받는 교육자이자 목사였던 프랭크 건솔러스Frank W. Gunsaulus에게서 들었다. 그는 시카고의 가축 사육장 지역에서 설교를 시작했다.

대학에 다닐 때 건솔러스 박사는 미국 교육제도에 많은 문제가 있다는 것을 발견했는데, 자신이 대학교 책임자라면 그 문제점들을 고칠 수 있다고 믿었다. 그는 전통적 교육 방법에 묶이지 않고, 자신이 가진 아이디어를 실현할 수 있는 새로운 대학교를 만들겠다고 결심했다. 새로운 대학교를 설립하려면 백만 달러가 필요했다. 어떻게 하면 그렇게 엄청난 돈을 손에 넣을 수 있을까? 그 생각이 젊은 목사의 머릿속을 하루 종일 가득 채웠다. 아무리 고민해도 전혀 진척이 없었다. 매일 밤 그 생각을 머릿속에 담은 채 잠자리에 들고, 아침에 일어나면서 그 생각을 했다. 어디를 가나 머릿속에는 그 생각이 가득했다. 자나 깨나 온통 그 생각으로 꽉 차 있었다. 목사이자 동시에 철학자였던 건솔러스 박사는 인생에서 성공한 다른 모든 사람과 마찬가지로 확고한 목적이 출발점이 된다는 사실을 알았다. 또 확고한 목적은 그것을 현실로 구현하겠다는 불타는 욕구에 의해 뒷받침될 때 생기와 활력, 힘을 갖춘다는 점도 깨달았다.

그는 이 모든 위대한 진실에 대해 알고 있었지만 단 한 가지 어디에서, 어떻게 백만 달러를 손에 넣을 수 있는지는 몰랐다. "내 아이디어가 좋은 건 틀림없지만 필요한 백만 달러가 없으니 어쩌겠어? 별 수 없지."라고 말하면서 포기하는 편이 자연스러웠을지 모른다. 아마 사람들 대부분은 그럴 것이다. 그렇지만 건솔러스 박사는 달랐다. 그가 한 말과 한 일이 너무나 중요하기 때문에 지금부터 그의 말을 그대로 인용하겠다.

어느 토요일 오후 내 방에서 어떻게 하면 돈을 구할 수 있을까 고민하고 있었습니다. 거의 2년 동안 생각해 오고 있었지요. 문제는 내가 생각만 하고 아무런 행동도 취하지 않았다는 겁니다. 이제는 행동할 때가 되었다는 것을 알았습니다. 그때 그 자리에서 앞으로 일주일 내에 백만 달러를 구하겠다고 결심했습니다. 어떻게 구할지는 걱정하지 않았습니다. 내가 일정한 시간 내에 돈을 구하겠다고 결심했다는 점이 정말 중요했지요. 일주일 내에 구하겠다고 확고한 결정을 내리고 나니까 그전에는 경험해 본 적 없던 확신이 밀려오더라는 말씀을 드리고 싶습니다. 내 안에 있는 무언가가 '왜 진작 그렇게 결정하지 않았어? 그 돈은 오랫동안 너를 기다리고 있었는데…' 라고 말하는 것 같았습니다.

여러 가지 일이 급박하게 돌아갔습니다. 나는 여러 신문사에 전화해서 다음 날 아침에 '내게 백만 달러가 있다면 무엇을 할 것인가?' 라는 제목으로 설교를 하겠다고 말했습니다. 그리고 즉시 설교 준비에 착수했지만, 솔직히 말하면 설교 준비는 어렵지 않았습니다. 왜냐하면 실제로 나는 그 설교 준비를 2년 째

해 왔던 셈이었으니까요. 밤 12시가 되기 훨씬 전에 나는 이미 준비를 마칠 수 있었습니다. 이미 백만 달러를 손에 넣은 나를 머릿속에서 선명하게 볼 수 있었기 때문에 자신감에 차서 편하게 잠들 수 있었습니다.

다음 날 아침 일찍 일어나 화장실에서 준비한 설교를 읽어 본 후, 나는 무릎을 꿇고 내 설교가 백만 달러를 줄 수 있는 누군가에게 전달될 수 있게 해 달라고 기도했습니다. 기도하는 동안 나는 원하는 돈을 구할 수 있으리라는 확신을 다시 느꼈습니다. 흥분 상태에서 설교 원고를 화장실에 둔 채 나왔는데, 강단에 서서 설교를 시작하기 직전에야 그걸 놓고 왔다는 사실을 깨달았습니다. 원고를 가지러 돌아가기에는 너무 늦은 상황이었는데, 그것이 얼마나 큰 축복이었는지 모르겠습니다. 바로 그 순간 내 잠재의식이 해야 할 말을 대신 알려주었으니까요.

설교를 시작하려고 일어선 뒤, 눈을 감고 마음과 영혼을 다해 내가 가진 꿈에 대해서 이야기했습니다. 단지 청중에게만이 아니라 동시에 하느님께도 했다는 느낌을 갖고 있습니다. 내 손에 백만 달러가 들어온다면 그 돈으로 무엇을 할지 말했습니다. 젊은이들이 실용적 기술을 배우면서 동시에 정신적으로도 성장할 수 있게 도와주는 위대한 교육 기관을 설립하고자 하는 계획을 설명했습니다.

설교를 마치고 자리에 앉자 맨 뒤에서 세 번째 줄쯤에 앉아 있던 사람이 천천히 일어서더니 강단으로 다가왔습니다. 나는 무슨 일일까 궁금했습니다. 그는 내 가까이로 와 손을 내밀면서 "목사님, 설교를 듣고 감명 받았습니다. 저는 목사님이 백만 달러가 있다면 하겠다고 말씀하신 모든 것을 하실 수 있다고 믿습니다. 제가 목사님과 목사님이 하신 말씀을 믿고 있다는 증거로, 내일 아침 저희 사무실에 와 주시면 백만 달러를 드리겠습니다. 제 이름은 필립 아머Philip D. Armour 입니다."라고 말했습니다.

건솔러스 박사는 다음 날 아머의 사무실에 찾아갔고 자신이 오랫동안 염원했던 백만 달러를 받았다. 그리고 그 돈으로 지금의 일리노이 공과대학인 '아머 공과대학 Armour Institute of Technology'을 설립했다.

그는 아이디어 덕택에 필요했던 백만 달러를 구할 수 있었다. 그리고 그 아이디어 뒤에는 젊은 건솔러스가 거의 2년 가까이 마음속에 품고 있었던 강렬한 욕구가 자리하고 있었다. 그가 돈을 구한 것은 마음속에서 결정을 내리고 돈을 마련하기 위한 확고한 계획을 세운 뒤 불과 36시간 뒤였음을 기억하기 바란다. 젊은 건솔러스가 백만 달러에 대해서 막연하게 백만 달러가 있었으면 좋겠다고 생각만 하면서 2년 가까운 시간을 보낸 사실에는 전혀 새롭거나 독특한 점이 없다. 이전에도, 그 이후에도 수많은 사람이 그와 비슷한 생각을 해 왔다. 그러나 그 역사적인 토요일에 불투명한 희망 대신 "일주일 내에 백만 달러를 구하겠다."라고 확고한 결정을 내린 것은 쉽게 볼 수 없는 일이었다. 건솔러스 박사에게 백만 달러를 구해 준 원칙은 지금도 살아서 당신 곁에 있다. 당신도 그 원칙을 사용할 수 있다. 그가 매우 성공적으로 사용했던 그 보편적 원칙은 지금도 그때와 다름없이 유효하다.

아이디어를 돈으로 바꾸는 방법

아사 캔들러와 프랭크 건솔러스가 가진 한 가지 공통점에 유의하기 바란다. 두 명 다 확고한 목적이 가진 힘에 확고한 계획을 더하면 아이디어는 돈으로 바뀐다는 믿기 어려운 사실을 인지하고 있었다. 당신도 열심히 일하고 정직하게 살기만 하면 부자가 될 수 있다고 믿는 사람들 중 한 명이라면 당장 그 생각을 버리기 바란다. 그것은 사실이 아니다. 부, 특히 커다란 부는 열심히 일만 해서는 결코 얻을 수 없다. 부는 우연이나 행운이 아니라 원칙들을 실천하면서 확실하게 요구할 때 온다.

일반적으로 아이디어는 상상력에 호소해서 행동을 부르는 생각 에너지다. 모든 뛰어난 세일즈맨은 상품을 팔 수 없을 때도 아이디어는 팔 수 있음을 알고 있지만, 평범한 세일즈맨은 이 사실을 모른다. 바로 그것이 그들이 평범한 이유다.

저가 도서를 만드는 출판사 사장 한 명이 모든 출판사에 큰 가치가 있는 사실을 발견했다. 그는 많은 사람이 책 내용보다는 제목을 산다는 점을 배웠다. 잘 팔리지 않던 책이 있었는데 단순히 제목만 바꿨더니 백만 권 이상이나 팔려 나갔다. 책 내용은 변한 것이 아무것도 없었고, 이전 책 표지를 떼어 내고 매력적인 새 제목을 붙인 표지로 바꿨을 뿐이었다. 너무나 단순해 보이지만 그것이 바로 아이디어이고 상상력이다. 아이디어에는 정해진 가격이 없다. 아이디어를 만드는 사람이 값을 정하고, 능력이 있다면 그가 정한 금액대로 받는다.

큰 부는 모두 아이디어를 만든 사람과 아이디어를 파는 사람이 만나 조화롭게 일하면서 시작된다. 카네기는 자기 주위를 자신이 할 수 없는 일을 할 수 있는 사람들, 아이디어를 만든 사람들, 아이디어를 실행에 옮기는 사람들로 둘러쌓아서 자신과 다른 사람들을 엄청난 부자로 만들었다.

수없이 많은 사람이 행운이 찾아오길 바라면서 살아간다. 행운이 기회를 줄지도 모르지만 행운에 의존하는 것은 안전한 방법이 아니다. 내게도 행운이 일생일대의 기회를 가져다주었다. 그러나 그 기회가 성공으로 변할 때까지는 25년간 헌신적 노력이 필요했다. 나에게 행운은 앤드루 카네기를 만나서 그의 도움을 받을 수 있었던 일이다. 카네기는 내 마음속에 성공 원리를 체계화해서 성공 철학으로 완성하겠다는 아이디어를 심어 주었다. 25년간의 연구 결과를 이용해 무수한 사람이 도움을 받았고 부자가 되었다. 시작은 누구라도 생각해 낼 수 있는 단순한 아이디어 하나였다.

기회는 카네기를 통해서 왔지만 결단, 확고한 목적, 목적을 달성하겠다는 욕구, 25년간의 꾸준한 노력이 있었기에 성공 철학을 완성할 수 있었다. 그 긴 시간 동안 실망, 좌절, 일시적 실패, 비난, 끊이지 않는 '시간 낭비'라는 말을 극복할 수 있었던 것은 내가 가지고 있었던 욕구가 평범한 것이 아니라 불타는 욕구, 집념이었기 때문이다.

카네기가 처음 그 아이디어를 내 마음속에 심었을 때 그것을 살리기 위해서는 달래고 보살피고 구슬려야 했다. 그러다가 아이디어는 점점 자라나 거인이 되었고, 그 다음에는 아이디어가 나를 달래고 보살피고 힘을 주었다. 아이디어란 바로 그런 것이다. 당신이 먼저 아이디어에 활력을 주고 실행하고 안내해 주지만, 그 이후에는 스스로 힘을 키워 모든 반대를 휩쓸어 버린다. 아이디어는 무형의 힘이지만, 자신을 만들어 낸 두뇌보다 더 큰 능력을 갖고 있다. 그것은 자신을 창조한 두뇌가 먼지로 되돌아간 다음에도 계속해서 살아간다.

생각하고, 상상하고, 환상을 품고, 꿈꾸라! 당신의 상상력이 원래의 모습을 찾도록 하라.

1. 아래 빈 공간에 만약 당신이 천만 달러 복권에 당첨된다면 삶이 어떻게 될지 상상해서 적어라. 가능한 한 구체적으로 그 돈으로 당신이 무엇을 할지에 대해 그려 본다. 필요하다면 별도의 종이를 사용해도 된다. 큰 꿈을 갖는 것을 부끄러워하지 말라!

_____

_____

_____

2. 이제 당신의 모든 목표가 이루어졌을 때의 당신 삶을 상상해서 적어라. 당신의 이상적 생활은 어떤 모습일까? 이때 재정적 염원만으로 한정 짓지 않는다. 당신의 직업은 어떨까? 당신이 맺은 관계들은? 여가 시간은? 가능한 한 세세하게 상상하고, 필요하다면 역시 별도의 종이를 사용하라.

_____

_____

_____

3. 질문2를 참조해 이 이상적 삶을 현실이 되게 만들기 위한 다양한 전략들을 생각해서 적어라.

_____

_____

_____

실패는 변명을 허락하지 않는다.

Failure permits no alibis.

열망을 행동으로 전환 부자가 되기 위한 6단계

인간이 새롭게 만들거나 획득하는 모든 것은 먼저 열망이라는 형태로 시작된다. 열망은 첫 번째 여정을 통해 추상적인 것에서 구체적인 것으로 변화하면서 상상력의 작업장으로 들어선다. 거기서 열망을 현실로 변환하기 위한 계획이 만들어진다.

2장에서 당신은 부자가 되고 싶은 열망을 실제 부로 바꿀 수 있는 6단계를 배웠다. 이 6단계 중 하나가 확고하고 현실적인 계획을 세우는 것이다. 지금부터는 어떻게 하면 현실적 계획을 만들 수 있는지에 관해 이야기하겠다.

1. 다음 장에서 설명하는 마스터마인드 원리를 사용해서 부자가 되기 위한 계획을 수립하고 실행할 수 있도록 가능한 한 많은 사람과 연합하라(이 항목은 반드시 지켜져야 한다. 소홀히 하지 않기 바란다).

2. 마스터마인드 연합을 결성하기 전에 연합 구성원들에게 협력 대가로 어떤 보상을 할 것인지 먼저 결정하라. 보상 없이 무한정 일할 사람은 아무도 없다. 보통 사람이라면 충분한 보상 없이 다른 사람에게 일하라고 부탁하거나 일할 것이라고 기

대하지 않는다. 물론 이때 보상이 반드시 돈일 필요는 없다.

3. 돈을 벌기 위한 계획을 완성할 때까지 마스터마인드 연합 구성원들과 최소한 매주 두 번 이상 만나도록 하라.

4. 당신과 마스터마인드 구성원들 사이에 완벽한 조화를 유지하라. 이것이 지켜지지 않으면 계획은 실패할 것이다. 완벽한 조화 없이는 마스터마인드 원칙이 지켜질 수 없다.

또 다음 두 가지 사실을 기억하기 바란다.

> 첫째, 당신은 자신에게 매우 중요한 일을 하고 있다. 성공하려면
> 결점 없는 완벽한 계획이 필요하다.
> 둘째, 당신에게는 다른 사람들의 경험, 교육, 타고난 능력과 상상력이
> 반드시 필요하다. 커다란 부를 축적한 사람들은 그렇게 했다.

다른 사람들의 도움 없이는 누구도 거대한 부를 보증하는 충분한 경험, 교육, 타고난 능력과 지식을 가질 수 없다. 부를 축적하기 위해 노력하는 과정에서 당신이 채택하는 모든 계획은 자신과 마스터마인드 연합의 다른 구성원들 간 공동 작품이어야 한다. 당신이 계획의 전체 혹은 일부 초기 안을 제시할 수는 있지만, 그 초기 안은 마스터마인드 연합의 다른 구성원들이 반드시 검토하고 승인해야 한다.

첫 번째 계획이 실패하면 다른 새 계획을 시도하라

만약 첫 번째 계획이 성공하지 못하면 새로운 계획으로 대체하라. 이 새 계획도 실패하면 제대로 작동하는 계획이 나올 때까지 계속 또 다른 계획

으로 교체하라. 바로 이 부분에서 사람들 대부분이 실패한다. 그들에겐 시도한 계획이 실패하면 그것을 대체할 수 있는 계획을 만드는 끈기가 부족하다. 제 아무리 머리 좋고 똑똑한 사람이라도 제대로 된 계획 없이는 돈을 벌거나 그 밖에 다른 큰일을 해낼 수 없음을 명심하기 바란다. 동시에 계획한 대로 일이 진행되지 않을 때 잠깐의 실패가 영구적 패배를 뜻하진 않는다는 점도 기억하라.

일시적 실패는 현재 추진 중인 계획에 무엇인가 문제가 있다는 확실한 신호다. 수없이 많은 사람이 부를 축적할 수 있는 견고한 계획이 없어서 가난과 고통 속에서 살아간다. 우리가 이루는 성취는 우리가 가진 계획을 넘어설 수 없다. 자기 내면에서 패배했다고 인정하고 그만두기 전까지는 누구도 패한 것이 아니다.

제임스 힐 James J. Hill도 처음에 동부와 서부를 잇는 철도 건설 자금을 모으는 과정에서 일시적 실패에 봉착했다. 그러나 그는 새로운 계획을 통해서 실패를 성공으로 바꿨다. 헨리 포드 역시 자동차 시장에 처음 진입할 때뿐만 아니라 정상에 도달한 후에도 몇 차례 실패를 맛보았다. 하지만 그는 실패를 딛고 새 계획을 세워서 재정적 성공을 거두었다.

우리는 큰 부를 쌓은 사람들을 보면서 그들이 거기에 다다를 때까지 극복해야 했던 실패와 좌절은 보지 못하고, 마지막에 이룬 성공만 보는 경향이 있다. 당신도 부자가 되는 과정에서 일시적 실패를 경험하리라 예상해야 마땅하다. 그때는 그 실패를 자기 계획에 부족함이 있다는 신호로 받아들이고, 더 좋은 새 계획을 수립해서 목표를 향해 다시 전진하기 바란다. 당신이 목표 달성 전에 중지한다면 '중도 포기자'다. "도중에 포기하는 사람은 결코 승자가 될 수 없고, 승자는 절대 포기하지 않는다." 이 말을 아주 크게 써서 잘 보이는 곳에 붙여 놓고, 잠자기 전과 출근하기 전에 읽어라.

마스터마인드 연합 구성원을 선택할 때는 실패를 너무 심각하게 받아들이지 않는 사람들을 택하도록 유의하기 바란다. 사람들 중에는 어리석게도 돈 없이는 돈을 벌 수 없다고 믿는 이들이 있다. 그것은 사실이 아니다.

열망이야말로 이 책에 담긴 원칙들을 통해서 그에 상응하는 돈으로 바꿔 주는 매개체다. 돈은 그 자체로는 불활성 물질에 지나지 않는다. 돈은 움직일 수도, 생각할 수도, 말할 수도 없지만 누군가 돈을 열망하는 사람이 오라고 부르면 들을 수는 있다.

자신이 가진 서비스 판매 계획

부를 축적하기 위한 모든 일에는 지적 계획이 필수 조건이다. 지금부터 자신의 서비스를 판매해 부를 쌓고자 하는 사람들을 위한 상세한 방법을 제시하겠다. 모든 큰 부가 아이디어나 개인이 가진 서비스 판매에서 시작되었다는 사실은 우리에게 힘을 준다. 재산이 없는 사람에게 아이디어와 자신이 가진 서비스를 빼면 대가로 치를 수 있는 것이 있을까?

대부분의 리더는 먼저 추종자follower로 시작한다

크게 보면 세상에는 두 그룹의 사람들이 있다. 한 그룹은 리더들이고, 다른 쪽은 추종자들이다. 처음부터 자신이 원하는 것이 선택한 분야의 리더인지 아니면 계속해서 추종자로 남는 것인지 결정하기 바란다. 리더와 추종자는 얻는 보상에서 엄청난 차이가 있다. 추종자는 리더만큼 보상을 받을 수 없는데도, 많은 추종자가 그만한 보상을 기대하는 우를 범한다.

추종자가 되는 것은 불명예가 아니다. 반면에 추종자로 끝까지 남는 것은 자랑이 아니다. 위대한 리더들 대부분도 처음에는 추종자로 시작했다. 그들이 위대한 리더가 될 수 있었던 것은 지혜로운 추종자였기 때문이다. 리더를 현명하게 보좌하지 못한 추종자들은 거의 예외 없이 유능한 리더가 되지 못했다. 리더를 가장 효과적으로 보좌한 사람들이 대개 가장 빨리 리더가 된다. 지혜로운 추종자들은 다양한 이점을 갖는데, 그중 하나가 자기 리더에게서 지식을 습득할 기회다.

리더십의 주요 요소

리더십의 주요 요소에는 다음과 같은 11가지가 있다.

1. 자기 자신과 자기 일에 관한 지식에 기초한 불굴의 용기

어떤 추종자도 자신감과 용기가 부족한 리더와 함께 일하기를 바라지 않는다. 지혜로운 추종자라면 그런 리더를 오랫동안 따르지는 않는다.

2. 자기 통제

자기 자신을 통제할 수 없는 사람은 절대 다른 사람들을 통제할 수 없다. 리더의 자기 통제는 추종자들에게 굉장히 좋은 모범이 된다. 지혜로운 추종자라면 리더를 보고 배우고자 할 것이다.

3. 강한 윤리 의식

공정성과 윤리 의식이 없다면 리더는 추종자들에게 지속적 존경을 받을 수 없다.

4. 확고한 결정

결정이 흔들린다는 것은 자기 확신이 없고 다른 사람들을 효과적으로 이끌 수 없다는 뜻이다.

5. 확고한 계획

성공한 리더는 계획을 세우고 그 계획을 실행해야 한다. 현실적이고 확고한 계획 없이 즉흥적으로 행동하는 리더는 방향 조정 키가 없는 배와 같다. 좌초하는 것은 시간문제다.

6. 보상 이상으로 일하는 습관

리더십의 불이익 가운데 하나는 추종자들에게 요구하는 것 이상으로 자진해서 일해야 한다는 점이다.

7. 호감을 주는 성격

단정하지 못하고 경솔한 사람은 좋은 리더가 될 수 없다. 리더십은 존경을 필요로 한다. 추종자들은 호감을 주는 모든 성격 요소에서 높은 점수를 받지 못하는 리더를 존경하지 않는다.

8. 공감과 이해

성공적인 리더는 추종자들과 공감해야 한다. 또 그들과 소통하면서 그들의 문제를 이해해야 한다.

9. 세부 사항에 대한 완벽한 이해

성공적 리더십은 리더라는 지위와 관련된 세부 사항까지 완벽한 이해를 요구한다.

10. 완전한 책임 수용

좋은 리더는 추종자들의 실수와 부족한 부분에 대해 기꺼이 완전하게 책임질 수 있어야 한다. 만일 리더가 책임을 회피하고자 한다면 그 자리에 오래 머물지 못할 것이다. 추종자 중 한 명이 실수를 하거나 무능한 행동을 한다면 리더는 잘못을 범한 사람이 추종자가 아닌 자기 자신이라고 생각해야 한다.

11. 협력

성공적인 리더는 협력 원칙을 이해하고 적용함과 동시에 추종자들도 똑같이 하도록 해야 한다. 리더십은 힘을 필요로 하고, 힘은 협력을 요구한다.

리더십에는 두 가지 형태가 있다. 첫 번째는 추종자들의 동의, 그들과의 조화에 기초한 리더십으로 다른 형태와 비교할 수 없이 훨씬 효과적이다. 두 번째 형태는 힘에 의한 리더십으로 추종자들의 이해와 공감이 결여된 것이다. 역사를 살펴보면 힘에 의한 리더십은 오래가지 못함을 보여 주는 증거들이 아주 많다. 독재자와 왕들이 몰락하고 사라져 가는 것은 의미심장하다. 사람들은 강제적 리더십을 무한정 수용하지 않는다.

나폴레옹, 무솔리니, 히틀러가 힘에 기초한 리더십의 대표적 사례다. 힘으로 리드하는 시대는 지나갔다. 추종자들의 동의를 기반으로 한 리더십이 남아 있는 유일한 형태다. 사람들이 일시적으로 힘에 의한 리더십을 따를지 모르지만, 기꺼이 하는 것은 아니다.

추종자들의 동의에 기초한 새로운 리더십은 앞에 나온 11가지 리더십 요건뿐만 아니라 다른 요소들도 충족한다. 이것을 자기 리더십의 기본으로 삼는 사람들은 어느 분야에서든 리더로 일할 충분한 기회를 마련할 수 있다.

리더십 실패의 10가지 주요 원인

지금부터는 실패한 리더들의 10가지 주요 원인들에 대해 살펴보겠다. 무엇을 해야 하는지 못지않게 무엇을 하지 말아야 하는지 아는 것도 필수이기 때문이다.

1. 세부 사항을 통제하는 능력 부족

유능한 리더는 세부 사항까지도 조직화하고 통제할 수 있어야 한다. 진정한 리더라면 시간이 없어서 해야 할 일을 못한다고 말해서는 안 된다. 리더든 추종자든 계획을 변경해야 하거나 긴급 상황이 발생했는데 너무 바빠서 처리 못한다고 말한다면, 자신이 무능하다고 스스로 인정하는 것이나 다름없다. 성공적인 리더라면 자기 지위와 관련된 모든 세부적 사항들에 정통해야 한다. 모든 일을 자기 스스로 다해야 한다는 의미가 아니다. 유능한 직원들에게 세부 사항을 위임하는 습관을 길러야 한다는 뜻이다.

2. 겸손한 자세로 섬기지 못함

진정 위대한 리더들은 상황에 따라서 다른 사람들이 하는 어떤 일이라도 기꺼이 한다. 유능한 리더라면 "가장 위대한 사람은 모든 이를 섬기는 사람이다."라는 말을 존중하고 준수한다.

3. 지식을 사용해서 하는 일이 아니라 지식 자체에 대해서 보상받으려는 기대

세상은 사람이 무엇을 알고 있는지에 대해 보상하지 않는다. 세상은 그들이 하는 일이나 다른 사람들이 일하도록 유도하는 것에 대가를 지급한다.

4. 추종자들과의 경쟁에 대한 두려움

추종자들 중 누군가가 자기 자리를 차지할지도 모른다는 두려움을 가진 리더는 두려워하는 대로 된다. 유능한 리더는 자기 후계자에게 지위와 관련된 세부 사항을 스스로 위임한다. 그렇게 하는 것이 리더가 자신을 복제해 여러 곳에서 다양한 일을 동시에 할 수 있는 유일한 방법이다. 자기가 직접 노력해서 벌 수 있는 것보다는 다른 사람들이 일하게 하는 능력에 대해서 더 많은 보상을 받는다는 것은 영원한 진리다. 실력 있는 리더는 지식과 호감을 사는 성격으로 다른 사람들의 효율성을 높여서 그의 도움이 없을 때와 비교하면 더 많고 질 좋은 서비스를 하도록 유도할 수 있다.

5. 상상력 부족

상상력이 없다면 리더는 긴급 상황에 대처하거나 추종자들을 효율적으로 이끌 계획을 세울 수 없다.

6. 이기심

추종자들의 공로를 가로채는 리더는 그들의 불만에 직면하게 된다. 진정으로 위대한 리더는 공을 차지하려고 하지 않는다. 대신 사람들 대부분이 단순히 돈보다는 칭찬과 인정을 위해서 더 열심히 일한다는 사실을 알기에 추종자들에게 공적이 돌아가는 것을 보면서 만족한다.

7. 무절제

추종자들은 절제하지 못하는 리더를 존경하지 않는다. 게다가 다양한 형태의 무절제는 당사자의 인내력과 활력을 파괴한다.

8. 불성실

사실 이것은 11가지 원인 중 첫째로 나와야 할 항목이다. 자신에게 의지하는 사람, 동료, 상사, 부하에 대해 불성실하다면 리더십을 오래 유지할 수 없다. 불성실한 사람은 먼지보다 못한 존재이고 경멸의 대상이다. 불성실은 모든 분야에서 실패의 주된 원인 가운데 하나다.

9. 권한 강조

유능한 리더는 추종자들 마음속에 두려움을 일으키는 것이 아니라 격려를 통해서 리드한다. 권한을 강조하는 리더십은 힘에 의한 강제적 리더십 범주에 속한다. 진정한 리더라면 공감, 이해, 공정성, 자기 일을 잘 알고 있다는 것을 보여 주는 행동 외에 다른 방식으로 홍보할 필요가 없다.

10. 직위 강조

유능한 리더는 추종자들에게 존경받기 위해 직위를 필요로 하지 않는다. 사람들은 달리 강조할 것이 없어서 직위를 강조한다. 진정한 리더의 사무실은 항상 열려 있고, 그의 사무실에는 형식에 구애됨이나 겉치레가 없다.

이상 10가지가 리더십에서 실패하는 일반적 원인이다. 이것들 중 무엇이든 실패를 초래하기에 충분하다. 리더가 되기를 열망하고, 이런 원인들로부터 자유롭고 싶다면 목록을 주의 깊게 공부하라.

새로운 리더십을 필요로 하는 유망한 분야

지금부터 리더십이 감소하고 있는 몇몇 분야와 새로운 유형의 리더들이 풍부한 기회를 찾을 수 있는 분야들을 살펴보자.

첫째, 정치 분야에는 그야말로 긴급 사태라고 부를 만큼 새로운 리더들에 대한 가장 강력한 요구가 있다.

둘째, 금융계도 혁신이 진행 중이다.

셋째, 기업들도 새로운 리더들을 요구한다. 기업에서 새로운 리더들은 자신을 어떤 개인이나 그룹에도 고통을 주지 않으면서 신뢰를 관리해 나가는 준 공무원으로 생각해야 한다.

넷째, 미래의 종교 지도자들도 현실에서 추종자들이 필요로 하는 것과 그들이 처한 경제적, 개인적 문제에는 더 많은 관심을 기울이고, 지나간 과거와 아직 오지 않은 미래에 대해서는 관심을 덜 쏟아야 할 것이다.

다섯째, 법률 · 의학 · 교육 분야에서 새로운 리더십과 새로운 리더가 필요할 것이다. 교육 분야에서 특히 그렇다. 교육 분야 리더들은 앞으로 학교에서 배운 지식을 현장에서 적용하는 방법을 가르쳐야 한다. 실무는 늘리고 이론은 줄여야 한다.

여섯째, 저널리즘 분야에 새로운 리더들이 필요할 것이다.

위에 제시한 것은 새로운 리더들에게 기회가 열려 있는 분야 중 일부일 뿐이다. 세계는 급격한 변화 과정에 있다. 이것은 사람들의 관습 변화를 촉진하는 도구인 6가지 영역도 변화에 적응해야 한다는 의미이다. 여기 열거한

6가지 분야는 다른 어떤 분야보다도 더 문화 흐름에 중요한 영향을 미친다.

구직 신청 방법

아래에 적혀 있는 정보는 오랫동안 수많은 사람의 취업에 도움을 주었던 방법들이다. 이 방법들은 개인서비스 판매자와 수요자들을 한데 모을 수 있는 가장 직접적이고 효과적 방법이라고 증명된 것이다.

1. 직업소개소

지금까지 만족할 만한 취업 성과를 기록한 신뢰할 수 있는 소개소를 찾아야 한다. 단 그런 소개소는 비교적 적다.

2. 신문, 업계지^{Trade Journal}, 잡지 광고

일반 사무직을 원하는 경우에 신문과 잡지 광고 면을 활용하면 비교적 만족할 만한 결과를 얻는다. 임원급에 지원할 경우 디스플레이 광고가 바람직하다. 디스플레이 광고란 기사 옆에 실리는 광고로 고용주 눈에 띌 가능성이 높다. 광고 문안은 고용주에게 관심을 얻기 쉽게 전문가가 작성해야 한다.

3. 구직 편지

자신이 제공할 수 있는 서비스를 가장 필요로 할 것으로 여겨지는 고용주나 개인에게 편지를 보내는 방법이다. 편지는 깔끔하게 타이핑하고 직접 서명해야 한다. 편지에는 지원자 프로필이 첨부되어야 하고, 편지와 프로필은 전문가가 준비해야 한다(뒤에 나오는 프로필에 들어가야 할 정보 참고).

4. 지인을 통한 지원

가능하면 채용을 원하는 기업과 지원자 양쪽을 잘 알고 있는 사람을 통해서 지원하는 것이 좋다. 이 방법은 특히 임원급 직책을 원하면서 취업할 곳을 찾고 있다는 사실을 알리기 꺼리는 사람들에게 바람직하다.

5. 직접 지원

경우에 따라서는 채용하려는 고용주에게 지원자가 직접 자신의 서비스를 설명하는 것이 효과적일 수 있다. 고용주가 채용에 관해 내부 협의를 할 때 사용할 수 있도록 완벽한 프로필을 제공해야 한다.

프로필에 넣어야 할 정보 목록

프로필은 변호사가 소송 준비를 하듯이 세심하게 준비해야 한다. 지원자 자신이 프로필 준비에 대한 경험이 풍부하지 않다면 전문가의 의견과 도움이 필요하다. 성공한 상인들은 고객들에게 상품을 효과적으로 제시할 수 있는 홍보 기술과 이론을 아는 판매원을 채용한다. 자신이 가진 서비스를 판매하려는 사람도 그렇게 해야 한다. 프로필에는 다음과 같은 정보가 들어가야 한다.

1. 교육

간략하지만 명확하게 자신이 어떤 교육을 받았고, 어떤 분야를 전공했는지, 또 그 분야를 전공한 이유를 서술한다.

2. 경험

지원하는 분야와 유사한 곳에서 일한 경험이 있다면 그 직장 이름, 주소와 함께 자신의 경험을 충분히 기술한다. 지원하는 분야에서 일할 때 도움을 줄 수도 있는 특별한 경험을 했다면 빠뜨리지 말고 적는다.

3. 추천서

기업에서는 구직자의 모든 과거 기록을 알고 싶어 한다. 프로필에는 밑에 열거한 사람들의 추천서 사본을 첨부하는 것이 좋다.

  a. 전에 일했던 회사
  b. 교수(혹은 선생님)
  c. 저명인사

4. 사진

프로필에는 최근에 찍은 사진을 첨부해야 한다.

5. 특정 직위에 지원

자신이 찾는 특정한 직위가 무엇인지 명확하지 않은 상태로 지원해서는 안 된다. 단순히 취직하고 싶다고 해서는 안 된다. 그것은 당신의 전문성 부족을 말할 뿐이다.

6. 자신의 자격

자신이 지원하는 직책과 관련해서 어떤 자격 조건을 갖추고 있는지 적는다. 자신이 왜 그 자리에서 일할 자격이 있다고 믿는지 자세히 말해야 한다. 이 부분이 지원서에서 가장 중요한 부분이다. 다른 어떤 것보다 여기에 기술한 내용이 기업의 의사결정에 큰 영향을 미친다.

7. 가채용 work on probation 조건 제시

이것은 급진적 제안으로 보일 수도 있다. 하지만 경험상 이렇게 하면 거의 틀림없이 조건부로라도 일할 기회를 얻을 수 있다. 자신이 자격을 갖추고 있다는 확신이 있다면, 사실 조건부로 일할 기회를 얻는 것만으로 충분하다. 가채용 조건을 제시한다는 것은 당신이 자리를 채울 능력을 지녔다는 자신감을 나타내는데, 이것은 커다란 설득력을 갖는다. 가채용 조건이 다음과 같은 것에 기반하고 있음을 명확하게 밝히는 것이 좋다.

  a. 그 자리에서 일할 수 있는 충분한 능력을 갖고 있다는 자신감
  b. 가채용 기간 후 고용주가 채용할 것이라는 자신감
  c. 그 직위에서 일하겠다는 당신의 확고한 자세

8. 고용주 사업 분야에 대한 지식

지원하기 전에 자신이 지원하는 분야에 관해 충분한 연구 조사를 하고 나서 당신이 습득한 지식을 프로필에 써라. 그것은 당신이 아이디어를 갖고 있고, 지원하는 자리에 진정한 관심이 있음을 보여 주기 때문에 고용주에게 호감을 줄 것이다.

소송에서 이기는 것은 법률 지식이 풍부한 변호사가 아니라 소송 준비를 철저히 하는 변호사라는 사실을 기억하기 바란다. 구직을 소송에 비유한다면, 프로필을 제대로 준비하고 제시하는 것으로 당신은 이미 소송에서 절반 이상 이긴 것이나 다름없다.

프로필이 너무 길지는 않을까 두려워할 필요는 없다. 당신이 일자리를 원하는 것 못지않게 고용주들도 유능한 지원자를 뽑고 싶어 한다. 사실 사업에서의 성공은 상당 부분 고용주가 얼마나 유능한 직원을 채용하는가에 달려 있다. 따라서 고용주들은 지원자들에 관한 정보를 가능하면 많이 얻고 싶어 한다.

기억할 것이 또 하나 있다. 깔끔하게 잘 정리된 프로필은 당신이 성실한 사람임을 보여 준다. 내가 프로필 작성을 도와줬던 사람들 중에는 프로필이 너무 뛰어나서 인터뷰 없이도 채용이 결정되었던 사람들이 있다. 프로필 작성이 완료되면 표지를 만들어서 깨끗하게 철하고, 표지에는 다음과 비슷한 내용으로 타이핑한다.

로버트 스미스Robert K. Smith 프로필

xxx회사 사장님

개인 비서직 지원 목적임

회사 이름과 지원하는 직위명은 그때그때 바꾼다. 이처럼 독자적 손질을 더하게 되면 틀림없이 관심을 끌 수 있다. 프로필은 최고 품질 종이에 깨끗하게 인쇄해서 책 표지 두께의 종이로 장정한 후 해당 기업 이름을 적는다.

지원자 사진도 프로필에 붙여야 한다. 지금까지 이야기한 것을 철저하게 지키면서 프로필을 작성한 다음에 아이디어가 떠오르면 개선해 나간다.

성공한 세일즈맨은 자기 외모를 세심하게 가꾼다. 그들은 첫인상이 오래간다는 점을 알고 있다. 당신이 작성하는 프로필이 바로 당신의 세일즈맨이다. 프로필에 좋은 옷을 입혀서 고용주가 지금까지 본 어떤 프로필보다 훨씬 뛰어난 것으로 만들어라. 지원하는 자리가 지원할 만한 가치가 있는 곳이라면 세심하게 주의를 기울여 준비할 가치도 있다.

또 당신이 프로필을 통해 고용주에게 깊은 인상을 남기면, 통상적 방법으로 지원했을 때보다 처음부터 더 높은 급여를 받을 가능성이 크다. 광고매체 혹은 고용 기관을 통해서 취업을 추진한다면, 그 기관이 당신이 준비한 프로필을 사용하도록 요청하기 바란다. 그러면 그 대행 기관은 물론이고 잠재적 고용주에게도 더 호감을 줄 수 있다.

자신이 원하는 바로 그 자리를 얻는 방법

누구나 자신에게 꼭 맞는 일을 하고 싶어 한다. 미술가는 물감을 가지고 일하길 원하고, 조각가는 손으로 작업하기를 원하고, 작가는 글을 쓰고 싶어 한다. 그보다는 덜 명확하더라도 자신이 일하고 싶은 분야가 있다. 미국이 뛰어난 것이 있다면 땅을 경작하는 것, 제조, 마케팅, 전문직에 이르기까지 모든 분야의 직업을 제공할 수 있다는 점이다.

첫째, 자신이 원하는 직업이 정확하게 무엇인지 결정하라. 자신에게 꼭 맞는 것이 없다면 스스로 그런 직업을 만들어라.

둘째, 자신이 일하고 싶은 회사나 사람을 선택하라.

셋째, 자신이 일하고 싶은 곳의 정책, 인사, 승진 가능성에 관해서 연구하라.

넷째, 자신이 가진 재능과 능력을 분석해서 채용되면 공헌할 수 있는 것이 무엇인지 연구하라. 그리고 기여할 수 있는 방법과 수단을 계획한다.

다섯째, 일자리에 관해 잊어버려라. 빈자리가 있는지 없는지도 생각하지 마라. "제게 자리가 있을까요?"라는 통상적 질문에 대해서도 잊어버려라. 자신이 어떤 공헌을 할 수 있는지에 집중하라.

여섯째, 일단 계획이 머릿속에 자리 잡으면 경험이 풍부한 전문가와 함께 자신의 계획을 깔끔하고 상세하게 문서로 정리한다.

일곱째, 권한을 가진 담당자에게 그것을 제시한다. 그러면 그가 나머지를 알아서 처리할 것이다. 기업은 어느 곳이나 아이디어, 서비스, 좋은 연고 등 무엇인가 가치를 제공해 줄 수 있는 사람을 찾고 있다. 모든 기업은 회사에 도움을 줄 명확한 실행 계획을 가진 사람을 채용할 수 있는 여유를 언제나 갖고 있다.

이렇게 하려면 최소한 며칠 혹은 몇 주가 걸릴 수도 있다. 하지만 그것은 급여, 승진, 직장에서의 기회에 차이를 가져오고, 몇 년간 적은 급여로 힘든 일을 하지 않게 해 준다.

여러 가지 이점이 있지만 그중에서도 가장 큰 것은 목표 달성에 걸리는 시간을 5년 정도 줄여 준다는 점이다. 승진의 사다리를 맨 밑이 아니라 중간부터 오르기 시작할 수 있는 것은 그 사람이 주도적이고 세심한 계획으로 시작했기 때문이다.

새로운 방식의 마케팅 서비스

앞으로 자신이 가진 서비스를 가장 유리하게 판매하고 싶은 사람들은 고용주와 고용인 관계에서 생긴 변화를 인식해야 한다. 고용주와 고용인의 관계는 앞으로 다음 3가지로 구성된 동반자 관계의 성격을 지니게 될 것이다.

    a. 고용주

    b. 고용인

    c. 그들이 서비스하는 대중

이 새로운 방식의 개인 서비스 마케팅이 새롭다고 불리는 데에는 여러 가지 이유가 있다. 첫째, 고용주와 고용인 모두 미래에는 대중에게 효율적으로 서비스하는 것이 업무인 동료로 인식될 것이다. 과거에는 고용주와 피고용인 사이에서만 협상이 이루어졌다. 최종적으로 그들이 서비스하는 제3자인 대중의 비용으로 자신들의 협상이 벌어지고 있다는 점을 인식하지 못한 채 서로 상대방에게서 더 많은 것을 얻어내려고만 했다.

친절과 서비스가 요즘 상품 판매의 키워드이고, 그것은 고용주보다는 자신의 개인 서비스를 마케팅하려는 사람에게 더 직접적으로 적용된다. 왜냐하면 결국 고용주나 고용인 모두 자신들이 서비스하는 대중에 의해서 고용된 것이기 때문이다. 대중에게 서비스를 잘하지 못한다면 그들은 서비스할 수 있는 특권을 상실하는 대가를 치르게 될 것이다.

당신은 가스 검침원들이 문이 부서지도록 크게 두드리던 시절을 기억할 것이다. 문을 열면 검침원은 "도대체 뭘 하는데 나를 이렇게 기다리게 하는 거야?"라고 화내듯 인상을 잔뜩 찌푸리고 다짜고짜 안으로 들어왔다. 하지만 모든 것이 달라졌다. 이제 검침원은 "무엇이든 분부대로 하겠습니다."라는 태도로 겸손하게 행동한다. 우거지상을 한 검침원들이 회사에 청산하기 힘든 부채를 지우고 있다는 사실을 가스회사들이 깨달았을 때는 이미 기름보일러 회사들의 예의 바른 영업사원들이 엄청난 이익을 챙긴 다음이었다.

대공황 동안에 나는 펜실베이니아 주 무연탄광 지역에서 탄광산업을 파괴할 지경에 이른 상황들을 연구하면서 몇 달을 보냈다. 무연탄 생산 회사들과 광부들은 힘든 협상을 하면서 그로 인해 추가된 비용을 석탄 값에 더했다. 그러다 마침내 그들은 자신들이 석유를 사용하는 기계 제작자들과 원유 생산업자들에게 엄청난 사업 기회를 제공했음을 깨달았다.

이런 사례들은 자신이 가진 개인 서비스를 마케팅하고 싶은 사람들에게 현재 자기 모습은 지금까지 해 온 행동의 결과라는 점을 보여 준다. 비즈니스, 금융, 수송을 지배하는 인과 법칙은 우리 개인들에게도 적용되어 자신의 경제 상태를 결정한다.

QQS 지수란?

지금까지 자신의 서비스를 효과적, 영구적으로 마케팅할 수 있는 성공 요소에 대해서 설명했다. 이러한 성공 요인들을 연구 분석하고 이해해서 적용하지 않으면, 누구도 자신의 서비스를 효과적이고 영구적으로 마케팅할 수 없다.

사람은 누구나 자기 서비스에 대한 세일즈맨이 되어야 한다. 제공하는 서비스의 질과 양, 서비스를 제공하는 태도가 고용 대가와 고용 기간을 대부분 결정한다. 개인 서비스를 효과적으로(평생직장, 만족스러운 급여, 좋은 조건에서) 마케팅하기 위해서 우리는 QQS 공식을 선택하고 따라야 한다. QQS 공식이란 품질Quality과 수량Quantity에 협조적 태도Spirit of Cooperation가 더해지면 완벽한 서비스가 된다는 것이다. QQS 공식을 기억하고, 한 걸음 더 나가서 그것을 습관화하기 바란다.

QQS 공식의 의미를 명확하게 이해하기 위해서 공식을 분석해 보자.

1. 서비스의 품질은 자기 업무와 관련하여 항상 더 효과적인 방법을 생각하면서 가장 효율적으로 철저하게 수행하는 것을 말한다.

2. 서비스의 양은 경험을 통해 기술이 향상되어 감에 따라서 더 많은 서비스를 제공하려는 목적을 가지고, 항상 자신이 제공할 수 있는 최대 서비스를 제공하는 습관을 말한다. 여기서 다시 습관이라는 단어가 강조된다.

3. 서비스 태도는 동료들과 직원들에게서 협조를 이끌어 낼 수 있도록 친절하고, 조화로운 행동을 하는 습관을 말한다.

서비스의 질과 양이 충분하다는 것만으로는 서비스에 대한 영구적 시장을 보장해 주지 못한다. 당신이 서비스를 제공하는 행동이나 태도는 당신이 받는 대가와 고용 기간을 결정하는 중요한 요소다.

앤드루 카네기는 개인 서비스 마케팅을 성공으로 인도하는 요소들 중에서 특히 조화로운 행동의 필요성을 강조하고 또 강조했다. 어떤 직원이 아무리 질 높은 일을 많이 하더라도 그가 다른 사람들과 조화롭게 일할 수 없다면 고용 관계를 지속하지 않을 것이라고 말했다.

카네기는 또 직원들이 밝은 태도를 유지할 것을 요구했고, 자신이 그 점을 중시한다는 사실을 보여 주기 위해서 자기 기준을 충족한 많은 사람을 백만장자로 만들어 주었다. 기준을 채우지 못하는 사람들은 회사를 떠나야 했다.

지금까지 호감을 주는 성격의 중요성을 강조했는데, 그래야만 올바른 태도로 서비스를 제공할 수 있기 때문이다. 호감을 주는 성격을 갖고 있고 조화로운 태도로 서비스를 제공하면, 서비스의 질과 양이 부족하더라도 메울 수 있다. 하지만 다른 어떤 것도 호감을 주는 행동을 대체할 수는 없다.

서비스의 자본 가치

수입이 전부 자신의 서비스 판매에서 나오는 사람은 상품을 판매하는 사람과 똑같은 상인이다. 따라서 그는 상품을 판매하는 사람과 동일한 행동 규범을 따라야 한다. 이를 강조하는 것은 개인 서비스를 판매하며 살아가는 사람들 대부분이 상품을 판매하는 사람들의 행동 규범과 책임에서 자유롭다고 오해하고 있기 때문이다.

야심가go-getter의 시대는 가고, 주는 사람go-giver의 시대가 왔다. 당신 머릿속의 실질적 자본 가치는 당신이 가진 서비스 판매를 통해 버는 수입의 양에 따라 결정된다. 당신이 가진 서비스의 공정한 가치는 자기 연간 수입에 16과 2/3를 곱한 수가 되는데, 현재 이자율이 연 6%이므로 연간 수입을 당신 자본 가치의 6%라고 보는 것이 타당하기 때문이다.

돈은 두뇌만큼 가치가 없다. 사실 훨씬 덜한 경우가 많다. 유능한 두뇌는 효과적으로 마케팅하기만 하면 상품을 거래하는 데 필요한 자본보다도 훨씬 뛰어난 자본 형태가 된다. 왜냐하면 두뇌는 불경기로 가치가 떨어지지도 않고, 다른 사람이 훔쳐가거나 소비해 버릴 수도 없기 때문이다. 더구나 비즈니스 활동에 필수인 돈은 그것과 혼합할 수 있는 좋은 두뇌가 없으면 모래 언덕처럼 무용지물이기 때문이다.

30가지 주요 실패 원인

인생에서 가장 커다란 비극은 열심히 노력했지만 실패하는 사람들이다. 성공하는 사람들에 비해서 실패하는 사람들이 압도적으로 많기 때문에 비극이 된다. 나는 수천 명에 달하는 사람들을 분석해 보았는데, 그 결과 실패로 분류되는 사람들이 무려 98%에 달했다.

내가 분석한 바로는 주요 실패 원인이 30가지 존재하고, 사람들이 돈을 버는 데는 13가지 원칙이 있다. 이 장에서는 30가지 주요 실패 원인을 살펴보겠다. 원인을 검토하면서 그 기준에 따라 하나하나 자신을 점검해 보자. 30가지 원인 가운데 몇 가지 정도가 당신의 성공을 가로막고 있는지 찾기 위해서다.

1. 유전적 문제

두뇌 능력이 떨어질 경우엔 사실 할 수 있는 것이 별로 없다. 유일한 방법은 마스터마인드 연합의 도움을 받아서 결점을 보완하는 것이다. 이것이 30가지 원인 중에서 쉽게 고칠 수 없는 단 한 가지 원인이라는 점이 다행이라고 할 수 있다.

2. 인생의 확고한 목적 결여

삶의 중심이 되는 목적이나 확고한 목표가 없는 사람은 성공 가능성이 없다. 내가 분석했던 사람들 가운데 98%가 그런 목적을 갖고 있지 않았다. 아마도 그것이 실패한 이유일 것이다.

3. 평범함을 넘어선 목표를 향한 포부 부족

인생에서 성공을 원하고, 그 대가를 기꺼이 치르고자 하지 않는 사람들에게는 희망이 없다.

4. 교육 부족

비교적 쉽게 극복할 수 있는 장애물이다. 경험에서 볼 때, 가장 좋은 교육을 받은 사람은 스스로 학습한 사람이다. 대학교 졸업장만으로는 교육받은 사람이라고 말할 수 없다. 교육받은 사람이란 타인의 권리를 해치지 않으면서 자신이 삶에서 원하는 것을 얻는 방법을 배운 사람이다. 교육은 지식보다는 지식의 효과적이고 꾸준한 활용으로 이루어져 있다. 사람은 자신이 얼마나 알고 있는지가 아니라, 자신이 아는 것으로 무엇을 하느냐에 따라서 보수를 받는다.

5. 자제력 부족

절제는 자기통제로부터 온다. 이는 우리가 모든 부정적인 것들을 통제해야 한다는 뜻이다. 우리를 둘러싼 조건을 통제하기 전에 먼저 자기 자신을 통제해야 한다. 자기 극복은 우리가 해결해야 할 가장 어려운 일이다. 자기 자신을 정복하지 못하면 우리는 자신에게 정복당하게 된다. 거울 앞에 서면 당신은 가장 좋은 친구와 가장 커다란 적을 동시에 보게 될 것이다.

6. 나쁜 건강

건강하지 않으면 누구도 지속적 성공을 누릴 수 없다. 건강을 해치는 원인 대부분은 우리가 극복하고 통제할 수 있는 것들이다. 중요한 몇 가지 예를 들면 다음과 같다.

a. 건강에 도움 안 되는 음식을 과식하는 것
b. 좋지 못한 사고 습관. 부정적 표현을 하는 것
c. 섹스의 오용과 탐닉
d. 운동 부족
e. 잘못된 호흡법으로 맑은 공기를 충분히 마시지 못하는 것

7. 어린 시절의 좋지 못한 환경

"될성부른 나무는 떡잎부터 알아본다(As the twig is bent, so shall the tree

grow).”라는 말이 있듯이 범죄 성향을 가진 사람들 대부분은 어린 시절의 좋지 못한 환경과 나쁜 친구들 때문에 그런 결과를 초래했다.

8. 미루기

이것은 가장 공통된 실패 원인 중 하나다. 우리의 오랜 친구인 '뒤로 미루기'는 우리 그림자 속에 숨어서 성공을 망칠 기회를 노리고 있다. 사람들은 무엇인가 가치 있는 일을 시작할 좋은 때를 기다리고만 있기 때문에 대부분 실패자로 살아간다. 기다리지 말라. 딱 좋은 때는 결코 오지 않는다. 지금 있는 곳에서 지금 사용할 수 있는 도구를 가지고 바로 시작하라. 그러다 보면 더 좋은 도구들도 나타날 것이다.

9. 끈기 부족

사람들 대부분은 시작은 잘하지만 시작한 일을 잘 마무리하지는 못한다. 또 사람들은 시련이 시작되면 쉽게 포기해 버리는 경향이 있다. 그 무엇도 끈기를 대신할 수는 없다. 끈기를 좌우명으로 삼고 살아가는 사람들은 오랜 친구인 '실패'가 마침내 지쳐서 떠나가는 모습을 볼 수 있다. 실패는 끈기에 대항할 수 없다.

10. 부정적 성격

부정적 성격으로 사람들을 멀어지게 하는 사람은 성공할 가능성이 없다. 성공은 힘의 적용을 통해 오고, 힘은 다른 사람들과의 공동 노력으로 얻어진다. 부정적 성격으로는 협력을 이끌지 못한다.

11. 성적 욕구를 통제하지 못하는 것

성적 에너지는 인간을 행동하게 하는 자극 중에서도 가장 강력하다. 가장 강력한 감정이기 때문에 다른 수단으로 전환해서 통제해야 한다.

12. 도박

도박으로 수백만 명이 파산하고 있다. 1929년 월스트리트 폭락을 연구한 자료에 따르면 수백만 명이 신용거래 주식으로 요행수를 노려 돈을 벌고자 했다.

13. 의사결정 능력 부족

성공하는 사람들은 신속하게 의사결정을 하고, 그것을 바꾼다고 하더라도 아주 천천히 한다. 실패하는 사람들은 의사결정을 하더라도 아주 천천히 하고, 그것을 자주 빠르게 바꾼다. 의사결정을 못하는 것과 미루는 것은 쌍둥이 형제라서 하나가 발견되면 다른 것도 발견된다. 이 두 쌍둥이가 당신을 실패의 구렁텅이로 몰고 가기 전에 제거해야 한다.

14. 6가지 기본적 두려움 중 하나 이상의 두려움

6가지 두려움에 관해서는 나중에 분석할 것이다. 자신의 서비스를 효과적으로 마케팅하기 위해서는 이들 두려움을 극복해야 한다.

15. 잘못된 배우자 선택

이것도 가장 흔한 실패 원인 가운데 하나다. 결혼을 통해서 배우자는 서로 깊고 친밀한 관계를 맺게 된다. 이 관계가 조화롭지 못하면 실패는 피할 수 없다. 잘못된 배우자 선택으로 인한 실패는 고통과 불행을 초래하고 모든 의욕을 빼앗아 간다.

16. 과도한 조심

위험을 감수하지 않는 사람들은 선택권을 잃고, 다른 사람들이 고른 다음에 남은 것을 취하게 된다. 과도한 조심은 조심성 부족만큼이나 좋지 않다. 둘 다 우리가 경계해야 할 극단적 모습이다. 삶은 그 자체가 이미 우연으로 이루어져 있다.

17. 잘못된 비즈니스 동료 선택

사업에서 실패하는 가장 일반적 이유 중 하나다. 개인 서비스 마케팅에서 사람들은 영감을 주고, 지적이면서 성공한 고용주를 선택하는 데 최대한 주의를 기울여야 한다. 우리는 가장 가깝게 지내는 사람들을 닮아간다. 닮을 만한 가치가 있는 고용주를 골라라.

18. 미신과 편견

미신은 공포의 한 가지 형태다. 미신은 또한 무지의 신호다. 성공하는 사람들은 열린 마음으로 아무것도 두려워하지 말아야 한다.

19. 잘못된 직업 선택

누구도 자기가 좋아하지 않는 일에서 성공할 수 없다. 개인 서비스 마케팅에서 가장 필수적 조치는 자신의 모든 것을 던질 수 있는 직업을 선택하는 일이다.

20. 노력을 집중하지 못하는 것

팔방미인은 사실 어떤 일도 제대로 하지 못한다. 당신의 모든 노력을 한 가지 확고한 주목적에 집중하라.

21. 무분별한 소비 습관

낭비벽이 있는 사람은 항상 가난의 공포 속에 있기 때문에 성공할 수 없다. 수입의 일정 부분을 따로 떼어내서 체계적으로 저축하는 습관을 길러라. 은행에 돈이 있으면 개인 서비스 판매를 위해 협상할 때 용기가 생긴다. 돈이 없으면 상대방이 제시하는 것을 그대로 받아들여야 하고, 받은 것에 기뻐해야 한다.

22. 열정이 없는 것

열정이 없는 사람은 신뢰가 가지 않는다. 열정은 전염성도 있고, 열정이 있는 사람은 누구에게나 환영받는다.

23. 편협한 것

어떤 주제에 관해서든 마음이 닫힌 사람은 앞으로 나가지 못한다. 편협하다는 것은 지식 습득을 중단했다는 뜻이다. 편협함 중에서도 가장 위험한 형태는 종교와 인종, 정치적 의견 차이와 관계된 것이다.

24. 무절제

가장 파괴력 있는 무절제는 음식과 음주, 성적 행위와 관련된 것이다. 이들 중 어떤 것이든 탐닉하게 되면 성공에 치명적이다.

25. 다른 사람들과 협력하지 못하는 것

이것 때문에 사람들이 직업과 큰 기회를 잃는 경우가 다른 모든 이유를 합한 것보다 더 많다. 유능한 비즈니스맨이나 리더라면 결코 용인하지 않을 잘못이다.

26. 자기 노력으로 획득하지 않은 힘의 소유

부자의 자식들이 자신이 벌지 않은 돈을 유산으로 받는 경우가 대표적이다. 자기 손으로 서서히 획득하지 않은 힘은 종종 성공에 치명적이다. 쉽게 빨리 얻은 부는 가난보다 더 위험하다.

27. 의도적 부정행위

정직을 대신할 수 있는 것은 없다. 사람들은 자신이 통제할 수 없는 환경 탓에 정직할 수 없는 경우도 있다. 그 경우에는 영구적 피해를 입지는 않는다. 그러나 자신이 스스로 부정행위를 선택한 사람은 희망이 없다. 언젠가는 그 행동이 결국 발목을 잡을 것이고, 명예를 잃게 되고, 어쩌면 자유의 상실까지도 초래할 수 있다.

28. 이기주의와 허영

이것은 다른 사람들을 자신에게서 멀어지도록 경고하는 빨간 신호등 역할을 한다. 성공에 치명적이다.

29. 생각 대신 추측하는 것

사람들은 대부분 무관심하거나 게을러서 정확한 사고를 위해 필요한 정보를 수집하지 않는다. 그들은 추측이나 순간적 판단에 따라서 행동하는 것을 선호한다.

30. 자본 부족

이것은 실수에 대한 충격을 흡수하고 평판을 얻을 때까지 버틸 수 있는 충분한 여유 자본 없이 처음으로 사업을 시작하는 사람들 사이에서 가장 흔한 실패 원인이다.

31. 당신이 겪은 실패 원인 가운데 앞에서 열거되지 않은 것이 있다면 이 아래에 적어라.

이 30가지 실패 원인에는 시도했다가 실패하는 모든 사람이 겪는 삶의 비극들이 전부 들어 있다. 당신을 잘 알고 있는 사람에게 이 목록을 함께 살펴보도록 설득할 수 있으면, 30가지 실패 원인에 따라 자신을 분석하는 데 도움이 될 것이다. 혼자서 하는 것도 가능하다. 사람들은 대부분 다른 사람들이 보는 것만큼 정확하게 자신을 보지 못한다. 당신도 그런 사람일지 모른다.

자신의 가치를 알고 있는가?

아마도 세상에서 가장 오래된 경구는 "너 자신을 알라!"일 것이다. 상품을 성공적으로 제공하려면 상품을 잘 알아야 한다. 개인 서비스를 제공하는 것도 마찬가지다. 당신은 자기 결점을 모두 알아야 한다. 그래야 그것을 극복하거나 제거할 수 있다. 또 자신의 서비스를 판매할 때 주의를 끌기 위해서 자기 강점을 알아야 한다. 당신은 정확한 분석을 통해서만 자신을 알 수 있다.

자신에게 무지했던 젊은이가 잘 알려진 회사에 지원하는 과정에서 저질렀던 어리석은 행동을 살펴보자. 그는 매니저가 급여를 얼마나 받고 싶은지 물을 때까지는 아주 좋은 인상을 줬다. 지원자는 정확히 얼마를 받고 싶은지는 결정하지 않았다고 대답했다(확고한 목표 결여). 그러자 매니저가 "그렇다면 일주일 동안 지켜본 후에 능력에 합당한 급여를 지급하겠습니다."라고 말했다. 젊은이는 "그것은 받아들일 수 없습니다. 지금 일하고 있는 곳에서 그보다 더 많은 보수를 받고 있거든요."라고 대답했다.

현재 근무하고 있는 곳에서 급료 조정을 위한 협상을 할 때나 혹은 다른 곳에 취직하고자 할 때 자신이 지금 받고 있는 급여 이상을 받을 자격이 있는지를 먼저 확인하라. 돈을 더 많이 원하는 것(모든 사람이 더 많이 원한다)과 더 가치가 있는 것은 완전히 다르다. 많은 사람이 자신이 원하는 것을 자기 가치와 혼동하는 과오를 범한다. 당신의 경제 상황이나 당신이 원하는 것은 당신의 가치와는 아무런 관계가 없다.

당신의 가치는 전적으로 당신이 직접 유용한 서비스를 제공할 수 있는 능력 혹은 다른 사람들이 그런 서비스를 제공하도록 설득할 수 있는 능력에 따라서 결정된다.

자신의 재고 조사를 하라

매년 상품의 재고 조사를 하듯이 매년 자기분석을 하는 것은 개인 서비스의 효과적 마케팅에서 필수 요건이다. 매년 시행하는 자기분석에서 자신의 결점이 줄어들거나 강점이 증가되어야 한다. 사람들은 전진하거나 그곳에 머무르거나, 아니면 후퇴한다. 목표는 물론 전진하는 것이다.

연간 자기분석은 자신이 전진했는지, 전진했다면 얼마나 나아갔는지를 밝혀줄 것이다. 또한 후퇴했다면 그것도 드러낼 것이다. 개인 서비스의 효과적 마케팅은 비록 진도가 느릴지라도 일단 앞으로 나갈 것을 요구한다.

분석에서 드러난 개선점을 새해 결심에 포함할 수 있도록, 자기분석은 연말에 행해야 한다. 자기 자신에게 다음과 같은 질문을 던지고, 당신의 답변이 자신을 기만하지 않는 정확한 답인지를 믿을 수 있는 사람에게 확인받으면서 재고 조사를 하라.

개인 재고 조사를 위한 자기분석 설문지

1. 올해 목표를 달성했는가? (주된 인생 목표의 한 부분으로 확고한 연간 목표를 갖고 일해야 한다)
2. 내 능력이 허용하는 최고 품질의 서비스를 제공했는가? 서비스를 개선했는가?
3. 내 능력이 허용하는 최대 분량의 서비스를 제공했는가?
4. 태도는 항상 조화롭고 협조적이었는가?
5. 미루는 습관으로 인해 효율성이 떨어지지는 않았는가? 만일 그랬다면 어느 정도 떨어졌는가?
6. 성격이 개선되었는가? 만일 그렇다면 어떤 점에서 개선되었는가?
7. 계획이 완료될 때까지 끈기 있게 실행했는가?
8. 항상 신속하고 확고하게 의사결정을 했는가?
9. 6가지 두려움 중 하나 또는 그 이상이 효율성을 떨어뜨리도록 허용했는가?
10. 지나치게 조심하거나 반대로 조심성이 부족했는가?
11. 직장에서 동료들과의 인간관계는 좋았는가 아니면 나빴는가? 만일 좋지 않았다면 부분적이나 전체적으로 내 탓이었는가?

12. 노력의 집중 부족으로 에너지를 분산시켰는가?

13. 모든 주제에 대해서 열린 마음으로 관대했는가?

14. 어떤 면에서 내 서비스 능력이 향상되었는가?

15. 어떤 습관에서 무절제했는가?

16. 공개적으로나 남몰래 이기심을 표출한 적이 있는가?

17. 동료들을 대하는 내 행동은 존경받을 만했는가?

18. 내 의견과 결정은 추측에 기초했는가 아니면 분석과 논리적 사고에 기초했는가?

19. 시간, 수입과 지출은 사전 계획에 따라 운영되었는가? 예산은 신중하게 세워졌는가?

20. 더 유용하게 사용할 시간을 별로 도움이 되지 않는 곳에 얼마나 사용했는가?

21. 내 시간을 어떻게 다시 계획하고, 어떻게 습관을 바꾸면 새해에 더 효율적이겠는가?

22. 양심에 어긋난 행동을 한 적이 있는가?

23. 내가 받는 것 이상의 더 많고 더 나은 서비스를 어떤 방법으로 제공했는가?

24. 혹시 누군가를 부당하게 대한 적이 있는가? 만일 그렇다면 어떤 식으로 부당했는가?

25. 나 자신이 내 서비스를 지난 1년 동안 구매했다면 서비스에 만족했을 것인가?

26. 내 직업이 내게 맞는가? 그렇지 않다면 왜 그런가?

27. 내 서비스의 구매자는 내가 제공한 서비스에 만족하고 있는가? 만일 그렇지 않다면 왜 그런가?

28. 성공의 핵심 원칙에서 내 현재 등급은 무엇인가?(등급을 평가할 때는 공정하고 솔직하게 하고, 정확히 등급을 말해줄 만큼 용기 있는 사람에게 확인받아라)

이 장에서 제공하는 정보를 읽고 받아 들였다면 당신은 이제 개인 서비스를 마케팅하기 위한 현실적 계획을 세울 준비가 되었다고 볼 수 있다. 이 장에는 리더십의 주요 요소, 인생에서 실패하는 주요 원인, 자기분석을 위한 중요한 질문을 포함해서 개인 서비스를 판매하는 데에 필수적인 모든 원칙들이 충분히 설명되어 있다.

개인 서비스를 제공해서 부자가 되고자 하는 사람이라면 누구에게나 요구되는 것이기 때문에 이렇게 포괄적이고 상세한 설명을 담았다. 자신이 가지고 있던 재산을 잃었거나 이제 막 부를 축적하기 시작한 사람들이 부자가 되려면 개인 서비스 외에는 제공할 수 있는 것이 없다. 따라서 그들은 자신이 개인 서비스를 최대한 유리하게 제공하기 위해서 필요한 모든 실질적 정보를 수집하는 것이 필수적이다. 여기서 제시하는 정보를 완전하게 이해하고 받아들이는 것이 개인 서비스 마케팅에 도움을 줄 것이다.

또 더 분석적이 되고 사람을 판단하는 능력도 좋아질 것이다. 여기에 실린 정보는 인사 담당 임원, 채용 담당 매니저, 직원을 채용하고 효율적 조직 유지를 담당하는 다른 임원들에게 매우 가치 있을 것이다. 이 말이 의심된다면, 28가지 자기분석 질문 항목에 스스로 답함으로써 그 가치를 확인할 수 있다.

어디서 어떻게 부자가 될 기회를 발견할 수 있을까?

부를 축적할 수 있는 원칙들을 분석했으니, "그러면 이 원칙들을 적용할 기회는 어디에서 발견할 수 있을까?"라는 질문이 나오는 것은 자연스럽다. 지금부터 부자가 되기 원하는 사람들에게 미국이 어떤 기회를 제공하고 있는지 살펴보자.

먼저 모두가 기억해야 할 것이 있다. 법을 지키는 미국인이라면 누구나 세계 어느 곳보다 월등하게 생각과 행동의 자유를 누리는 나라에 살고 있다는 사실이다. 미국인들 대부분은 이 자유가 주는 이점에 대해서 생각해 보지 않고, 자신이 누리는 무제한의 자유를 일부 다른 국가들의 제한된 자유와 비교해 보지도 않는다.

미국인들은 생각의 자유, 교육을 선택하고 받을 수 있는 자유, 사업과 직업 선택의 자유, 자신이 모은 재산을 약탈당하지 않고 돈을 벌고 소유할 수 있는 자유, 거주 장소를 선택할 수 있는 자유를 갖고 있다. 또 결혼의 자유, 인종에 관계없이 평등한 기회를 갖는 자유, 여행의 자유, 음식 선택의 자유, 대통령직까지 포함해 어떤 사회적 직위든 자신이 준비해 온 것을 목표로 선택할 자유도 있다.

그 밖에도 다른 많은 자유를 향유하고 있는데, 앞에 든 것들은 가장 중요도가 높은 것을 조감한 것이다. 자유가 주는 이익이 더욱 두드러지는 것은 미국이 미국인으로 태어난 사람이든 아니면 귀화한 사람이든 간에 국민에게 매우 광범위하고 다양한 자유를 부여하고 있는 소수의 국가들 중 하나이기 때문이다.

다음으로, 우리에게 부여된 폭넓은 자유가 주는 축복을 살펴보자. 평균적인 미국 가정(평균 소득 가정을 의미)을 예로 들어 가족 구성원 모두가 누리는 혜택을 정리해 본다.

a. 음식

생각과 행동의 자유에 이어서 나오는 것이 삶에 필수적으로 요구되는 기본 요소 3가지, 즉 음식, 의복, 집이다. 누구나 누리는 자유로 인해 평균적인 미국 가정에서는 세계 최고 수준의 음식을 재정 범위 내 가격으로 구입할 수 있다.

b. 집

미국 중산층 가족은 난방 시스템, 전기 조명과 가스 조리 기구를 갖춘 안락한 아파트에 거주한다. 아침에 먹는 토스트는 몇 달러밖에 안 되는 전기 토스터에서 굽는다. 아파트 청소는 전기 진공청소기로 한다. 부엌과 화장실에는 항상 온수와 냉수가 다 나온다. 음식은 전기를 사용하는 냉장고에서 차게 보관한다. 주부들은 헤어 드라이를 하고, 옷을 세탁한 다음 벽에 플러그를 꽂아 사용하는 전기다리미로 다림질을 한다. 남편은 전기면도기로 면도하고, 가만히 앉아서 채널을 돌리며 하루 24시간 공짜로 세계 각지의 오락 프로그램을 라디오와 텔레비전을 통해서 수신할 수 있다. 아파트에는 다른 여러 가지 편의시설들이 있지만 앞에 열거한 것만으로도 미국에서 누리는 자유의 구체적 증거로는 충분할 것이다.

c. 옷

미국 어느 곳에서든 여성의 평균적 의복 요건은 연간 400달러 미만의 지출로 편안하고 깔끔하게 충족할 수 있고, 남성은 그 이하로도 가능하다.

지금까지 3가지 기본 필수품인 음식, 옷, 집에 관해서만 언급했다. 보통 미국 시민이라면 하루 8시간 이하의 과도하지 않은 노력의 대가로 그 밖에 다른 많은 특권과 이익을 누릴 수 있다.

그들은 다른 나라에서는 찾아보기 힘든 재산권을 보장받는다. 또 여윳돈을 은행에 예금할 수 있고, 그 경우 정부는 예금을 보호해 주는데만약 은행이 도산하면 보상해 준다. 미국 시민들은 다른 주로 여행갈 때 여권이나 허가를 받을 필요가 없고, 자기 마음대로 오갈 수 있다. 또 주머니 사정이 허락하는 범위에서 기차, 자동차, 버스, 비행기나 배 등 어떤 교통수단이든 선택 가능하다.

이런 축복을 가능하게 해 준 '기적'

정치인들은 투표를 간청할 때는 미국의 자유에 대해 자주 말하면서도 이 자유의 원천과 특성을 분석하는 데는 충분한 시간과 노력을 기울이지 않는다. 나는 아무런 이해관계도 없고, 풀어야 할 원한도 없고, 이면에 숨겨진 다른 동기도 갖고 있지 않으므로 모든 미국인에게 다른 어느 나라보다도 더 많은 축복, 부자가 될 수 있는 더 많은 기회, 모든 종류의 더 많은 자유를 주는 신비하고, 모호하고, 극히 잘못 이해되고 있는 '그 무엇'을 솔직하게 분석해 보고자 한다.

나는 이 보이지 않는 힘의 원천과 성격을 분석할 권리가 있다고 생각한다. 왜냐하면 4반세기 이상에 걸쳐서 그 힘을 체계화했던 많은 사람과 그 힘을 유지하는 책임을 맡고 있는 많은 사람을 알고 있기 때문이다.

인류에게 도움을 주는 이 신비한 후원자 이름은 자본 capital 이다. 자본은 돈뿐만 아니라, 특히 고도로 조직된 지적인 사람들의 그룹들로 이루어져 있다. 그들은 대중의 이익과 함께 자신에게도 이익을 가져다줄 수 있도록 돈을 효율적으로 사용하는 방법과 수단을 계획한다.

이 그룹들은 과학자, 교육자, 화학자, 발명가, 비즈니스 분석가, 홍보 전문가, 수송 전문가, 회계사, 법률가, 의사, 다른 모든 산업과 비즈니스 분야에서 고도의 전문지식을 갖고 있는 사람들로 구성된다.

그들은 개척하고, 경험하고, 새로운 분야에 길을 만들어 간다. 대학교, 병원, 공립학교를 지원하고, 도로를 만들고, 신문을 만들고, 정부의 비용을 대부분 지급하며, 인간 진보에 필수적인 수많은 소소한 것을 관리한다.

간단히 말해, 자본가 capitalist 들은 교육, 계발, 인간의 진보를 구성하는 모든 구조와 시스템을 제공하기 때문에 문명사회의 두뇌라고 볼 수 있다.

두뇌가 없는 돈은 항상 위험하지만, 잘 사용된다면 돈은 문명에서 가장 중요한 필수 요소다. 자본의 도움 없이 당신이 가족에게 간단한 아침식사를 제공한다고 생각해 보면, 조직된 자본의 중요성을 조금은 이해할 수 있을 것이다.

차를 대접하려면 미국에서 멀리 떨어진 중국이나 인도로 여행해야 한다. 매우 뛰어난 수영선수가 아니라면 왕복하기도 전에 지칠 것이다. 그런데 그것으로 끝이 아니다. 당신이 바다를 헤엄칠 지구력이 있다고 해도, 무엇으로 차 값을 치를 것인가? 설탕을 제공하려면 또 다시 먼 쿠바까지 헤엄치거나 유타 주 사탕무 지대까지 먼 거리를 걸어야 한다. 경우에 따라서는 그 고생을 하고서도 빈손으로 돌아와야 할지 모른다. 왜냐하면 설탕을 생산하고, 정제하고, 운송하고 미국 전역의 아침 식탁에 배달하려면 조직적 노력과 돈이 필요하기 때문이다.

달걀은 근처 농장에서 쉽게 구할 수 있겠지만, 포도 주스를 대접하려면 플로리다까지 먼 거리를 걸어서 다녀와야 한다. 빵을 먹고 싶으면 다시 캔자스나 밀을 재배하는 다른 주로 아주 먼 거리를 이동해야 한다. 시리얼은 자본을 요구하는 훈련된 노동력과 기계 설비 없이는 얻을 수 없으므로 아침 메뉴에서 빠져야 한다.

잠시 쉬고 나서 당신은 다시 남아메리카로 헤엄쳐서 바나나를 몇 개 가져오고, 오는 길에는 근처 농장에 걸어가 버터와 크림을 사 와야 한다. 그러고 나서야 당신의 가족은 자리에 앉아서 아침식사를 즐길 수 있다.

말도 안 되는 소리로 들리겠지만, 자본주의 시스템이 없다면 간단한 아침식사에도 이런 절차를 거쳐야만 할 것이다.

우리 삶의 초석인 자본

앞에 예로 들었던 아침 메뉴를 배달하는 데 필요한 철도와 선박을 만들고 유지하기 위해서는 우리가 상상하기조차 힘든 엄청난 자본이 필요하다. 선박과 기차를 움직이기 위한 다수의 훈련된 직원들은 말할 것도 없고, 자본만도 수억 달러에 달한다. 그러나 운송은 자본주의 미국에서 현대문명 유지를 위해 필요한 요소 가운데 한 부분에 지나지 않는다. 무엇인가를 운반하기 전에 먼저 어떤 것을 땅에서 기르거나 시장에 팔기 위해 공장에서 만들어야 한다. 그것은 또 기계, 장비, 포장, 마케팅, 근로자 수백만 명의 임금을 지급하기 위해서 추가적으로 엄청난 자본을 필요로 한다.

기선과 철도는 땅에서 저절로 솟아나 자동적으로 동작하지 않는다. 기선과 철도는 문명의 요구에 부응해서, 상상력과 믿음, 결단과 끈기를 가진 사람들의 노동, 독창성과 조직화 능력을 통해서 등장한다. 이런 사람들이 바로 자본가라고 불린다. 그들은 창조하고, 건설하고, 성취하고, 유용한 서비스를 제공하고, 이익을 얻고 부자가 되려는 열망으로 동기부여가 된다. 그리고 그들이 문명에 필수인 서비스를 제공하기 때문에 그 과정에서 큰 부를 축적해 가는 것이다.

단순하고 이해하기 쉽게 말하면, 이 자본가들이 바로 가두 연설가들 soap-box orator이 이야기하던 바로 그 사람이다. 그들이 바로 급진주의자, 부정한 방법으로 돈을 버는 사람들, 정직하지 못한 정치인들, 지위를 남용하는 노조 지도자들이 '약탈자' 혹은 '월 스트리트'라고 부르는 바로 그 사람이다. 나는 특정 그룹이나 특정한 경제 시스템을 옹호하거나 비난하려는 것이 아니다.

이 책의 목적이자 내가 4반세기 이상 헌신해 온 목적은 지식을 원하는 모든 사람에게 원하는 금액이 얼마이든 그들이 원하는 돈을 벌 수 있는 가장 신뢰할 만한 철학을 제공하는 것이다. 나는 여기서 자본주의 시스템이 가진 경제적 장점을 다음과 같은 두 가지 목적으로 분석했다.

1. 부자가 되기를 원하는 모든 사람에게 부자가 되는 모든 접근 방법을 지배하고 있는 이 시스템을 이해해야 하며, 자신을 시스템에 맞춰가야 한다는 사실을 알려주는 것.

2. 정치가들이나 선동가들이 자기 의도를 숨기고, 조직화된 자본이 마치 독극물이라도 되는 듯 말하면서 보여 주는 그림의 다른 면을 보여 주는 것.

미국은 자본주의 국가이며 자본의 활용을 통해서 발전했다. 자유와 기회가 주는 축복에 참여할 수 있는 권리를 주장하고, 부자가 되고 싶은 사람들은 조직화된 자본이 이러한 혜택을 제공하지 않았다면 우리에게 부riches도 기회도 없었을 것이라는 사실을 알아야 한다.

부를 축적하고 합법적으로 유지할 수 있는 신뢰할 만한 유일한 방법은 유용한 서비스를 제공하는 것이다. 단순한 숫자의 힘을 통해서 혹은 어떤 형태든 그와 상응하는 가치를 지닌 대가를 치르지 않고 부를 합법적으로 획득할 수 있는 시스템이 개발된 적은 없다.

부 안에 존재하는 당신의 기회

미국은 정직한 사람이 부자가 되기에 필요한 모든 자유와 기회를 제공한다. 사냥을 갈 때는 사냥감이 많은 곳을 택한다. 부를 추구할 때도 당연히 같은 원칙이 적용된다.

당신이 부를 원한다면, 국민들이 부유하기 때문에 여성이 립스틱, 루주rouge, 화장품에만 매년 2억 달러 이상을 소비하는 미국의 가능성을 간과해서는 안 된다. 당신이 돈을 벌고 싶다면, 담배 구입에만 수억 달러를 소비하는 나라를 신중히 검토해야 한다. 국민들이 기꺼이 심지어 열렬히 매년 수백만 달러를 미식축구, 야구, 프로 권투에 쓰는 나라에서 서둘러 떠나서는 안 된다.

이것은 또한 부 축적이 가능한 원천의 시작에 지나지 않는다. 단지 몇 가지 사치품과 비필수품에 대해서 말했을 뿐이다. 그러나 이 몇 종류 상품들의 제조, 운송, 마케팅이 수백만 명에게 정규직을 제공하고, 그들은 매달 자신의 서비스 대가로 수백만 달러를 받고 있으며, 그 급여로 사치품과 필수품을 자유롭게 소비하고 있다. 특히 기억할 것은 이런 상품과 개인 서비스 교환 이면에 돈을 모을 수 있는 기회가 풍부하다는 사실이다. 미국이 제공하는 자유가 도움을 준다. 이런 비스니스 참여를 막는 것은 아무 것도 없다. 뛰어난 재능, 훈련, 경험을 가진 사람이라면 큰돈을 모을 수 있다. 그렇지 못한 사람은 더 적은 액수를 벌 것이다. 아주 적은 노동만으로도 누구나 먹고 살 수는 있다.

그러니 이제 때가 왔다. 당신 앞에 기회가 널려 있다. 한 걸음 앞으로 나가서 자신이 원하는 것을 선택하고, 계획을 만들고, 계획을 실천하고, 끈기 있게 계속해 가면 '자본주의' 미국이 나머지 일을 모두 떠맡을 것이다. 이것은 믿어도 좋다. 자본주의 미국은 모든 사람에게 유용한 서비스를 제공할 기회와 그 서비스 가치에 따라서 부를 모을 기회를 보장한다.

　자본주의 시스템은 누구에게도 이 권리를 부정하지 않는다. 그러나 동시에 누구에게도 노력 없는 대가를 약속하지 않고, 약속할 수도 없다. 그것은 시스템 자체가 주지 않고 받기만 하는 것을 오랫동안 인정하거나 허용하지 않는 경제 법칙에 의해서 확고히 통제되고 있기 때문이다.

연습문제

다음의 리더십 주요 요소들 중 각각에 대해 1~5까지 등급으로 자기 자신을 평가하라. 1은 개선의 필요성이 가장 큰 것을 나타낸다.

1. 확고한 용기	1	2	3	4	5
2. 자기 통제	1	2	3	4	5
3. 강한 정의감	1	2	3	4	5
4. 확고한 결정	1	2	3	4	5

5. 확고한 계획	1	2	3	4	5
6. 보상 이상으로 일하는 습관	1	2	3	4	5
7. 호감을 주는 성격	1	2	3	4	5
8. 공감과 이해	1	2	3	4	5
9. 세부 사항에 대한 완벽한 이해	1	2	3	4	5
10. 완전한 책임 수용	1	2	3	4	5
11. 협력	1	2	3	4	5

CHAPTER **VIII** 결정

부자들은 신속하게 의사결정을 하고,
내린 결정을 잘 바꾸지 않고,
바꾼다고 해도 신중하게 천천히 변경한다.

People who accumulate fortunes reach decisions promptly,
and change these decisions slowly,
if, and when they are changed.

2만 5천명 이상의 실패를 경험한 사람들을 분석한 결과는 의사결정을 내리지 못하는 것이 30가지 주요 실패 원인 목록의 최상단 가까이에 위치하고 있음을 보여 준다. 결정의 반대인 미루기는 거의 모든 사람이 정복하지 않으면 안 될 공통의 적이다.

이 책을 다 읽고 나면 당신은 얼마나 신속하고 빨리 결정할 수 있는지 능력을 시험할 기회를 갖게 될 것이다. 그것은 여기서 설명한 원칙을 얼마나 빨리 실행에 옮기기 시작하는지에 달려 있다. 백만 달러가 훨씬 넘는 큰 부를 축적한 사람들 수백 명을 분석해 봤더니 모두 의사결정은 신속하게 하고, 내린 결정을 잘 바꾸지 않았고, 바꾼다고 해도 신중하게 천천히 변경했다. 돈을 벌지 못하는 사람들은 예외 없이 의사결정을 잘 내리지 못하고, 하더라도 느렸으며 내린 결정을 자주, 빨리 바꾸는 습관이 있었다.

헨리 포드가 가진 가장 뛰어난 장점은 결정을 빨리 확고하게 내리고, 한번 내린 결정은 아주 천천히 바꾸는 습관이었다. 이 습관이 너무 두드러졌기 때문에 그는 고집쟁이라는 평판을 얻었다. 바로 이 점이 포드의 모든 고문들과 수많은 소비자들이 바꾸라고 요구했음에도 그가 그 유명한 T모델 자동차(세상에서 가장 못생긴 자동차) 제작을 계속하도록 자극했던 것이다.

어쩌면 포드가 모델 변경을 너무 오랫동안 지연했을지도 모른다. 그러나 다른 측면에서 보면, 그가 확고한 결정을 하고 나서 잘 바꾸지 않은 점 덕분에 모델 변경이 불가피해질 때까지 그는 엄청난 부를 모을 수 있었다. 결정에 대한 포드의 확고한 습관이 어느 정도 고집을 포함하고 있다는 것은 의심의 여지가 없지만, 그것이 늦게 결정하고 빨리 변경하는 것보다는 낫다.

독자적 의사결정을 위한 조언

자신에게 필요한 돈을 충분히 모으지 못하는 사람들은 대부분 다른 사람들 의견에 쉽게 흔들린다. 그들은 스스로 생각하지 않고 신문 기사나 주위 사람들 말에 따라서 결정한다.

의견이란 세상에서 가장 싼 상품이다. 사람들은 자기 의견을 받아들이는 누구에게든 온갖 의견을 말한다. 당신이 의사결정을 할 때 다른 사람들 의견에 영향을 받는다면, 돈 버는 것은 물론이고 다른 어떤 일에서도 성공할 수 없다. 다른 사람들 의견에 영향을 받게 되면, 당신은 자기 자신의 욕구를 갖지 못할 것이다.

여기서 설명하는 원칙들을 실행할 때는 자기 생각을 남에게 알리지 말고, 독자적으로 의사결정을 내리고 그것을 따르라. 마스터마인드 그룹을 제외한 다른 사람들에게는 속내를 털어놓지 말라. 그리고 마스터마인드 그룹 구성원은 당신의 목적과 완전히 공감하고 조화를 이루는 사람들로 선택하라.

가까운 친구들과 친척들이 나쁜 의도 없이 제시하는 의견이나 자신은 유머로 생각하고 던지는 조롱이 걸림돌로 작용하는 경우가 종종 있다. 수많은 사람이 의도는 좋지만 지혜롭지 못한 사람들의 의견이나 비웃음을 통해 자신감이 무너진 탓에 평생 동안 열등의식을 갖고 살아간다.

당신은 자신의 두뇌와 정신을 갖고 있다. 그것을 사용해서 독자적으로 결정하라. 결정을 내리기 위해 다른 사람들에게서 사실이나 정보를 수집할 필요가 있을 때는 목적을 밝히지 말고 조용히 모아라. 어설프고 겉핥기 식 지식을 가진 사람들은 자신이 많은 지식을 가졌다는 인상을 주고 싶어 한다. 그런 사람들은 보통 너무 말이 많고 잘 듣지 않는다.

신속히 결정하는 습관을 갖고 싶다면 눈과 귀를 크게 열고, 입은 다물어라. 지나치게 말이 많은 사람은 다른 것은 거의 하지 않는다. 듣기보다 말을 많이 한다면 당신은 유용한 지식을 습득할 기회를 놓칠 뿐만 아니라 당신을 질투해서 계획을 망치고 싶어 하는 이들에게 자기 계획과 목적을 털어놓는 셈이다. 또 풍부한 지식을 가진 사람 앞에서는 당신이 입을 열 때마다 그에게 자신의 지식 수준이나 지식 부족을 보여 주게 된다. 진정한 지혜는 대개 겸손과 침묵에서 드러난다.

당신이 만나는 모든 사람은 당신처럼 돈 벌 기회를 찾고 있다는 사실을 기억하라. 당신의 계획에 관해 너무 마음 놓고 이야기하면, 언젠가 지혜롭지 못하게 당신이 계획을 털어놓았던 그 누군가가 먼저 그것을 실행에 옮겨서 당신의 목표에 앞서 당도했다는 사실을 접하고 놀라게 될지도 모른다. 입을 다물고 눈과 귀를 열어 두는 것을 당신이 내리는 첫 번째 결정으로 삼기 바란다.

이 충고를 기억하고 따르기 위해서 다음과 같은 격언을 큰 글씨로 써서 매일 볼 수 있는 곳에 붙여 둔다. "세상에 당신이 하고자 하는 일을 알려라. 그러나 먼저 그것을 보여 줘라." 이것은 "가장 중요한 것은 말이 아닌 행동이다."라는 말과 같은 뜻이다.

자유와 죽음이 걸린 결정

의사결정의 가치는 그 결정을 내리는 데 필요한 용기에 달려 있다. 문명의 기초를 제공한 위대한 결정들은 죽음이라는 커다란 위험을 감수하면서 내려졌다.

링컨은 흑인들에게 자유를 부여하는 유명한 노예해방 선언을 공표하기로 결정할 때, 자신의 결정이 수많은 친구와 정치적 지지자를 적으로 돌리게 될 것이라는 점을 충분히 알고 있었다. 자기 신념을 바꾸기보다 독약을 마시겠다는 소크라테스의 결정은 용기 있는 결정이었다. 그것은 그 당시 태어나지도 않은 사람들에게 생각의 자유와 표현의 자유를 선사했다. 북군과 결별하고 남군과 함께하기로 한 로버트 리Robert E. Lee 장군의 결정도 그로 인해 자신도 목숨을 잃을 수 있고, 수많은 다른 사람도 죽을 수 있다는 점을 분명히 알고 내린 것이었기에 용기 있는 결정이었다.

교수형 위험을 감수한 56인

그러나 미국인 관점에서 역사상 가장 위대한 결정은 1776년 7월 4일 필라델피아에서 내려진 결정이다. 거기서 56명이 모든 미국인에게 자유를 가져오거나 아니면 56명 전원을 교수대에 매달리게 할 수도 있는 서류에 서명했다. 당신도 그 유명한 서류에 대해서 들어봤겠지만, 그 서류가 명확하게 가르쳐 주는 개인적 성취에 관한 위대한 교훈은 알지 못할 수도 있다.

우리는 누구나 이 역사적 결정이 내려진 날짜는 기억하지만, 그 결정에 얼마나 큰 용기가 필요했는지 아는 사람은 거의 없다. 우리는 역사를 배운 대로 기억한다. 날짜를 기억하고, 전투에 참가한 사람들 이름도 기억한다. 우리는 포지 계곡Forge Valley과 요크타운Yorktown도 알고 있다. 또 조지 워싱턴George Washington과 콘월리스 장군Lord Cornwallis도 기억한다.

그러나 그런 이름과 날짜, 장소 뒤에 있는 진정한 힘에 관해서는 거의 알지 못한다. 우리는 워싱턴 장군의 군대가 요크타운에 도착하기 훨씬 전에 우리에게 자유를 선물했던 그 무형의 힘에 관해서는 아직도 그다지 알지 못한다. 역사를 기록한 사람들이 지구상 모든 사람에게 독립의 새로운 기준을 제시하라는 운명을 지닌 나라를 탄생시키고 자유를 주었던 저항할 수 없는 힘에 대해서 전혀 언급조차 하지 않았다는 것은 비극이나 다름없다. 내가 비극이라고 부르는 것은 그 힘이 바로 우리가 삶의 어려움을 극복하고 삶에 필요한 대가를 치르게 하는 것과 동일한 힘이기 때문이다.

이 힘을 만든 사건들을 잠깐 살펴보자. 이야기는 1770년 3월 5일 보스턴에서 발생한 분쟁에서 시작된다. 영국 군인들이 시민들을 위협하면서 공공연히 거리를 순찰하고 있었다. 식민지 주민들은 무장한 군인들이 행진하는 것에 분개했다. 그들은 행군하는 군인들에게 돌을 던지고 욕하면서 드러내 놓고 분노를 표현하기 시작했다. 마침내 영국군 부대 지휘관이 명령을 내렸다. "착검하라. 돌격!" 전투가 시작되었다. 결과는 많은 사망과 부상이었다.

이 사건은 엄청난 분노를 불러 일으켰다. 확고한 조치를 취할 목적으로 저명한 식민지 거주자들로 구성된 식민지 의회가 소집되었다. 의원 중에는 존 핸콕John Hancock과 새뮤얼 애덤스Samuel Adams가 있었고, 그들은 보스턴에서 모든 영국군을 축출하는 결의안을 채택해야 한다고 용기 있게 밝히고 선언했다.

이 두 사람 마음에서 이루어진 결정이 오늘날 미국인이 향유하는 자유의 시작이라는 점을 기억하라. 또 이 두 사람이 내린 결정은 위험했던 탓에 믿음과 용기를 요구했다는 점도 기억하기 바란다.

의회가 폐회되기 전에 새뮤얼 애덤스가 식민지 총독 허친슨Hutchinson을 만나서 영국군 철수를 요구하는 책임자로 임명되었다. 요구는 수용되었고, 영국군이 보스턴에서 철수했지만 사건은 끝나지 않았고, 그것은 문명의 전체 흐름을 바꾸게 되는 상황을 초래했다.

마스터마인드 조직

리처드 헨리 리Richard Henry Lee는 이 일에서 중요한 역할을 했다. 그와 새뮤얼 애덤스가 편지로 자주 의견을 교환했기 때문이다. 그들은 자기 지역에 살고 있는 사람들 삶에 관한 자신의 두려움과 희망을 솔직하게 공유했다. 이 교류를 통해서 애덤스는 13개 식민지들 간에 서로 편지를 교환하는 것이 문제를 해결하는 데 간절히 필요한 노력 결집에 도움을 줄 수 있다는 아이디어를 구상할 수 있었다.

보스턴에서 영국군과의 충돌이 있던 때로부터 2년 후(1772년 3월) 애덤스는 영국령 미국 식민지들의 발전을 위해 우호적 협력을 목적으로 하는 식민지들 간 연락 위원회를 설치하고, 각각의 식민지에 연락관 임명을 제안하는 동의안을 의회에 제출했다. 그것이 당신과 내게 자유를 주도록 운명 지어진 광대한 힘을 가진 조직을 만드는 시작이었다. 마스터마인드는 그 전에 이미 조직되어 있었는데, 그 구성원들은 애덤스와 리, 핸콕이었다.

애덤스의 생각대로 연락 위원회가 만들어졌다. 그 전까지 식민지 사람들은 영국 군인들을 상대로 보스턴 폭동 같은 사건을 통해 체계 없는 전투를 벌이고 있었지만 큰 효과를 보지 못했다. 왜냐하면 개별적 불만들이 하나의 마스터마인드 아래 통합되지 못했기 때문이다.

애덤스, 리, 핸콕이 함께 힘을 모으기 전까지는 다른 어떤 그룹도 영국과의 문제를 단호하고 분명하게 해결하기 위한 한 가지 결정에 자신들의 가슴, 몸, 마음, 영혼을 합치지 못했다. 영국인도 그동안 게으름을 부린 것은 아니었다. 그들도 나름대로 자신이 가진 돈과 조직화된 군대라는 이점을 활용해서 계획을 세우고 마스터마인드를 구성하고 있었다.

역사를 바꾼 결정

영국은 매사추세츠 식민지 총독을 허친슨에서 게이지 Gage 로 바꾸었다. 새 총독이 처음 취한 조치 중 하나는 애덤스에게 겁을 줘 그의 반대를 꺾기 위해 전령을 보내는 것이었다. 게이지의 전령이었던 펜튼 Fenton 대령과 애덤스 사이의 대화를 살펴보면, 그때 실제 상황을 가장 잘 이해할 수 있다.

펜튼 대령은 이렇게 말했다. "게이지 총독은 애덤스 씨가 국왕 조치에 반대하지 않으면 만족할 만한 보상을 줄 권한을 자신이 국왕에게 위임받았다는 점을 확인해 드리라고 했습니다(뇌물 약속을 통해서 애덤스를 매수하고자 하고 있다). 총독은 애덤스 씨가 영국을 더 이상 불쾌하게 만들지 않기를 바랍니다. 애덤스 씨의 행동은 총독 판단에 따라 반역 또는 반역 은폐에 대한 재판을 위해 영국에 가서 처벌받을 수도 있습니다. 하지만 애덤스 씨가 정치적 방향을 바꾸면, 엄청난 개인 이득을 얻을 뿐만 아니라 국왕과도 화해할 수 있습니다."

새뮤얼 애덤스는 두 가지 선택권을 갖고 있었다. 반대를 중단하고 뇌물을 받거나 반대를 계속해서 교수형 위험을 감수하는 것이었다. 애덤스가 당장 결정해야 할 때가 되자, 그는 자기 목숨까지도 잃을 수 있는 결정을 내렸다. 애덤스는 펜튼 대령에게 자신이 하는 말을 하나도 바꾸지 말고 그대로 총독에게 전달하겠다는 약속을 요구하면서 이렇게 대답했다.

"그렇다면 게이지 총독에게 나는 오래전부터 왕들의 왕 King of Kings 과 화해했다고 전하시오. 어떤 개인적 도움도 내게 내 나라를 위한 올바른 일을 포기하도록 하지 못할 것이오. 그리고 총독에게 이미 화가 끝까지 난 사람들을 더 이상 모욕하지 말라고 애덤스가 충고하더라고 전하시오."

게이지 총독은 이런 신랄한 답을 듣고 화가 머리끝까지 치밀었다. 그리고 다음과 같이 선언했다. "나는 즉각 무기를 버리고 원래 자리로 돌아가는 모든 사람을 영국 국왕의 이름으로 사면한다. 단 새뮤얼 애덤스와 존 핸콕은 그 죄질이 너무 나쁘기 때문에 사면에서 제외한다." 속된 말로 애덤스와 핸콕은 '총독에게 찍힌' 것이다.

화가 많이 난 총독의 위협은 다시 두 사람을 처음 결정 못지않은 또 다른 위험한 결정으로 몰고 갔다. 그들은 급히 가장 신뢰하는 지지자들을 불러서 비밀회의를 개최했다. 회의가 시작되자 애덤스는 문을 걸어 잠그고 열쇠를 자기 호주머니에 집어넣었다. 그리고 나서 참석한 모든 사람에게 식민지 주민들 의회가 반드시 조직되어야 하고, 식민지 의회를 구성한다는 결정이 나기 전까지는 누구도 방을 떠날 수 없다고 말했다.

엄청난 흥분 상황이 뒤따랐다. 일부는 그런 급진적 행동이 초래할 결과를 따져 보았다. 일부는 영국에 대한 저항 의사를 분명하게 드러내는 그런 결정이 현명한지에 대해 심각한 의문을 제기했다. 그러나 그 방에는 두려움을 모르고 실패 가능성에 대해서는 생각하지도 않는 두 사람 핸콕과 애덤스가 있었다. 그 둘의 영향력으로 다른 사람들도 연락 위원회를 통해 1차 대륙 의회 First Continental Congress가 1774년 9월 5일 필라델피아에서 열리도록 필요한 준비를 한다는 내용에 동의했다.

새 의회의 첫 번째 회의가 열리기 전에 다른 지역에 거주하던 또 다른 리더 한 사람은 ≪영국령 미국의 권리 개관Summary View of the Rights of British America≫ 출간으로 심각한 후유증을 겪고 있었다. 그는 버지니아의 토머스 제퍼슨Thomas Jefferson이었다. 그와 버지니아 총독 던 모어Lord Dunmore 경 사이는 핸콕, 애덤스와 게이지 총독의 관계만큼이나 좋지 않았다. 유명한 ≪권리 개관≫이 출판된 직후 제퍼슨은 영국 정부에 대한 반역죄로 기소될 것이라는 통보를 받았다. 그 위협에 영감을 받아서 제퍼슨의 동료 중 하나인 패트릭 헨리Patrick Henry는 자기 생각을 용감하게 공개적으로 이야기했다. 그가 한 이야기 중에서 다음 마지막 문장은 영원한 고전으로 남을 것이다. "만일 이것이 반역이라면, 그 반역을 최대한 활용하자."

이들처럼 아무런 힘, 권한, 군사력, 돈도 없던 사람들이 1차 대륙 의회가 열릴 때부터 시작해서 2년 동안 띄엄띄엄 만나 식민지 운명에 관해서 진지하게 논의했다. 그리고 마침내 1776년 리처드 헨리 리가 일어나서 의장과 놀란 의회에 다음과 같이 발의했다.

"여러분, 저는 우리 식민지 연합은 자유롭고 독립된 국가들이며 영국 국왕에게 충성할 의무가 없고, 식민지 연합과 영국과의 모든 정치적 관계는 완전히 종료되어야 한다고 발의합니다."

문서화된 가장 중대한 결정

리의 경악스러운 발의에 대해서 불꽃 튀는 토의가 장시간 동안 이루어졌다. 리의 인내도 한계에 도달했다. 그는 여러 날에 걸친 토의 후 마침내 다시 단상에 서서 말했다.

"의장님, 우리는 이 의제에 대해서 며칠 동안이나 토론했습니다. 제 동의안은 우리가 선택할 수 있는 유일한 길입니다. 무엇 때문에 더 지체해야 합니까? 어째서 더 토론해야 합니까? 오늘 즉시 미국 공화국^{American Republic}을 탄생시킵시다. 파괴와 정복을 위해서가 아니라 평화와 법의 지배를 위해서 미국 공화국을 세웁시다."

동의안이 최종적으로 표결에 붙여지기 전에 리는 가족의 심각한 질병 때문에 버지니아로 돌아가야만 했다. 그러나 리는 출발 전에 동의안 추진을 친구인 토머스 제퍼슨에게 맡겼다. 제퍼슨은 동의안이 의결될 때까지 싸우겠다고 약속했다.

그 직후 대륙 의회 의장이었던 핸콕은 제퍼슨을 독립선언서 작성 위원회 의장으로 임명했다. 위원회는 오랫동안 힘들게 독립선언서를 작성했다. 그것은 독립선언서를 의회가 받아들일 경우 뒤따를 것이 분명한 영국과의 전쟁에서 식민지가 패배한다면 선언서에 서명한 사람들 모두 자신의 사형 집행 영장에 서명한 것과 다름없는 문서였다.

문서가 완성되었고, 6월 28일 초안이 의회에 제출되었다. 며칠 동안 토론이 이루어지고, 수정되고, 드디어 확정되었다. 1776년 7월 4일 토머스 제퍼슨은 의원들 앞에서 문서화된 가장 중대한 결정을 대담하게 읽었다.

"역사의 흐름에서 한 국민이 다른 국민과의 정치적 연대를 해제하고 자연 법칙과 신의 섭리가 그들에게 부여한 독립되고 동등한 국가 위치를 확립할 때가 되면, 분리에 이를 수밖에 없는 이유를 선언하는 것이 인류의 대의에 합당할 것이다…"

제퍼슨이 읽고 나서 문서는 표결에 붙여졌고, 의결되어 56명의 서명을 받았다. 문서에 서명하는 것은 56명에게 자신의 목숨이 걸린 결정이었다. 그 결정을 통해서 인류에게 자유로운 의사결정의 특권을 영구적으로 부여할 국가가 탄생했다.

독립 선언서를 이끌어 낸 사건들을 분석해 보면, 현재 세계에서 주도적 역할을 하고 있는 미국이라는 나라가 결국은 56명으로 구성된 마스터마인드의 결정으로 만들어졌음을 납득하게 된다. 워싱턴의 군대가 승리하게 된 것도 그 결정 덕택이었다는 점을 주목하기 바란다. 왜냐하면 그 결정을 내리게 한 정신이 워싱턴과 함께 싸웠던 모든 군인들 가슴 속에 있었고, 실패를 모르는 영적 힘으로 작용했기 때문이다.

또 미국에 자유를 가져다 준 힘은 자기 결정을 내리고자 하는 모든 개인들이 반드시 사용해야만 하는 힘이고, 엄청난 개인적 이익을 가져온다는 점도 주목하기 바란다. 이 힘은 이 책에서 설명하는 원칙들로 이루어져 있다. 독립 선언서 이야기에서 당신은 6가지 원칙을 그다지 어렵지 않게 찾을 수 있다. 즉 열망, 결정, 믿음, 끈기, 마스터마인드, 체계적인 계획이다.

자신이 원하는 것이 무엇인지 알면 대개 얻을 수 있다

생각에 강한 열망을 합하면 현실로 이루어지는 경향이 있다는 말을 이 책에서 계속 듣게 될 것이다. 앞에서 한 이야기와 US 스틸 이야기에는 생각을 현실로 변환하는 방법이 완벽하게 묘사되어 있다.

그 비밀을 찾는 과정에서 기적을 찾으려 들지 않길 바란다. 발견할 수 없을 것이기 때문이다. 대신 당신은 영구불변의 자연 법칙을 발견하게 될 것이다. 이 자연 법칙들은 믿음이 있고, 그것을 사용할 용기를 갖고 있는 사람이라면 누구나 얻을 수 있다. 법칙들은 국가에 자유를 가져오거나 개인이 부를 모으는 데 사용될 수 있다.

의사결정을 신속하고 확고하게 하는 사람들은 자신이 무엇을 원하는지 알고 대부분 자신이 원하는 것을 얻는다. 어느 분야에서 일하든지 리더들은 신속하고 확고하게 결정을 내린다. 바로 그것이 리더인 이유다. 세상은 말과 행동을 통해서 자신이 어디를 향해 가고 있는지 인식하는 사람들에게는 자리를 내주는 습관이 있다.

결정을 내리지 못하는 습관은 대부분 젊은 시절에 형성되기 시작한다. 그리고 그 습관은 그가 중학교, 고등학교, 심지어 대학교에 다닐 때까지도 확고한 목적 없이 지내게 되면 완전히 굳어져 버린다. 결정을 내리지 못하는 습관은 자신이 선택하는 직업에까지 동행한다. 결정을 내리지 못하는 것이 습관화된 젊은이는 학교를 졸업하면 아무 직장에나 별 생각 없이 들어가기 때문에 사실 그가 직업을 선택하는지 조차도 의문이다. 월급을 받으며 일하고 있는 직장인 100명 중에서 98명이 현재 직장에서 일하는 이유는, 어떤 자리에서 일하겠다는 확고한 결정을 내리는 능력과 어떻게 직장을 선택해야 하는지에 관한 지식이 부족해서다.

확고한 결정은 항상 용기를 필요로 하고, 가끔은 아주 큰 용기가 요구된다. 독립 선언서에 서명했던 56명은 그 문서에 서명하기로 한 결정에 자기 목숨을 걸었다. 특정한 직업을 갖겠다고 확고한 결정을 내리고, 그에 합당한 대가를 치르는 것은 그처럼 목숨이 걸린 결정은 아니다.

대신 거기에는 경제적 자유가 걸려 있다. 경제적 독립, 부, 가치 있는 비즈니스, 전문적 직업은 이런 것들을 기대하고, 계획하고, 요구하지 않는 사람들은 손에 넣을 수 없는 것이다. 새뮤얼 애덤스가 식민지 미국을 위해서 자유를 원했던 것과 같은 마음으로 부자가 되기를 원하는 사람은 반드시 재산을 모을 수 있다.

연습문제

다음 질문들에 '그렇다' 또는 '아니다' 로 답하시오.

1. 나는 결정을 빨리 한다.
   ☐ 그렇다   ☐ 아니다

2. 나는 다른 사람들 의견에 거의 영향을 받지 않는다.
   ☐ 그렇다   ☐ 아니다

3. 나는 내가 내린 어떤 결정을 바꾸는 것이 느리다.
   ☐ 그렇다   ☐ 아니다

4. 나는 결정을 내리지 못해서 기회를 놓친 적이 없다.
   ☐ 그렇다   ☐ 아니다

5. 나는 다른 사람들의 의견과 충고에 의지하기보다 스스로 결정을 내리고 싶다.

   □ 그렇다   □ 아니다

그렇다는 대답이 많을수록 당신은 바라고 누릴 자격이 있는 부의 획득을 위해 필요한 결정 기술에 더 가까워진다.

CHAPTER IX 끈기

끈기 있게 일하는 습관을 가진 사람들은
실패에 대한 보험에 가입한 것이나 다름없다.
그들은 아무리 여러 번 패하더라도
결국에는 사다리 맨 위에 도달하고 만다.

Those who have cultivated the habit of persistence
seem to enjoy insurance against failure.
No matter how many times they are defeated,
they finally arrive up toward the top of the ladder.

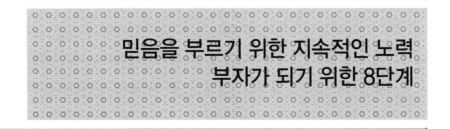

끈기는 열망을 돈으로 바꾸는 과정에서 필수 요소다. 끈기의 기초가 되는 것은 의지의 힘이다. 의지력과 열망이 제대로 결합되면 저항할 수 없는 힘을 갖는다.

커다란 부를 축적하는 사람들은 보통 냉정하고 경우에 따라서는 몰인정하다고 알려져 있는데, 오해일 가능성이 많다. 그들은 의지력을 갖고 있고, 그 의지력을 끈기와 섞어 자신의 열망을 뒷받침함으로써 자기 목표를 반드시 달성해 낸다. 사람들은 대부분 반대나 실패의 징후가 보이자마자 자기 목적을 내던지고 포기해 버린다. 소수만이 어떠한 저항이 있더라도 자기 목표를 성취할 때까지 지속한다.

'끈기'는 언뜻 보면 그리 대수롭지 않게 보이지만, 사실 끈기와 성품의 관계는 탄소와 철의 관계와 마찬가지다. 큰 부자가 되려면 13가지 성공철학 원칙을 모두 적용해야 한다. 부자가 되려면 원칙을 이해하고 그 원칙을 끝까지 적용해야 한다.

끈기 테스트

이 책에서 제시하는 지식을 실행하려고 책을 읽고 있다면, 끈기에 대한 당신의 첫 번째 테스트는 2장 부자가 되는 6단계의 실천일 것이다. 당신이 이미 확고한 목적과 그 목적 실현을 위한 확고한 계획을 가진 2%가 아니라면, 6단계를 읽기는 하겠지만 실천 없이 예전과 다름없는 생활을 할 것이다.

끈기 부족은 실패의 주요 원인 가운데 하나다. 게다가 수천 명을 실제로 분석해 봤더니, 끈기 부족은 사람들 대부분이 가진 공통적 약점이다. 이것은 노력을 통해 극복 가능하다. 얼마나 쉽게 끈기 부족을 극복할 수 있는지는 전적으로 그것을 극복하고자 하는 자기 욕구의 강도에 달려 있다. 모든 성취의 출발점은 욕구라는 사실을 항시 기억하기 바란다. 욕구가 약하면 결과도 약하다. 그것은 불이 약하면 열이 약한 것과 같다. 만약 끈기가 없다면 자기 욕구에 더 강한 불을 지펴서 치료할 수 있다.

이 책을 끝까지 읽은 후에 2장으로 돌아가서 다시 읽고, 부자가 되는 6단계를 즉시 실천하기 시작하라. 이 6단계를 얼마나 열심히 실천하는지는 부자가 되고 싶은 당신의 마음이 얼마나 강한지 아니면 약한지를 보여 준다. 만일 6단계를 그저 그렇다고 느낀다면, 틀림없이 당신은 부자가 되기 전에 반드시 가져야 할 '부자 의식Money Consciousness'을 아직 갖추지 못한 것이다.

돈은 물이 바다로 향하는 것처럼 돈을 끌어당길 준비가 된 사람들로 향한다. 끈기가 약하다고 생각하면, 다음 10장에서 힘을 얻고 사용하는 방법에 관심을 집중하기 바란다. 그리고 자기 주위를 마스터마인드 그룹으로 둘러싼 후 그룹 구성원들과 공동 노력을 통해서 끈기를 개발할 수 있다. 4장 자기암시와 잠재의식에도 끈기를 익힐 수 있는 추가적 방법이 담겨 있다. 4장과 10장에 기술된 방법들을 꾸준히 실천해 습관화하면, 그 습관이 잠재의식에 바라는 목표의 선명한 모습을 넘길 것이다. 그 시점 이후로 끈기 부족은 더 이상 당신에게 지장을 주지 않을 것이다. 잠재의식은 당신이 깨어있을 때나 잠들어 있을 때나 24시간 쉬지 않고 일한다.

당신은 '부자 의식' 의 소유자인가 아니면 '가난뱅이 의식' 의 소유자인가?

돌발적으로 가끔 원칙을 적용하는 것은 사실 별 도움이 되지 않는다. 좋은 결과를 얻으려면 모든 원칙을 습관으로 완전히 정착될 때까지 적용해야 한다. 그것이 '부자 의식' 을 갖는 유일한 길이다.

돈을 끌어당기도록 자기 마음을 의식적으로 준비해 온 사람들에게 돈이 끌리듯이, 가난은 가난에 우호적인 마음을 가진 사람에게 끌린다. 흥미로운 것은 부자 의식으로 정신을 채우지 않으면 대신 가난뱅이 의식이 저절로 정신을 지배하게 된다는 점이다. 가난뱅이 의식은 일부러 그에 도움 되는 습관을 적용하려는 의식적 노력 없이도 생긴다. 그러나 부자 의식은 그것을 지니고 태어난 경우가 아니라면 의식적으로 노력해야만 생긴다.

앞 문단 내용의 중요성을 충분히 이해했다면, 재산 축적에서 끈기의 중요성도 이해할 수 있다. 끈기가 없다면 시작하기도 전에 패할 것이지만, 끈기가 있다면 당신은 이길 수 있다. 악몽을 꾼 경험이 있다면 끈기의 가치를 알 수 있다. 지금 비몽사몽간에 질식해 죽을 것 같은 느낌으로 침대에 누워 있다. 돌아누울 수도 없고 몸을 움직일 수도 없다. 당신은 어떻게 해서든 근육을 움직이기 시작해야 한다는 것을 깨닫는다. 의지력으로 죽을힘을 다해서 노력한 결과 드디어 한쪽 손의 손가락을 움직인다. 계속 손가락들을 움직이면서 한쪽 팔 근육을 움직일 수 있게 되고, 마침내 팔을 들어올린다. 같은 방식으로 다른 쪽 손도 움직일 수 있게 된다. 다음에는 한쪽 다리를, 그리고 나서 반대쪽 다리를 움직이게 된다. 드디어 의지력을 총동원해서 완전히 근육 시스템 통제를 회복하게 되면, 악몽에서 벗어나게 된다. 비결은 차근차근 밟아가는 꾸준함이다.

정신적 무력감에서 벗어나는 방법

정신적 무력감에서도 비슷한 과정을 통해 빠져나올 수 있다. 처음에는 천천히 움직이다가 의지에 대한 완벽한 통제를 얻을 때까지 점점 속도를 올린다. 시작할 때 아무리 느린 속도로 움직일지라도 지속적이어야 한다. 끈기 있게 계속하면 성공한다.

마스터마인드 그룹을 신중하게 선택하면, 당신의 끈기 향상에 도움을 줄 사람이 적어도 한 사람은 있을 것이다. 커다란 부를 축적한 몇몇 사람은 필요성 때문에 끈기 있게 계속했다. 그들은 너무나 바짝 상황에 몰렸기 때문에 끈기라는 습관을 개발해서 익힐 수밖에 없었다.

끈기 있게 일하는 습관을 가진 사람들은 실패에 대한 보험에 가입한 것이나 마찬가지다. 그들은 아무리 여러 번 패하더라도 결국에는 사다리 맨 위에 도달하고 만다. 때로는 온갖 고통스런 경험을 통해서 인간을 시험하는 일을 맡은 '숨은 안내인$^{hidden guide}$'이 있는 것처럼 여겨진다. 실패한 후에도 스스로 추스르고 계속해서 시도하는 사람들은 결국 목적지에 도착한다. 그러면 세상은 "와! 대단하네요. 성공할 줄 알았어요."라고 탄성을 지른다.

숨은 안내인은 끈기 테스트를 통과하지 못한 사람에게는 큰 성공을 허락하지 않는다. 간단히 말해, 시험을 통과할 수 없는 사람은 성공하지 못한다. 대신 견딜 수 있는 사람에게는 끈기에 대한 충분한 보상이 주어진다. 그것이 무엇이든 자신이 추구하는 목표를 보상으로 받는다.

그게 전부가 아니다! 그들은 물질적 보상과 비교할 수 없는 훨씬 중요한 것을 얻는다. 바로 "모든 실패는 그에 상당하는 이익의 씨앗을 제공해 준다(Every failure brings with it seed of an equivalent advantage)."라는 교훈이다.

실패를 뛰어넘어라

누구에게나 이 법칙이 해당되는 것은 아니다. 소수만이 경험에서 끈기의 가치를 발견한다. 그 소수가 바로 패배를 일시적인 것으로 받아들이는 사람이다. 즉, 패했어도 자기 욕구를 꾸준하게 추구해서 결국에는 패배를 승리로 바꾸는 사람이다. 삶을 객관적으로 살펴보면, 패배를 당한 절대 다수는 다시 일어나지 못한다. 하지만 소수는 패배의 아픔을 더 큰 노력을 하라는 채찍으로 받아들인다. 이들은 다행스럽게도 삶의 후진 기어를 받아들이지 않는다.

그런데 우리가 보진 못하지만 존재를 의심하지 않는 조용하지만 저항할 수 없는 엄청난 힘이 있다. 그것은 좌절과 실패를 당했을 때 지지 않고 싸우는 사람들을 구조하기 위해 온다. 그 힘에 이름을 붙인다면 바로 끈기다. 우리 모두가 알고 있는 한 가지는 끈기가 없으면 어떤 일에서든 주목할 만한 성공을 거두지 못한다는 사실이다.

이 글을 쓰면서 시선을 들었더니 '죽어버린 희망의 무덤'이자 '기회로 가는 관문'이기도 한 신비로운 브로드웨이 Broadway가 한 블록도 떨어지지 않은 앞에 보인다. 전 세계에서 수많은 사람이 명성, 돈, 권력, 사랑 등 소위 성공이라 부르는 것을 찾아서 브로드웨이로 왔다. 아주 가끔 어떤 사람이 성공을 추구하는 사람들의 긴 행렬에서 벗어나면, 세상은 그가 브로드웨이를 정복했다고 말한다.

그러나 브로드웨이는 쉽거나 빠르게 정복되지 않는다. 브로드웨이는 포기를 거부한 사람들 재능만 인정해 주고, 천재를 알아보고 돈으로 보상한다. 그러면 우리는 그가 브로드웨이를 정복하는 비밀을 발견했다는 것을 알게 된다. 그 비밀은 언제나 끈기라는 단어와 불가분의 관계로 붙어 있다.

끈기로 브로드웨이를 점령한 패니 허스트 Fannie Hurst의 투쟁에서 그 비밀이 전해진다. 그녀는 작가로 명성과 부를 얻기 위해 1915년 뉴욕에 왔고, 시간이 걸렸지만 결국은 성공했다. 처음 4년 동안 허스트는 뉴욕 거리를 헤매야 했다. 낮에는 일하고 밤에는 기도했다. 가능성이 점점 희박해졌을 때, 그녀는 "좋아, 브로드웨이. 네가 이겼다!"라고 말하지 않았다. 대신 그녀는 "좋아, 브로드웨이. 네가 다른 사람은 이길지 모르지만 나는 아니야. 결국은 네가 포기할거야."라고 말했다.

그녀는 한 출판사(The Saturday Evening Post)에서만 36회나 거부당했지만, 결국은 출간에 성공했다. 다른 일반 직업도 마찬가지지만, 평범한 작가라면 첫 거절을 당했을 때 포기해 버렸을 것이다. 그러나 허스트는 4년간이나 거리를 누비면서 출판사 문을 두드렸다. 반드시 성공하겠다는 확고한 결심이 있었기 때문이다. 그녀는 결국 성공했다. 숨은 안내인이 패니 허스트를 테스트했고 그녀는 합격했다. 그때부터는 출판사들이 경쟁하며 허스트 집 문을 두드렸다. 돈이 너무 빨리 몰려들어 셀 시간이 없을 정도였다. 그때 영화사 사람들이 그녀를 발견했고, 그 다음부터는 돈 벼락이라고 할 정도로 많은 돈을 벌었다.

간단히 끈기가 가진 성취 능력을 살펴보았는데, 패니 허스트도 예외는 아니다. 큰돈을 번 사람들은 돈을 벌기 전에 먼저 끈기를 배웠다. 브로드웨이는 어떤 거지에게나 커피와 샌드위치를 베풀 것이지만, 큰 몫을 얻으려는 사람에게는 끈기를 요구한다.

케이트 스미스 Kate Smith 도 이 이야기를 읽으면 동의할 것이다. 몇 년 동안 그녀는 마이크 앞에 설 기회만 있으면 돈과 액수에 관계없이 노래를 불렀다. 브로드웨이가 그녀에게 말했다. "네가 실패를 견딜 수만 있다면 와서 성공을 가져가봐!" 브로드웨이가 지쳐서 인정할 때까지 그녀는 그것을 참아 냈다. "좋아, 어쩔 수가 없군! 너는 매를 맞을 때도 그걸 모르는구나. 네가 가격을 정하고 본격적으로 일해라." 스미스는 가격을 말했고, 물론 큰 금액이었다.

끈기는 단련할 수 있다

끈기는 정신 자세이므로 길러낼 수 있다. 모든 정신 자세와 마찬가지로 끈기도 확고한 뿌리에 기초하고 있다. 다음과 같은 것들이 대표적이다.

a. 확고한 목적

원하는 것이 무엇인지 아는 것이 끈기를 개발하기 위한 처음이자 아마도 가장 중요한 단계다. 강한 동기는 많은 어려움을 극복하게 해 준다.

b. 욕구

강렬하게 바라는 대상은 추구하는 과정에서 끈기를 갖고 유지하는 것이 상대적으로 용이하다.

c. 자기 신뢰

자신이 계획을 수행할 능력을 갖고 있다는 믿음은 끈기 있게 계획을 추진하는 데에 도움을 준다(자기 신뢰는 4장 자기암시에 기술된 원칙을 통해 개발될 수 있다).

d. 확고한 계획

비록 부족하고 아주 비현실적이라도 확정된 계획은 끈기를 북돋아 준다.

e. 정확한 지식

경험이나 사실에 기초해서 자신의 계획이 확실하다는 것을 알면 끈기를 발휘할 수 있다. '아는 것'이 아닌 '추측'은 끈기를 파괴한다.

f. 협력

다른 사람들과의 공감, 이해, 조화로운 협력은 끈기를 키워 주는 경향이 있다.

g. 의지력

모든 생각을 확고한 목적 달성을 위한 계획을 세우는 데 집중하는 습관은 끈기로 이어진다.

h. 습관

끈기는 습관의 직접적 결과다. 정신은 매일의 경험을 받아들이고 그 경험의 일부분이 된다. 모든 적 중에 가장 나쁜 적인 두려움은 용기 있는 행동의 강제적 반복을 통해 효과적으로 치유할 수 있다. 전장에서 실전에 참가해 본 적이 있는 사람은 모두 이를 이해한다.

자신의 끈기를 진단하라

끈기라는 주제를 마치기 전에, 자신을 진단해 보고, 핵심 요소에서 부족한 점은 없는지 살펴보기 바란다. 자신을 하나하나 두려움 없이 분석해 보고, 끈기의 8가지 요소 중 몇 가지나 부족한지 알아본다. 분석 결과를 통해서 자신을 새롭게 발견할 수도 있다. 여기서 당신과 커다란 성취 사이를 가로 막는 진짜 적들을 찾아내고, 끈기 부족을 보여 주는 증상만이 아니라 이 약점에 깊이 숨어 있는 무의식적 원인까지 발견할 수 있다.

자신이 누구인지, 무엇을 할 수 있는지 정말 알고 싶다면 목록을 주의 깊게 살펴보면서 자기 자신과 직면하기 바란다. 아래에 적힌 것들은 부자가 되고 싶은 사람이라면 누구나 반드시 극복해야 할 문제점이다.

1. 자신이 원하는 것이 정확하게 무엇인지 인식하지 못하고 명확하게 정의하지 못하는 것
2. 원인이 있든 없든 뒤로 미루기(보통 핑계를 대거나 변명한다)
3. 전문지식 습득에 대한 흥미 부족
4. 정면으로 문제와 직면하는 대신 모든 경우에 남에게 책임을 떠넘기는 망설임이라는 습관(역시 핑계를 댄다)
5. 문제 해결을 위한 확고한 계획을 수립하는 대신 핑계에 의존하는 습관
6. 자기만족이라는 병에는 약도 없고, 고칠 수 있다는 희망도 없다.
7. 무관심. 어떤 상황에서든 반대에 직면해 싸우기보다 타협하려고 하는 태도에서 대개 드러난다.
8. 자기 실수에 대해 다른 사람을 비난하고, 불리한 상황을 어쩔 수 없다고 받아들이는 습관

9. 행동을 이끌어 내는 동기 선택을 소홀히 한 탓에 나타난 약한 욕구

10. 실패할 징후가 조금이라도 있으면 자진해서 바로 포기해 버리는 것(6가지 기본적 두려움 중 한 가지나 그 이상에 기초해서)

11. 문서화한 확정된 계획의 결여

12. 아이디어가 떠오를 때나 기회가 왔을 때 잡지 않는 습관

13. 하겠다는 의지 대신 바라기만 하는 것

14. 부를 목표로 하는 대신 가난과 타협해 버리는 습관. 무엇이 되고, 무엇을 하고, 무엇을 소유하겠다는 야망의 전반적 결여

15. 부자가 되기 위해서 그에 상응하는 노력 없이 도박과 같은 지름길만 찾아 헤매는 것

16. 비난에 대한 두려움. 다른 사람들이 어떻게 생각하고 말하거나 행동할지 두려워서 계획을 만들고 실행하지 못하는 것. 이것은 보통 잠재의식에 존재하기 때문에 자신이 그 두려움을 갖고 있다는 인식조차 못하는 경우가 많아서 목록의 맨 위에 올라가야 할 커다란 적이다(15장의 6가지 기본적 두려움 참조).

비난이 두렵다면...

비난을 두려워하는 증상 몇 가지를 살펴보자. 사람들은 대부분 친척들, 친구들, 다른 사람들이 자신에게 영향을 미치도록 허용해서, 비난을 두려워하다가 자기 자신의 삶을 살지 못한다.

수많은 사람이 결혼을 잘못하고서도 실수를 바로잡을 경우 따라올 비난을 두려워해서 그 결혼 생활을 유지하며 비참하고 불행하게 살아간다 (비난에 대한 두려움에 굴복해 본 사람은 그것이 주는 심각한 피해를 잘 안다. 비난에 대한 두려움은 사람의 야망과 성취 욕구를 파괴한다).

수백 만 명에 달하는 사람이 학교를 떠난 이후에 다시 돌아가 교육받기를 원하면서도 그렇게 하지 않는다. 다른 사람들의 비난과 비판이 두렵

기 때문이다.

수없이 많은 젊은이, 나이든 사람들이 의무라는 이름으로 친지들이 자기 삶을 파괴하도록 허용하고 있다(의무가 개인적 야망과 자기 방식대로 자신의 삶을 살아갈 권리를 버리라고 요구하지는 않는다). 많은 사람이 실패할 때 뒤따를 비난과 비판이 두려워 비즈니스에서 위험을 감수하지 않는다. 비난과 비판에 대한 두려움이 성공하고자 하는 열망보다 강한 것이다. 너무 많은 사람이 자신을 위한 높은 목표를 세우지 않거나 심지어 자기 진로도 정하지 않는다. 그들은 친척과 친구들이 "너 제 정신이야? 목표가 너무 높잖아."라고 비판하는 것을 두려워하기 때문이다.

앤드루 카네기가 내게 성공 철학을 체계화하는 데 20년을 헌신하겠냐고 제안했을 때, 떠오른 첫 번째 생각은 사람들이 뭐라고 할까 하는 두려움이었다. 카네기가 제안한 목표는 내가 도저히 상상할 수 없는 어마어마한 것이었다. 내 마음은 순식간에 그 일을 할 수 없는 온갖 핑계와 변명을 만들어 내기 시작했다. 그 원인은 내 마음속에 자리한 비난과 비판에 대한 두려움이었다.

내 안의 무엇인가가 이렇게 말했다. "너는 할 수 없어. 너무 큰일이고, 시간도 아주 많이 걸릴 거야. 친척들이 뭐라고 하겠어? 생활비는 어떻게 벌 거야? 지금까지 성공 철학을 체계화한 사람은 아무도 없어. 도대체 무슨 자격으로 네가 그 일을 할 수 있다고 생각하는 거야? 네가 뭔데 그렇게 큰 목표를 세울 수 있어? 네 보잘 것 없는 출생 배경을 생각해 봐. 네가 성공 철학에 대해서 뭘 알고 있어? 사람들이 미쳤다고 할 거야(실제로 그랬다). 다른 사람이 왜 이 일을 예전에 안 했을 것 같아?"

이런 걱정들 그리고 다른 많은 생각이 머릿속에 떠올랐다. 마치 온 세상 사람들이 카네기의 제안을 받아들이고 싶은 생각을 포기하게 하려고 비웃고 있는 것처럼 보였다. 꿈을 포기한다면 아직 자리를 잡기 전인 그때가 적기였다. 나중에 수천 명을 분석해 보고, 아이디어의 대부분은 미숙아라서 즉각적 행동을 담은 확고한 계획을 통해 생명력을 불어넣어 줘야 한다는 사실을 발견했다.

아이디어를 보살펴야 할 때가 있다면 바로 처음 아이디어가 태어났을 때다. 순간이라도 살아 있으면 생존 가능성은 높아진다. 비판에 대한 두려움으로 대부분의 아이디어는 계획과 행동 단계에 가보지도 못한 채 폐기되어 버린다.

행운도 주문 제작할 수 있다

많은 사람이 물질적 성공은 행운의 결과라고 믿는다. 그렇게 믿는 것도 근거가 아주 없지는 않다. 그러나 온전히 행운에만 의존하는 사람은 성공에 꼭 필요한 다른 한 가지 요소를 간과하고 있기 때문에 거의 다 실패를 맛보게 된다. 그것은 행운을 주문 제작하는 지식이다.

대공황 시절, 코미디언 필즈W. C. Fields는 자신이 가진 모든 돈을 잃고, 수입도 직업도 없고, 생활 수단이었던 보드빌Vaudeville 쇼도 더 이상 존재하지 않는 상황에 몰렸다. 더구나 나이는 누구나 늙었다고 여기는 예순이 넘었다. 그는 너무나 무대에 복귀하고 싶어서 새로운 분야인 영화에서 무보수로 일하겠다고 제안했다. 게다가 넘어져서 목까지 다쳤는데, 아마도 대다수는 거기서 포기하고 중단했을 것이다. 그러나 필즈는 포기하지 않았다. 그는 자신이 버티면 조만간 반드시 기회가 온다는 것을 알았고 끝내 기회를 얻었다. 그러나 우연히 얻은 것은 아니었다.

마리 드레슬러Marie Dressler는 60세 무렵에 돈도 사라지고, 직업도 없이 빈털터리가 된 자신을 발견했다. 그녀 역시 기회를 따라갔고, 그것을 손에 넣었다. 끈기 덕분에 그녀는 사람들 대부분이 성취에 대한 야망을 접는 나이를 훨씬 지난 노년에 놀라운 성공을 거뒀다.

에디 캔터Eddie Cantor는 1929년 주가 대폭락 때 재산을 전부 잃었지만, 아직 끈기와 용기를 갖고 있었다. 그 두 가지와 뛰어난 안목으로 다시 매주 만 달러라는 수입을 얻게 되었다. 사실, 끈기만 있다면 다른 자질들이 많이 부족해도 잘 살 수 있다.

누구라도 신뢰할 수 있는 유일한 행운은 스스로 만든 행운이다. 그것은 끈기의 적용을 통해서 오고, 그 출발점은 확고한 목적이다. 당신이 처음 만나는 100명에게 삶에서 가장 원하는 것이 무엇이냐고 물으면, 그중 98명은 대답하지 못할 것이다. 계속 답을 재촉하면 어떤 사람은 안정이라고 이야기하고, 많은 사람이 돈이라고 대답할 것이다. 또 몇몇은 행복이라고 하고, 몇 사람은 명성과 권력이라고 말할 것이다. 또 다른 사람들은 사회적 인정, 편안한 삶, 노래와 춤 또는 글쓰기 능력이라고 이야기할 것이다.

그러나 그들 중 누구도 명확하게 설명하지는 못하고, 자신들이 바라는 것을 어떻게 달성할 수 있는지 아주 작은 계획조차 제시하지 못할 것이다. 부는 단순한 바람에는 반응하지 않는다. 부는 확고한 열망으로 뒷받침되고 끊임없이 지속하는 확고한 계획에만 응한다.

끈기를 개발하는 방법

4가지 단순한 단계를 통해서 끈기라는 습관을 개발할 수 있다. 그것은 많은 지식이나 일정 수준 이상의 교육을 요구하지 않는다. 필요한 것은 약간의 시간과 노력이다. 4가지 단계는 다음과 같다.

1. 달성하고자 하는 불타는 욕구를 동반한 확고한 목적
2. 꾸준한 행동으로 표현된 확고한 계획
3. 친척, 친구, 지인들의 부정적 의견을 포함해 모든 부정적이고 비관적 영향에 대해 단단히 닫힌 마음
4. 계획과 목적을 따르도록 격려해 주는 사람들과의 우호적인 연합

이 4단계는 사회 어느 분야에서나 성공을 위해 필수적이다. 이 책에 담긴 성공 철학 13가지 원칙의 전체 목적은 한마디로 말하면 독자들이 이 4단계를 습관화할 수 있도록 돕는 것이다.

이 4단계가 우리의 경제적 운명을 통제할 수 있도록 한다.
이 4단계가 사고의 자유와 독립을 가져온다.
이 4단계가 우리에게 많든 적든 부를 가져온다.
이 4단계가 힘과 명성, 사회적 인정으로 안내한다.
이 4단계가 행운을 보장해 준다.
이 4단계가 꿈을 현실로 전환한다.
이 4단계는 또한 두려움, 실망, 무관심을 극복하도록 이끈다.

이 4단계를 밟는 사람들은 멋진 보상을 받는다. 그것은 자신이 원하는 것은 무엇이든지 할 수 있고, 어떤 부라도 획득할 수 있는 특권이다.

어려움을 극복하는 방법

끈기를 가진 사람들에게 어려움을 극복하게 해 주는 것은 어떤 신비한 힘일까? 끈기가 가진 어떤 특성이 사람들 마음속에서 어떤 형태의 영적, 정신적 혹은 화학적 작용으로 초자연적 힘에 접근하게 하는 것은 아닐까? 혹시 무한 지성이 전투에서 패배한 후에도 계속 싸우는 사람의 편을 들어서 반대편에 있는 온 세상과 맞서는 것일까?

무에서 시작해서 끈기 외에는 다른 어떤 것도 없이 엄청난 기업 제국을 이루어 낸 헨리 포드 같은 사람들을 관찰하면서 이런 의문들이 내 마음속에 떠올랐다. 토마스 에디슨도 마찬가지다. 그는 3개월도 채 안 되는 정규 교육을 받고도 세계적 발명가가 되었다. 또 끈기를 통해서 50가지 이상의 다른 유용한 발명품과 함께 녹음기, 영사기, 백열전구를 개발했다.

나는 오랜 세월에 걸쳐 해마다 에디슨과 포드 두 사람을 분석하는 행운을 누렸다. 아주 가깝게 두 사람과 접한 실제 경험을 통해서, 끈기 외에는 그들의 엄청난 성취를 설명할 수 있는 다른 어떤 것도 발견할 수 없었다. 역사에 등장하는 예언자들, 사상가들, 기적을 일으킨 사람들, 종교 지도자들을 객관적으로 분석해 보면, 끈기와 노력의 집중, 확고한 목적이 성취의 주요 원인이라는 피할 수 없는 결론에 도달하게 된다.

예를 들어서 모하메드의 기이하고 흥미로운 이야기에 관해서 생각해 보자. 그의 삶을 분석하고 이 시대의 제조업과 금융업에서 큰 성취를 이룬 사람들과 비교해 보면 모두 공통적으로 한 가지 뛰어난 특성을 갖고 있다는 점을 발견하게 되는데, 바로 끈기다!

만일 당신이 끈기에 능력을 부여하는 기이한 힘에 관해 공부하고 싶다면, 모하메드의 전기 그중에서도 특히 에사드 베이Essad Bay가 쓴 전기를 읽어 보길 권한다. 미국 역사학자인 토머스 서그루Thomas Sugrue가 쓴 그 책에 관한 짧은 논평이 헤럴드 트리뷴Herald-Tribune 지에 실렸다. 서그루의 리뷰는 시간을 내서 책 전체를 읽어 보려는 사람들에게 끈기가 가진 힘을 보여 주는 가장 놀라운 사례에 대해서 미리 보기를 제공할 것이다.

최후의 위대한 예언자 〈리뷰: 토머스 서그루〉

모하메드는 예언자였지만 한 번도 기적을 행한 적이 없다. 그는 신비주의자가 아니었고 공식적 교육도 받은 적이 없다. 그는 40세가 될 때까지 예언자 역할을 시작하지 않았다. 그가 자신은 진정한 신앙의 말씀을 전달하는 신의 전령이라고 선언했을 때 사람들은 그를 미쳤다고 비웃었다. 아이들은 발을 걸어서 넘어뜨렸고, 여자들은 그에게 욕설을 퍼부었다. 그는 자신이 태어난 도시 메카에 들어가는 것이 금지되었고, 그의 추종자들은 소유한 모든 것을 빼앗기고 그와 함께 사막으로 추방되었다. 설교를 시작한지 10년이 되었을 때 그에게 남은 것은 추방, 가난, 비웃음뿐이었다. 그러나 다시 10년이 흘렀을 때 그는 이미 아라비아 전체의 통치자, 메카의 지배자, 그리고 새로운 세계적 종교의 최고 책임자였다. 그의 새로운 종교는 그가 준 추진력을 잃을 때까지 다뉴브와 피레네 산맥을 휩쓸었다. 그가 준 추진력은 3가지로 말씀의 힘, 기도의 효과, 신과 인간의 연대감이다.

그의 생애는 상식적으로 도무지 이해하기 어렵다. 모하메드는 메카의 지도적

위치에 있는 집안에서 가난한 가족의 아들로 태어났다. 메카가 세상의 중심지이자 카아바라고 불리는 마법의 돌의 고향이고, 거대한 무역 도시이자 무역 루트의 중심이어서 비위생적이었기 때문에 어린이들은 사막으로 보내져 베두인족에게 양육되었다. 그는 유목민 대리모들 젖을 먹고 자랐다. 양을 돌보았고, 곧 부유한 베두인 족 과부의 낙타 대상 책임자로 고용되었다. 그는 동방 세계각 지역을 여행하며 다양한 믿음을 가진 많은 사람과 이야기하면서 기독교가다른 분파로 갈라져 다투고 쇠퇴하는 것을 지켜보았다. 모하메드가 28세가 되었을 때 그를 고용했던 과부 카디자가 그에게 호감을 갖게 되어 결혼했다. 카디자 아버지가 모하메드와의 결혼을 반대할 것을 염려해서 그녀는 아버지를 술에취하게 한 다음 부축한 상태에서 아버지의 축사를 들었다. 그 뒤 12년 동안 모하메드는 부유하고, 존경받고, 대단히 유능한 무역상으로 살았다. 그러던 어느날 그는 사막으로 정처 없이 떠났다. 그리고 코란의 첫 번째 시를 가지고 돌아와서 카디자에게 대천사 가브리엘이 나타나 자신을 신의 전령이 될 사람이라고했다고 이야기했다.

신이 계시한 말씀인 코란은 모하메드 삶에서 가장 기적에 가까운 것이었다. 그는 그때까지 시인이 아니었다. 그는 말을 잘하는 재주가 없었는데도, 그가 받아서 추종자들에게 전하는 코란의 시구는 그 부족의 다른 어떤 전문 시인들 시보다 더 뛰어난 것이었다. 이것은 아랍인들에게 기적이라고 여겨졌다. 그들에게 말을 잘하는 것은 가장 큰 축복이었고, 시인은 가장 큰 힘을 가진 사람이었다. 또 코란은 모든 사람이 신 앞에서 평등하며 세계는 민주국가인 이슬람Islam이 되어야 한다고 가르쳤다. 바로 이 같은 기존과 다른 정치관과 함께 카아바정원에 있는 360가지 신상을 파괴하려는 모하메드의 바람으로 인해 그는 추방당하게 된다. 그 신상이 사막 부족들을 메카로 데려왔고, 그것은 무역을 의미했다. 따라서 모하메드 자신도 그 일원이었던 메카 사업가들과 자본가들이 그를 공격했다. 그는 사막으로 후퇴하고 나서 세상에 대한 통치권을 요구했다. 이슬람이 일어나기 시작했다. 사막에서 결코 꺼지지 않을 불꽃이 피어올랐다. 하나로 뭉쳐 싸우고, 눈썹 하나 찌푸리지 않고 기꺼이 죽을 자세가 되어 있는 민주적 군대라는 불꽃이었다. 모하메드는 새로운 종교를 만들고자 한 것이 아니었기 때문에 유태인들과 기독교인들에게 함께 힘을 모으자고 제안했다. 그는 유일한 신을 믿는 모두에게 유일한 믿음에 함께하자고 청하고 있었다. 유태인들과 기독교인들이 그의 초대를 받아들였다면, 이슬람은 세상을 정복했을 것이다. 그러나 그들은 그렇게 하지 않았다. 그들은 모하메드의 인도적 전쟁 제안도 받아들이지 않았다. 모하메드의 군대가 예루살렘을 점령했을 때 자신의 믿음 때문에 살해당한 사람은 단 한 명도 없었다. 그러나 수 세기가 지난 다음 십자군이 예루살렘을 점령했을 때는 단 한 명의 회교도 남자나 여자 심지어 어린아이도 살아남지 못했다. 기독교인들이 받아들인 회교도 아이디어는 배움의 장소인 대학교 하나였다.

연습문제

자신의 삶에서 사용되는 끈기의 습관에 관해 생각하고, 다음 질문들에 답하시오.

1. 아래 빈 공간에 끈기가 효과를 본 당신의 최근 경험에 대한 예를 상세히 적어라.

2. 이제 당신이 더 끈기 있게 버텼었다면 더 높은 성과를 거뒀을 것이라고 생각하는 경험을 떠올려서 적어라.

---

3. 위의 경험과 관련하여, 당신이 직면했던 끈기를 약하게 하거나 사라지게 한 장애물은 무엇이었는가?

---

4. 돌이켜 생각해 보면, 그 장애물들을 극복하기 위해 당신은 무엇을 했어야만 하는가?

X 마스터마인드의 힘

행복은 단순한 소유가 아니라
행동에서 발견된다.

Happiness is found in doing
not merely in possessing.

힘은 부자가 되는 필수 요소다. 계획은 그것을 행동으로 전환할 충분한
힘이 없으면 움직이지 못해서 소용이 없다. 이번 10장에서는 힘을 획득
하고 사용하는 방법을 설명하겠다. 힘은 '조직화되고 지적으로 사용되는
지식'이라고 정의할 수 있다. 힘은 이 정의에서 보듯이 개인이 가진 욕구
를 그에 상응하는 돈으로 바꾸기에 충분한 조직적 노력이다. 조직적 노
력은 두 사람 이상이 한 가지 확고한 목표를 향해 조화를 이루면서 공동
으로 노력하는 것을 말한다.

돈을 벌려면 힘이 필요하다! 또 힘은 돈을 번 다음에 그것을 유지하기
위해서도 필요하다. 이제 힘을 획득하는 방법을 확인해 보자. 힘이 '조
직화된 지식organized knowledge'이라면 그 지식의 원천도 검토해 보자.

a. 무한 지성infinite intelligence
무한 지성은 창조적 상상력의 도움을 받아서 이 책의 다른 장에 서술한 방법에 따라 접
근할 수 있다.

b. 축적된 경험accumulated experience

인간의 축적된 경험(또는 그중에서도 체계화되고 기록된 부분)은 설비 좋은 공공 도서관에서 찾을 수 있다. 이 경험 중에서 중요한 부분은 중고등학교와 대학교에서 분류하고 체계화해 학생들에게 가르친다.

c. 실험과 연구experiment and research

과학 분야와 삶의 거의 모든 영역에서 사람들은 매일 새로운 사실을 수집하고 분류하고 조직한다. 축적된 경험을 통한 지식이 없다면 이 지식의 원천에 관심을 기울여야 한다. 여기서는 독창적 상상력도 자주 사용해야 한다.

이 3가지 원천 가운데 하나를 통해서 지식을 얻을 수 있다. 그 지식은 확고한 계획으로 조직되고 실행되어서 힘으로 변환된다. 지식의 3가지 원천을 검토해 보면 자신의 개인 노력에만 의존하면 지식을 체계화하고, 확고한 계획을 통해 실행으로 옮기는 데 어려움이 있으리라는 점을 금방 알 수 있다. 계획이 광범위하고 크면, 다른 사람들의 협력을 이끌어 낼 수 있어야만 필요한 힘을 계획에 불어넣을 수 있다.

마스터마인드를 통한 힘 획득

마스터마인드는 "확고한 목적을 성취하기 위해 둘 이상의 사람들이 조화를 이루면서 지식과 노력을 합치는 것"이라고 정의할 수 있다. 어떤 개인도 마스터마인드의 도움을 받지 않고 혼자서는 큰 힘을 가질 수 없다. 7장에서 욕구를 돈으로 바꾸기 위한 계획을 세우는 방법을 설명했다. 당신이 이 방법을 끈기 있게, 지혜롭게 실천하고 마스터마인드 그룹의 구성원을 높은 안목으로 선정한다면 당신의 목표 절반은 자신도 모르는 사이에 달성된 것이나 다름없다.

따라서 적절하게 선택된 마스터마인드 그룹을 통해서 접근할 수 있는 무형의 잠재적 힘에 관해 더 잘 이해하는 것은 대단히 중요하다. 여기서 마스터마인드 원칙의 두 가지 특성에 대해 설명하겠다. 하나는 경제적인 것이고 다른 하나는 정신적인 것이다.

경제적 특징은 분명하다. 자기 주변을 타인과 완벽한 조화를 이루면서 진심으로 자신을 돕고자 하는 사람으로 채우고, 그들의 조언, 협의, 협조를 구할 수 있다면 경제적 이익을 누릴 수 있다. 이런 형태의 협력이 거의 모든 큰 재산의 기반이 되었다. 이 위대한 진실을 얼마나 이해하는지가 당신의 경제적 상황을 결정할 것이다.

마스터마인드 원칙의 정신적 면은 경제적 특징에 비해서 훨씬 더 이해하기 어렵다. 다음 문장에서 중요한 힌트를 발견할 수 있을 것이다. "두 마음이 합쳐지면 반드시 제3의 눈에 보이지 않고 이해할 수 없는 힘이 만들어진다. 그 힘은 제3의 마음에 비유될 수 있다." 인간의 마음은 일종의 에너지로 그중 일부분은 영적 성격을 갖고 있다. 두 사람의 마음이 조화를 이루며 합쳐지면 각 마음의 영적 에너지가 동질성을 만들고, 그것이 마스터마인드의 영적 차원을 구성한다.

마스터마인드 원칙 혹은 마스터마인드의 경제적 특징을 내게 일깨워 준 것은 25년 전 앤드루 카네기였다. 그리고 이 원칙을 발견했기 때문에 내가 일생을 걸고 할 일을 선택할 수 있었다. 카네기의 마스터마인드 그룹은 50여 명의 직원으로 구성되어 있었다. 그는 철의 제조와 판매라는 확고한 목적을 성취하기 위해서 마스터마인드 그룹으로 자기 주위를 둘러쌌다. 카네기는 자신의 모든 부가 이 마스터마인드 그룹을 통해서 모인 힘 덕분이라고 말했다.

큰 부를 축적한 사람과 상당한 부를 축적한 여러 사람들을 분석해 보라. 그러면 당신은 그들 모두가 의식적이든 무의식적이든 마스터마인드 원칙을 사용했다는 사실을 발견하게 될 것이다. 큰 힘은 다른 원칙을 통해서는 축적될 수 없다.

두뇌의 힘을 증대하는 방법

인간의 두뇌는 전기 배터리와 비교할 수 있다. 배터리 하나보다는 여러 배터리로 이루어진 그룹이 더 많은 에너지를 제공한다는 것은 잘 알려진 사실이다. 또 배터리 각각은 그 배터리가 가진 전지 수와 힘에 비례해서 에너지를 제공한다는 점도 다들 알고 있다.

두뇌도 그와 비슷한 방식으로 기능한다. 이는 어째서 어떤 두뇌들이 다른 두뇌들보다 더 효율적인지를 설명해 주고, 다음과 같은 중요한 진술로 이어진다. "조화를 이루면서 서로 합쳐진(혹은 연결된) 두뇌들의 그룹은 마치 여러 개의 배터리로 이루어진 그룹이 배터리 하나보다 더 많은 에너지를 제공하는 것처럼, 하나의 두뇌보다 더 많은 생각 에너지를 제공한다." 이 비유를 통해서 마스터마인드 원칙은 자신의 주위를 다른 두뇌 그룹으로 둘러싼 사람들이 왜 힘을 갖게 되는지 설명해 주는 비밀이라는 점을 이해할 수 있다.

이제 마스터마인드 원칙의 정신적 차원에 대해 더 잘 이해할 수 있게 이끌어 줄 또 다른 문장이 뒤따른다. "여러 개의 두뇌로 이루어진 그룹이 통합되어 조화를 이루면서 일하면, 그 구성원들은 누구나 그 연합을 통해서 증가된 에너지를 누릴 수 있다."

헨리 포드가 사업을 처음 시작했을 때 가난, 문맹, 무지라는 장애를 갖고 있었다는 점은 잘 알려져 있다. 그랬던 그가 10년이라는 상상 외의 짧은 기간 동안 이 세 가지 장애를 극복했고, 25년 뒤에는 미국에서 가장 큰 부자 중 한 명이 되었다는 사실도 익히 알려져 있다. 이것을 포드가 토마스 에디슨과 친한 친구가 됐을 때부터 매우 비약적으로 발전했다는 추가 정보와 연결해 보면, 한 사람이 다른 사람의 정신에 미치는 영향이 얼마나 큰 성과를 낼 수 있는지 이해할 수 있다. 한 걸음 더 나아가 포드의 최고로 뛰어난 업적은 그가 하비 파이어스톤Harvey Firestone, 존 버로즈John Bruuoughs, 루터 버뱅크Luther Burbank라는 커다란 두뇌의 힘을 가진 사람들과 친분을 쌓은 때부터 시작되었다는 사실을 생각하면, 힘이란 마음들의 우호적 연합을 통해서 만들어진다는 점을 다시 확인할 수 있다.

인간은 그들이 공감하고 조화를 이루면서 교류하는 사람들의 특징, 습관, 생각의 힘을 받아들인다. 에디슨, 버뱅크, 버로즈, 파이어스톤과 교류하면서 포드는 자기 자신의 두뇌 힘에 이 네 사람이 가진 지능, 경험, 지식, 영적 힘의 핵심을 더했다. 그는 또 이 책에서 설명하는 방법을 통해 마스터마인드 원칙을 자기 것으로 만들고 활용했다.

이 마스터마인드 원칙을 당신도 활용할 수 있다! 앞에서 이미 마하트마 간디 이야기를 한 적이 있다. 어떻게 그가 그런 엄청난 힘을 갖게 되었는지 살펴보자. 그것은 몇 가지 단어로 설명할 수 있다. 그는 2억 명이 넘는 사람들이 확고한 목적을 위해 몸과 마음을 다하여 협력하도록 함으로써 힘을 얻었다. 간단히 말해서 간디는 기적을 이루었다. 왜냐하면 2억 명 이상의 사람들을 강요받지 않으면서 조화롭게 협력하도록 할 수 있다는 것이 바로 기적이기 때문이다. 이것이 기적이라는 사실에 의문을 가진다면, 어떤 사람 두 명을 일정 시간 동안 조화를 이루며 협력하게끔 시도해 보라. 사업하는 사람이라면 누구나 직원들을 아주 조금이나마 서로 조화를 이루며 일하게 하는 것이 얼마나 어려운 일인지 안다.

힘을 획득할 수 있는 원천들 중에서 맨 앞에 나오는 것은 무한 지성이다. 둘 이상의 사람들이 조화를 이루면서 협력하고 확고한 목적을 달성하기 위해서 일하면, 그들은 그 연합을 통해 무한 지성이라는 거대한 우주의 창고에서 직접 힘을 흡수할 수 있다. 이것은 힘의 모든 원천 중에서도 가장 커다란 것이다. 이것이 바로 천재들과 위대한 리더들이 자신이 그것을 의식하든 하지 못하든 간에 의지하는 원천이다. 힘의 축적에 필요한 지식의 다른 두 가지 주요 원천은 사람의 오감보다 더 신뢰도가 높지는 않다. 그리고 감각이란 언제나 신뢰할 수 있는 것은 아니다.

이 책의 다음 장들에서 무한 지성에 쉽게 접근할 수 있는 방법을 충분히 설명할 것이다. 이것은 종교에 관한 강의가 아니다. 이 책에 담긴 어떤 핵심 원칙도 직접적이나 간접적으로 어떤 사람이 믿는 종교에 개입하고자 하는 의도로 해석되지 않기를 바란다. 이 책은 오직 돈을 벌고자 하는 확고한 목적을 그에 상응하는 실제 화폐로 변환하는 방법을 독자에게 가르치는 내용에만 국한되어 있다. 책을 읽으면서, 읽고 생각하고 명상하는 것을 반복하라. 머지않아 전 주제가 다 드러나면서 거시적으로 볼 수 있게 된다. 당신이 지금 보고 있는 것은 전체를 구성하는 각 장들의 세부 사항이다.

긍정적 감정의 힘

돈은 부끄러움이 많고 잡기 어렵다. 따라서 돈을 벌려면 구애해야 하고, 마치 사랑하는 여성을 쟁취하려는 결단력 있는 남성이 사용하는 것과 똑같은 방법으로 얻을 수 있다. 우연의 일치인지 모르지만 돈에게 구애할 때 쓰는 힘은 여성에게 구애할 때 쓰는 힘과 크게 다르지 않다. 그 힘이 돈을 추구하는 데 성공적으로 사용되기 위해서는 믿음과 합쳐져야만 한다. 욕구와도 섞여야 하고, 끈기와도 혼합되어야 한다. 그리고 계획을 통해서 적용되어야 하고, 그 계획은 다시 행동으로 옮겨져야만 한다.

큰돈이 들어올 때는 마치 물이 언덕 아래로 흘러내리는 것처럼 쉽게 들어온다. 거기에는 강에 비유할 수 있는 눈에 보이지 않는 커다란 힘의 흐름이 존재한다. 단, 그 강은 한쪽씩 서로 반대 방향으로 흐르면서 한쪽으로 들어오는 모든 사람들을 경제적 부가 있는 상류로 끌어올리고, 다른 쪽은 반대 방향으로 흐르면서 거기에 뛰어드는 불운한 사람들(그리고 거기서 벗어날 수 없는 사람들) 모두를 불행과 가난이 가득한 하류로 끌어내린다.

큰 부자들은 누구나 이런 인생 흐름이 존재한다는 사실을 인식하고 있다. 그것은 인간의 사고 과정으로 구성되어 있다. 사고의 긍정적 감정은 사람을 행운으로 운반하는 흐름을 형성한다. 부정적 감정은 사람을 가난에 이르도록 옮기는 쪽의 흐름이다.

이것은 부를 모으기 위한 목적으로 이 책을 읽는 사람들에게 엄청나게 중요한 의미를 지닌다. 당신이 지금 가난에 이르는 힘의 흐름 쪽에 있다면, 이 책은 당신을 반대편 흐름으로 나아가게 할 노와 같은 역할을 할 것이다. 그것은 적용과 사용을 통해서만 당신을 위해 일할 수 있다. 읽으면서 그냥 비평만 하는 것은 당신에게 결코 이익이 되지 않는다.

가난과 부는 종종 서로 자리를 바꾼다. 부가 가난의 자리를 차지하는 변화는 대개 면밀히 검토되고 신중하게 실행된 계획을 통해서 일어난다. 가난은 계획을 필요로 하지 않고, 대담하고 무자비하기 때문에 다른 사람의 도움도 필요 없다. 반대로 부는 부끄럼이 많고 소심해서 마음을 빼앗겨야만 행동한다.

연습문제

어떤 사람도 마스터마인드 원칙을 활용하지 않고 커다란 힘을 가질 수 없다. 몇 개의 램프가 램프 하나보다 더 많은 빛을 제공한다는 점은 잘 알려진 사실이다. 이것은 성공하고 사려 깊은 사람들에게도 마찬가지다. 비록 자신의 의견과 행동을 좌우하지는 않을지라도, 사려 깊게 선택된 그룹의 조언은 종종 한 사람의 생산 활동을 높여 준다.

1. 당신의 마스터마인드 그룹 멤버로 기여할 것이라고 생각하는 5명을 열거하라.

_____

_____

_____

2. 아래 빈 공간에 당신의 마스터마인드 그룹이 어떻게 이상적으로 일할 것인지 개요를 서술하라.

3. 당신의 마스터마인드 그룹이 성공적으로 기능하기 전에 해결되거나 극복해야만 할 3가지 문제점이나 장애물은 무엇이라고 생각하는가?

4. 위의 문제점이나 장애물 중 하나를 선택하고, 아래 빈 공간을 이용해 당신이 그것을 어떻게 해결 혹은 극복할 것인지 자세히 써라.

XI

성 에너지 변환의 신비

성 에너지 변환이란 육체적 표현의 사고에서
어떤 다른 성질의 사고로
마음을 바꾸는 것을 말한다.

Sex transmutation means the switching of the mind
from thoughts of physical expression
to thoughts of some other nature.

성공을 위한 창조적 자극
부자가 되기 위한 10단계

'Transmute'라는 단어의 의미는 쉽게 말하면 "한 가지 요소 또는 에너지의 형태를 다른 것으로 바꾸거나 전환하는 것"이다. 성 감정 sex emotion 은 정신적 상태로 존재한다. 이 주제에 관한 무지와 부적절한 영향으로 인해 이 정신적 상태는 일반적으로 육체적인 것과 연관된다. 사람들 대부분이 성에 관한 지식을 습득할 때 주로 마음속에 깊은 편견을 심어주는 육체적인 것들에 노출되어 왔다. 성 감정은 그 밑바닥에 3가지 긍정적 잠재력의 가능성을 내포하고 있다. 그것은 다음과 같다.

1. 인류의 존속
2. 건강의 유지(치료 수단으로는 이것과 경쟁할 만한 것이 없다)
3. 평범한 보통 사람을 천재로 전환(에너지 변환을 통해서)

성 에너지 변환은 간단하고 쉽게 설명된다. 그것은 육체적 표현의 사고에서 어떤 다른 성질의 사고로 마음을 바꾸는 것을 말한다. 성 욕구는 인간의 욕구 중에서 가장 강력한 것이다. 이 욕구가 발동되면 사람은 상상력, 용기, 의지력, 끈기, 창조적 능력이 다른 어떤 때보다도 강해진다. 성적 접촉에 대한 욕구는 너무나 강하고 저항하기 어렵기 때문에 사람은 그것을 채우기 위해 목숨과 평판을 잃을 수도 있는 위험을 무릅쓴다. 그러나 제어되고 다른 쪽으로 방향이 돌려지면 이 동기를 부여하는 힘은 활발한 상상력과 용기 등 모든 속성을 유지하면서 문학, 예술 혹은 다른 어떤 전문 분야나 직업은 물론 부의 축적에서도 이용될 수 있다.

성 에너지 변환에는 당연히 의지력 발휘가 요구되지만, 그 보상을 생각하면 노력할 가치가 충분하다. 성 표현에 대한 욕구는 선천적이고 자연스러운 것이다. 욕구는 감추거나 제거할 수도 없고, 그렇게 해서도 안 된다.

성을 표출하고자 하는 욕구는 몸, 마음, 영혼을 풍요롭게 하는 표현방법을 통해서 그 출구가 제공되어야 한다. 이런 올바른 출구가 제공되지 않으면, 그것은 오직 육체적 수단을 통한 출구만 찾을 것이다. 강에 댐을 쌓아서 한동안은 그 안의 물을 통제할 수 있을지 모르지만, 결국 틈새를 찾아서 밀고 나갈 것이다. 성 감정도 마찬가지다. 잠시 동안은 감추고 억제할 수 있겠지만, 성 감정의 본질적 특성상 늘 표출 방법을 찾게 된다. 따라서 무엇인가 창조적 노력으로 변환하지 않으면 성 감정은 덜 바람직한 출구를 찾을 것이다.

성취와 고도로 발달된 성 본능의 관계

성 감정에 어떤 형태의 창조적 노력을 통해서 출구를 마련해 주는 방법을 발견한 사람은 정말로 행운아다. 왜냐하면 그 발견이 그를 천재의 반열에 올려 주기 때문이다. 과학적 연구를 통해서 다음과 같은 중요한 사실이 밝혀졌다.

1. 위대한 성취를 이룬 사람들은 고도로 발달된 성 본능을 가진 이들로 그 본능을 다른 에너지로 변환하는 방법을 알아냈다.
2. 큰돈을 번 부자들, 문학, 예술, 산업, 건축, 전문 직업에서 뛰어난 성과를 이룬 사람들은 여성의 영향으로 동기 부여되었다.

이런 발견은 자서전과 2천 년이 넘는 역사를 찾아봄으로써 이루어졌다. 위대한 성취를 이룬 사람들에 관한 증거를 살펴보면, 그들은 매우 뚜렷하게 강한 성 본능을 갖고 있었다. 성 감정은 저항할 수 없는 힘이기 때문에 그 힘에 저항할 수 있는 부동의 몸이란 존재하지 않는다. 이 감정이 발동되면, 사람은 행동을 위한 엄청난 힘을 갖게 된다. 이 진실을 이해하게 되면 당신은 "성 에너지 변환이 창의력의 비밀을 담고 있다."는 말의 중요성을 알게 될 것이다.

사람이든 동물이든 생식선Sex Glands을 제거하는 것은 행동을 일으키는 주요 원천을 없애는 것과 같다. 이에 대한 증거가 필요하다면, 동물을 거세한 다음에 어떤 일이 벌어지는지 관찰해 보라. 황소가 마치 암소처럼 온순해질 것이다. 거세는 사람이든 동물이든 남성 안에 존재하는 모든 투쟁 욕구를 지워 버린다. 여성의 생식선 제거도 같은 효과를 가진다.

10가지 정신 자극

인간의 정신은 자극에 반응한다. 그 자극을 통해 정신은 열정, 창조적 상상력, 강렬한 욕구 등 높은 수준의 동요로 긴장하게 된다. 정신이 가장 자유롭게 반응하는 자극은 다음과 같다.

1. 성 에너지 표출에 대한 욕구
2. 사랑
3. 명성, 힘, 또는 경제적 이익, 돈
4. 음악
5. 동성 혹은 이성 간의 우정
6. 영적 혹은 세속적 성장을 위해서 협력하는 두 사람 이상의 화합을 기반으로 한
   마스터마인드 연합
7. 박해를 당하는 사람들이 경험하는 것 같은 공동의 고통
8. 자기암시
9. 두려움
10. 마약과 술

성 표현에 대한 욕구는 이 10가지 자극 중에서도 제일 위에 위치한 욕구
로 정신을 가장 효과적으로 준비하게 만들어서 신체적 행동의 바퀴를 돌
리기 시작한다. 이 욕구들 중에서 8가지는 자연적이며 긍정적이고, 두
가지는 파괴적이다.

여기서 10가지 자극의 목록을 제시하는 것은 당신이 정신 자극의 주요
원천에 관한 비교 연구를 할 수 있게 해 주려는 목적에서다. 이 연구에서
성 감정이 확실히 모든 정신 자극 가운데 가장 강렬하고 영향력이 있다는
것을 쉽사리 알 수 있다.

누군가가 천재란 "머리를 길게 기르고, 요상한 음식을 먹고, 혼자 살
며, 웃음거리가 되는 대상의 역할을 하는 사람"이라고 말한 적이 있다.

천재에 대한 정의는 "천재는 일반적 수준의 생각을 통해서는 이용할 수 없는 지식의 원천과 자유롭게 소통할 수 있는 지점으로 생각의 강도를 높이는 방법을 발견한 사람"이 더 나은 것 같다.

생각을 하는 사람은 이런 천재의 정의에 관해서 몇 가지 질문을 던지고 싶을 것이다. 아마도 첫 번째 질문은 "일반적 사고로는 이용할 수 없는 지식의 원천들과 어떻게 소통할 수 있습니까?"가 될 것이다. 다음 질문은 "천재들만 이용할 수 있는 정보의 원천들이 존재합니까? 만약 그렇다면, 그 원천들은 무엇이고, 정확히 어떻게 도달할 수 있습니까?"일 것이다.

천재는 육감을 통해 개발된다

육감이 실재한다는 것은 이미 적지 않게 증명되었다. 이 육감이 바로 창조적 상상력이다. 창조적 상상력은 대다수가 평생에 걸쳐서 전혀 사용하지 않는 능력인데, 사용한다고 해도 대개 우연이다. 비교적 소수의 사람들이 신중하게, 의도적으로 창조적 상상력을 사용한다. 이 능력을 의식적으로 그 기능을 이해하면서 사용하는 사람들이 바로 천재다.

창조적 상상력은 유한한 인간의 정신과 무한 지성 사이를 직접 연결한다. 소위 종교계에서 말하는 모든 계시revelations와 발명 분야에서 모든 기본적이거나 새로운 원리의 발견은 창조적 상상력을 통해서 이루어진다.

직감은 어디에서 오는가

흔히 말하는 직감을 통해서 아이디어 혹은 개념이 섬광처럼 머릿속에 들어올 때, 그것은 다음과 같은 원천 가운데 하나 이상에서 온다.

1. 무한 지성
2. 자신의 잠재의식. 잠재의식에는 오감 중 어떤 것을 통해 두뇌에 전달된 모든 감각 인상과 사고 자극이 저장되어 있다.
3. 의식적 사고를 통해서 생각이나 아이디어, 개념의 그림을 방출한 어떤 다른 사람의 정신으로부터.
4. 다른 사람의 잠재의식 창고로부터.

이 4가지 외에 영감 혹은 직감을 얻을 수 있다고 알려진 다른 원천은 없다. 10가지 자극 중 하나 이상을 통해 두뇌 활동이 자극을 받으면, 그것은 일반적 생각의 수준을 훨씬 뛰어넘도록 개인을 끌어올림으로써 비즈니스나 전문 분야의 일상적 문제를 해결할 때 낮은 수준에서는 이용할 수 없는 멀고, 넓고, 수준 높은 생각을 마음에 그릴 수 있도록 해 준다.

어떤 형태의 정신 자극을 통해서 이런 높은 수준의 사고로 올라서면, 그 사람은 비행기를 타고 올라가 땅에 있을 때 그의 시야를 제한했던 수평선을 넘어서 저 멀리 볼 수 있는 높은 위치를 차지한 것과 마찬가지다. 또 이런 높은 사고 수준에서는 개인이 의식주라는 3가지 기본적 욕구를 충족하는 문제와 싸우면서 그의 시야를 제한하는 어떤 자극에 의해 방해받거나 묶이는 일도 없다. 비행기를 타고 하늘로 올라가면 언덕과 계곡, 다른 시각적 제한이 효과적으로 없어지는 것처럼 일상적이고 평범한 생각들이 제거된 세상에 존재하게 된다.

이렇게 고양된 사고 수준에서는 정신의 창조적 능력이 자유롭게 활동하게 된다. 육감이 기능하도록 길이 깨끗이 치워진 것이다. 그리고 다른 어떤 상황에서 개인에게 도달할 수 없었던 아이디어들도 수용하게 된다. 육감은 천재와 평범한 사람 간의 차이를 나타내는 능력이다.

창조적 능력 개발

창조적 능력은 많이 사용될수록 그것에 더 많이 의존하게 되고, 사고 자극을 달라고 요구하면 할수록 개인의 잠재의식 밖에서 발생하는 요소들에 대해 더욱 민감해지고 수용적이 된다.

이 능력은 사용을 통해서만 양성되고 개발된다. 사람의 "양심"이라고 알려진 것은 오직 육감을 통해서만 작동한다. 위대한 예술가들, 작가들, 음악가들, 시인들은 창조적 상상력을 통해 내면에서 말하는 '조용한 작은 목소리'에 의지하는 습관을 습득했기 때문에 위대해졌다. 최고의 아이디어는 소위 "직감"을 통해서 나온다는 것은 "예민한" 상상력을 가진 사람들에게는 잘 알려진 사실이다.

훌륭한 연설가가 있었는데, 그는 눈을 감고 창조적 상상력에 온전히 의지한 다음에야 최고의 연설을 했다. 왜 연설이 최고조에 달하기 직전에 눈을 감느냐고 묻자, 그는 "내가 그렇게 하는 것은 그렇게 해야만 내면에서 나오는 아이디어를 통해서 말할 수 있기 때문이다."라고 대답했다. 미국에서 가장 성공하고 유명한 금융계의 거물 한 사람은 결정을 내리기 전에 2~3분 동안 눈을 감는 습관이 있었다. 왜 그렇게 하느냐고 묻자, 그는 "눈을 감으면 '초 지성 superior intelligence'에 접근할 수 있기 때문이다." 라고 대답했다.

어떤 발명가의 최고 아이디어를 얻는 법

고인이 된 메릴랜드 주 체비 체이스의 엘머 게이츠 Elmer R. Gates 박사는 창조 능력을 개발하고 사용하는 과정을 통해 기본 특허가 다수 포함된 200가지가 넘는 유용한 특허를 따냈다. 그가 사용한 방법은 게이츠 박사가 속했던 천재 지위를 차지하는 데 관심 있는 사람들에게는 중요하면서도 흥미로운 것이었다. 게이츠 박사가 천재였다는 것은 의심의 여지가 없고, 그는 세상에 널리 알려지지는 않았지만 진정 위대한 과학자 가운데 한 명이었다.

그의 실험실에는 '개인 커뮤니케이션 방'이라고 이름 붙인 공간이 있었다. 그곳은 방음 시설을 갖추고 빛을 완전히 차단할 수 있게 되어 있었다. 방안에는 작은 테이블이 있고 테이블 위에는 메모할 수 있는 종이가 놓여 있었다. 테이블 앞쪽 벽에는 전기 스위치가 있어서 불을 켜거나 끌 수 있었다. 게이츠 박사는 창조적 상상력을 통해서 아이디어를 얻고 싶을 때 그 방으로 들어가서 테이블 앞에 앉은 다음에 불을 껐다. 그리고 자신이 연구하고 있는 발명품에 관해서 이미 알고 있는 요소들에 생각을 집중했다. 그는 발명품의 알려지지 않은 요소들과 관련된 아이디어들이 떠오를 때까지 그 자세를 유지했다.

한번은 수많은 아이디어들이 너무 빨리 떠올라서 거의 3시간 동안이나 아이디어를 기록해야 했다. 아이디어가 멈추자 그는 자신이 기록한 노트를 살펴봤다. 거기에는 그때까지 과학계에 알려지지 않은 원리들이 상세히 기록되어 있었고, 자신의 문제에 대한 답도 잘 정리되어 있었다. 게이츠 박사에게는 개인과 기업을 위해서 '아이디어를 얻으러 앉아 있기' 가 직업이었다. 미국의 몇몇 대기업들은 '아이디어를 위해 앉아 있기'에 시간당 엄청난 거액을 지급했다.

추리 능력은 대부분 축적된 자기 경험의 안내를 받기 때문에 종종 불완전하다. 자신이 경험을 통해서 축적한 지식이 반드시 정확한 것은 아니다. 그보다는 창조적 능력을 통해서 들어온 아이디어가 훨씬 신뢰성이 높다. 그런 아이디어는 정신의 추리 능력으로 얻을 수 있는 아이디어보다 훨씬 더 신뢰할 수 있는 원천을 통해서 들어오기 때문이다.

천재들의 방법을 나도 사용할 수 있다

천재와 평범한 괴짜 발명가의 주된 차이는 천재는 창조적 상상력을 통해서 일하는 것에 반해, 괴짜 발명가는 창조적 상상력에 관해 전혀 모른다는 사실에 있다. 과학적 발명가는 상상력이 가진 종합적 능력과 창조적 능력을 둘 다 사용한다. 예를 들어서 과학적 발명가는 종합적 능력(추리 능력)과 경험을 통해서 축적된 이미 알려진 아이디어나 원리를 조직하고 결합하는 것에서 발명을 시작한다. 만일 축적된 지식이 발명을 완성하는 데 불충분하다고 판단되면, 그는 자신이 가진 창조적 능력을 통해서 접근 가능한 지식의 원천으로부터 지식을 구한다. 구체적 방법은 사람에 따라서 다르지만, 이것이 바로 과학적 발명가가 사용하는 절차의 핵심이다.

1. 그는 10가지 정신 자극 중에서 하나 이상을 사용하거나 자신이 선택한 다른 자극을 사용해 정신을 자극함으로써 생각이 평소보다 높은 수준으로 기능하게 한다.

2. 그는 자신의 발명에서 이미 알려진 부분(완성된 부분)에 정신을 집중하고, 자기 마음속에 알려지지 않은 요소들(미완성된 부분)의 완벽한 그림을 그린다. 이 마음속 그림을 잠재의식으로 넘어갈 때까지 유지한 다음, 자기 마음속 모든 생각을 지워버리며 긴장을 푼다. 그러고 나서 답이 머릿속에 번쩍하고 떠오를 때까지 기다린다.

결과는 즉시 명확하게 나타날 수도 있고, 반대로 육감이나 창조적 능력의 개발 상태에 따라서 부정적일 수도 있다. 에디슨은 창조적 능력과 접속해서 백열등을 완성하는 답을 듣기 전까지 상상력의 종합 능력을 통해서 얻은 만 가지 이상의 각각 다른 아이디어를 시험했다. 축음기를 만들 때도 비슷했다.

세상에는 창조적 상상력이라는 능력이 존재한다는 것을 증명해 줄 수 있는 믿을 만한 증거가 많이 있다. 그 증거는 많은 교육을 받지 않고도 자기 분야에서 리더가 된 사람들을 정확하게 분석해 보면 얻을 수 있다. 링컨이 바로 창조적 상상력의 능력을 발견하고 사용해 위대함의 반열에 오른 훌륭한 리더의 좋은 사례다. 그는 앤 러틀리지를 만나고 나서 경험한 사랑의 자극으로 이 능력을 발견하고 사용했다. 이것은 천재의 원천을 연구하는 데 가장 중요한 의미를 지닌 내용이다.

성의 추진력 Driving Force

우리 역사는 여성이 성 욕구를 자극해 창조적 기능을 깨워 준 덕분에 커다란 성취를 이룰 수 있었던 위대한 리더들에 관한 기록으로 가득 차 있다. 나폴레옹 보나파르트 Napoleon Bonaparte가 그들 중 한 사람이다. 첫 아내 조세핀에게서 영감을 받던 때 그는 저항할 수 없는 상대였고 무적이었다. 그러나 이성적 판단 혹은 추리 능력에 의해 조세핀을 버리자 그는 몰락하기 시작했다. 그때부터 머지않아 그는 전쟁에서 패배하고 세인트헬레나 섬으로 유배당했다. 별로 기분 좋은 일은 아니지만 조금만 생각해 보면, 자기 아내 덕분에 위대한 성취를 이뤘다가 돈과 권력이 머리를 채우자 그녀를 버리고 새 아내와 결혼한 후 파멸의 길로 들어선 많은 저명 인사들의 이름을 쉽게 댈 수 있다. 올바른 원천에서 나온 성적 영향이 단순한 논리로 만들어 낼 수 있는 다른 어떤 편의적 대용품보다 더 강력하다는 점을 발견한 것은 나폴레옹만이 아니다.

인간의 정신은 자극에 반응한다! 여러 자극 중에서도 가장 크고 강력한 것은 성 충동이다. 이 충동을 통제하고 변환하면, 그 추진력은 사람들의 생각 수준을 높이 끌어올려서 그전 낮은 생각 수준에서 자신을 괴롭혔던 근심과 자질구레한 걱정거리들을 극복할 수 있게 해 준다. 그들의 전기를 읽어 보면 알 수 있겠지만, 여기에 커다란 성취를 이룬 몇 사람 이름을 열거한다. 그들은 높은 성 충동을 가졌다고 알려져 있는데, 그들의 천재성은 의심할 여지없이 성 에너지 변환에서 나오는 힘에 그 뿌리를 두고 있다.

조지 워싱턴George Washington	우드로 윌슨Woodrow Wilson
토머스 제퍼슨Thomas Jefferson	랄프 왈도 에머슨Ralph Waldo Emerson
나폴레옹 보나파르트Napoleon Bonaparte	존 패터슨John H. Patterson
엘버트 허버드Elbert Hubbard	로버트 번스Robert Burns
윌리엄 셰익스피어William Shakespeare	앤드루 잭슨Andrew Jackson
엘버트 게리Elbert Gary	엔리코 카루소Enrico Caruso
에이브러햄 링컨Abraham Lincoln	

이 목록에 포함되지 않은 이름을 당신이 알고 있는 지식으로 추가할 수도 있다. 문명의 역사상 어느 분야를 막론하고 커다란 성취를 이룬 사람 중에 높은 성 충동을 가지지 않은 사람을 한 명이라도 찾을 수 있다면 찾아보기 바란다. 현존하지 않는 사람들의 전기에 의존하고 싶지 않다면, 당신이 알고 있는 커다란 업적을 이룬 사람들 중 한 명이라도 높은 성 충동을 지니지 않은 사람을 찾을 수 있는지 살펴보기 바란다. 성 에너지는 모든 천재들의 창조적 에너지다. 이 성 에너지가 주는 추진력을 갖지 않은 위대한 리더, 건축가, 예술가는 지금까지 한 명도 없었고, 앞으로도 없을 것이다.

이것은 높은 성 충동을 가진 사람들이 모두 천재라는 뜻은 물론 아니다. 사람들은 상상력이 가진 창조적 능력을 통해서 그것이 주는 힘에 접근할 수 있도록 정신을 자극할 때에만 천재의 위치에 도달할 수 있다. 이렇게 정신이 고양된 상태가 될 수 있도록 해 주는 자극 중에서도 가장 큰 것이 성 에너지다. 이 성 에너지는 단순히 소유하는 것만으로 천재를 만들어 내지는 않는다. 천재 수준으로 사람을 높여 주려면 성 에너지는 반드시 신체적 접촉에 대한 욕구에서 어떤 다른 형태의 욕구와 행동으로 변환되어야만 한다. 사람들은 대부분 높은 성 충동으로 인해 천재가 되기보다는 이 위대한 힘을 오해하고 잘못 사용해서 자신을 낮은 동물 수준으로 떨어뜨린다.

40세 이전에 성공한 사람들이 거의 없는 이유

2만 5천 명 이상을 분석한 결과, 나는 뛰어난 성공을 거두는 사람들 중에

40세 이전에 성공한 사람들은 거의 없고, 50세가 넘어서 성공한 경우가 훨씬 많다는 점을 발견했다. 이 결과가 너무 놀라워서 그 원인을 주의 깊게 연구했다.

사람들이 40세에서 50세가 되기 전에 성공하지 못하는 주된 이유는 그 전까지는 성 감정을 육체적으로 표출하는 데에 탐닉해서 그들의 에너지가 소멸하는 경향이 있음을 이 연구가 밝혀냈다. 사람들은 대부분 성 충동이 단순한 신체적 표출 외에 훨씬 더 중요한 다른 가능성을 지녔다는 사실을 전혀 알지 못한다. 이것을 발견하는 대다수도 45세에서 50세 이전, 성 에너지가 최고조에 달한 시기에 여러 해를 낭비한 다음에야 발견한다. 그런 후에는 대개 주목할 만한 업적이 뒤따른다.

많은 사람이 40세가 될 때까지, 때로는 40세가 훨씬 넘어서까지 좀 더 바람직한 방향으로 에너지를 모으지 못하고 에너지를 탕진한다. 그들의 강력한 성 에너지는 터무니없이 사방에 뿌려져 버린다. 남자들이 가진 이런 습관에서 "젊은 혈기로 난봉을 피운다(Sowing his wild oats)."라는 말이 생겼다.

성 에너지를 표출하고자 하는 욕구는 인간의 감정 중에서도 단연 가장 강하고 억누르기 어려운 정서다. 그 때문에 적절히 통제되고 육체적 표현 이외의 다른 행동으로 변환되면 커다란 성취를 이끌어 낼 수 있다.

가장 위대한 정신적 자극제

역사를 살펴보면 인공적 정신 자극제인 술과 마약을 사용해서 천재의 위치에 오른 사람들 사례를 적지 않게 발견할 수 있다. 에드거 앨런 포 Edgar

Allen Poe는 술 취한 상태에서 '보통 사람은 감히 꿈꿀 생각도 못한 꿈을 꾸면서' 〈까마귀 raven〉를 집필했다. 제임스 휘트콤 라일리 James Whitcomb Riley도 술에 취해 있을 때 가장 좋은 글을 썼다. 아마 그래서 그가 '현실과 꿈이 질서 있게 뒤섞이는 것, 강 위에 있는 물방앗간, 개울 위 안개'를 보았을 것이다. 로버트 번스 Robert Burns도 취했을 때 가장 좋은 작품을 남겼다. 〈올드 랭 사인 Auld Lang Syne〉이 대표적이다. 그러나 기억해야 할 것은 그들 중 많은 사람이 결국 자멸했다는 사실이다. 자연은 술의 힘을 빌지 않고도 안전하게 정신을 자극하여 인간이 모르는 어딘가에서 나오는 훌륭하고 매우 뛰어난 생각에 접속할 수 있는 천연의 묘약을 준비해 두었다. 이 천연 묘약보다 나은 자극제는 아직 발견되지 않았다.

성 욕구와 영적 충동 사이에 대단히 깊은 관계가 있다는 점은 심리학자들에게는 잘 알려진 사실이다. 그것은 원시 사회에서는 일반적이었던 신성한 '부흥 revivals'으로 알려진 집단 축제에 참가한 사람들의 특유한 행동을 설명해 준다.

세상을 지배하고 문명세계의 운명을 결정하는 것은 인간의 정서다. 사람들의 행동은 논리보다는 감정의 영향을 받는다. 정신의 창조적 능력은 냉정한 이성이 아니라 전적으로 정서에 의해서 작동한다. 인간의 모든 정서 중에서도 가장 강력한 정서는 성이다. 세상에는 다른 자극제들도 있고 그중 일부는 앞에서 제시되기도 했지만 그 어떤 것도, 심지어 다른 모든 것들을 합쳐도 성이 가진 힘을 당할 수 없다. 정신적 자극제란 일시적이거나 영구적으로 사고의 강도를 증진하는 어떤 영향력을 말한다. 앞에서 열거했던 10가지 주요 자극제는 여러 자극제 중에서도 가장 일반적으로 쓰이는 것들이다. 이런 원천들을 통해서 우리들은 무한 지성과 교감하거나 자신 또는 다른 사람의 잠재의식 창고에 마음대로 들어갈 수 있다. 천재들이 그런 절차를 사용한다.

개인적 매력의 창고

3만 명 이상의 판매원을 훈련시켰던 강사 한 사람이 놀라운 발견을 했다. 강한 성 에너지를 가진 사람들이 가장 유능한 판매원이라는 사실이다. 그것은 "성 에너지가 바로 성격의 구성 요소인 개인적 매력personal magnetism이다."라고 설명할 수 있다. 성 에너지가 강한 사람들은 항상 매력이 풍부하다. 이 성 에너지를 개발하고 이해하면, 이 핵심적 힘을 인간관계에서 굉장히 유용하게 활용할 수 있다. 이 에너지는 다음과 같은 수단을 통해 다른 사람들에게 전달될 수 있다.

1. 악수
   손을 잡는 것은 즉시 매력이 있는지 없는지를 나타낸다.

2. 목소리 어조
   매력 혹은 성 에너지에 따라서 음성에 색이 입혀지거나 듣기 좋고 매력적이 된다.

3. 자세와 몸가짐
   성 에너지가 강한 사람들은 힘차고, 우아하고, 편하게 걷는다.

4. 생각의 진동
   강한 성 에너지를 가진 사람들은 성 감정을 자기 생각과 혼합하고 마음만 먹으면 언제나 그렇게 할 수 있고, 그런 방식으로 자기 주변 사람들에게 영향을 줄 수 있다.

5. 몸치장

강한 성 에너지를 가진 사람들은 대개 자기 외모에 주의를 기울인다. 그들은 보통 자신의 성격, 외모, 피부색 등에 어울리는 스타일의 옷을 선택한다.

판매원을 채용할 때, 유능한 판매 책임자는 개인적 매력을 판매원의 첫 번째 요건으로 본다. 왜냐하면 무엇을 판매하는지와 관계없이 열정이 판매에서 가장 중요한 요건 중의 하나인데, 성 에너지가 약한 사람은 자신이 열정적이 되지도 못하고 다른 사람에게 열정을 불어넣지도 못하기 때문이다.

성 에너지가 약한 대중 연설가, 웅변가, 목사, 변호사, 판매원은 다른 사람들에게 영향을 미친다는 점에서는 실패작이다. 이것을 사람들 대부분은 정서에 호소해야만 움직인다는 사실과 연결해 보면, 판매원의 타고난 능력 중에서 성 에너지의 중요성을 이해하게 될 것이다. 탁월한 판매원은 의식적 혹은 무의식적으로 성 에너지를 판매 열정으로 변환하기 때문에 그 위치에 도달한다. 이 말에는 성 에너지 변환의 실질적 의미에 관한 극히 현실적인 암시가 들어 있다. 자신의 마음을 성에서 떼어 내고, 원래 목적에 적용할 만큼의 열정과 결심을 판매 노력으로 돌리는 법을 알고 있는 판매원은 그것을 인식하고 있든 아니든 성 에너지 변환 기술을 습득한 것이다. 성 에너지를 변환시킨 판매원들 대부분은 자신이 무엇을 하고 있는지 혹은 어떻게 하고 있는지를 전혀 의식하지 못한 채 그렇게 하고 있다.

성 에너지 변환은 평범한 사람들이 보여 주는 것 이상의 의지력을 요구한다. 변환에 필요한 의지력을 불러일으키는 것이 어렵다고 여기는 사람도 점차 이 능력을 습득할 수 있다. 비록 성 에너지 변환이 의지력을 요구하지만, 실천했을 때 얻는 보상은 노력 이상의 충분한 가치가 있다.

성에 관한 잘못된 믿음은 성격을 해친다

사람들 대부분이 성이라는 주제 전체에 대해 변명의 여지가 없을 정도로 무지하다. 성 충동은 무지하고 악의 있는 사람들에 의해서 극도로 오해되고, 비방을 받고, 희화화되어 왔다. 강한 성 충동이라는 축복(축복이라고 불리는 것이 옳다)을 받은 것으로 알려진 사람들은 대개 조심해야 할 사람으로 여겨진다. 축복받았다고 불리는 대신에 저주받았다고 불리는 것이 보통이다.

지금과 같은 개화 시대에도 수백 만 명의 사람들이 강한 성 본능이 저주라는 잘못된 믿음으로 인해 열등감을 갖고 있다. 성 에너지가 가진 미덕에 대해 지금까지 한 이야기를 그저 방종을 정당화하는 것으로 이해해선 안 된다. 성이라는 정서는 지혜롭고 분별력 있게 사용될 경우에만 미덕이 된다. 성은 몸과 마음을 타락시킬 정도로 오용될 수 있고, 또한 실제로 오용되기도 한다.

내가 분석할 수 있는 행운을 누렸던 거의 모든 위대한 리더들의 성취는 대부분 여성으로부터 영감을 받은 결과였다. 많은 경우 그들에게 영감을 준 여성은 대중에게 거의 알려지지 않은 겸손하고 헌신하는 아내였다. 가끔은 영감의 원천이 아내가 아닌 다른 여성인 경우도 있었다.

지혜로운 사람이라면 누구나 술이나 마약을 통한 과도한 자극은 무절제의 파괴적 형태라는 것을 안다. 그러나 성 충동에 탐닉하는 것이 마약이나 술 못지않게 창의적 노력에 파괴적이고 해로운 습관이라는 것은 모르는 경우가 많다. 성에 미친 사람은 본질적으로 마약에 미친 사람과 다르지 않다. 둘 다 이성과 의지력을 잃어버린 사람이다. 건강염려증(가상의 질병)의 상당수는 성의 진정한 역할에 관한 무지가 만든 습관에서 비롯된다.

성 에너지 변환에 관한 무지가 한편으로는 무지한 사람들에게 엄청난 벌을 주면서, 다른 한편으로는 그에 못지않은 엄청난 이익을 허락하지 않고 있다는 사실을 쉽게 볼 수 있다. 성에 관한 무지가 널리 퍼진 것은 성이 미스터리와 어두운 침묵에 둘러싸여 있다는 사실 때문이다. 미스터리와 침묵의 음모는 젊은이들 마음에 금지의 심리학과 동일한 영향을 미쳤다. 그 결과 호기심과 이 금지된 주제에 관해 더 많은 지식을 얻고자 하는 욕구가 증가했다. 모든 국회의원들과 대부분의 의사들이 부끄럽게도, 그 주제에 관해 젊은이들을 교육할 최고의 자격을 갖춘 사람들을 훈련했지만 필요한 정보를 얻는 것은 아직까지도 쉽지 않다.

40세 이후 유익한 시기

어떤 활동 분야에서도 40세가 되기 전에 개인이 대단히 창의적인 시도를 하기는 어렵다. 사람은 평균적으로 40세에서 60세 사이에 최고의 창조 능력에 도달한다. 이것은 수천 명의 남녀를 주의 깊게 관찰하고 분석한 결과에 기초하고 있다.

이 말은 40세가 아직 안 된 사람들과 40세 부근에서 노령이 되는 것에 두려움을 느끼고 있는 사람들에게는 힘을 줄 것이다. 40세와 50세 사이가 대체로 가장 수확이 많은 시기다. 사람은 두려움과 긴장이 아니라 희망과 큰 기대를 가지고 이 나이에 접근해야 한다.

40세가 되기 전에는 사람들이 대부분 최고 성과를 내기 시작하지 못한다는 말에 증거가 필요하다면 미국인에게 가장 성공했다고 알려진 사람들 기록을 연구해서 찾을 수 있다. 헨리 포드는 40세가 넘기 전에 큰 성과를 올리지 못했다. 앤드루 카네기가 자기 노력에 대한 보상을 받기 시작한 것도 40세가 훨씬 넘었을 때였다. 제임스 힐James J. Hill은 40세 때 아직 전보 송신기 키를 두드리고 있었다. 그의 엄청난 성취도 40세 이후에 이루어졌다. 미국 기업가와 금융계 인사들의 전기를 봐도 40세부터 60세까지의 시기가 가장 생산적이라는 증거가 가득하다.

30세에서 40세 사이에 사람은 성 에너지 변환 기술을 학습하기 시작한다. 이 발견은 보통 우연히 일어나므로 대개 자신의 발견을 전혀 의식하지 못한다. 35세에서 40세 무렵에 자신의 생산성이 증가했다는 것을 관찰할 수도 있지만, 사람들은 대부분 이 변화의 원인에 대해서는 잘 모른다. 사람은 30세에서 40세 사이가 되면 사랑의 정서와 성 정서가 조화를 이루기 시작하는데, 이 두 가지 위대한 힘을 행동을 위한 자극으로 함께 사용할 수 있게 되는 것이다.

정서라는 원동력을 이용하라

성 하나만으로도 행동을 일으키는 강력한 충동이지만 그 힘은 사이클론과 같아서 종종 통제할 수 없다. 그러나 사랑의 정서가 성 정서와 합쳐지기 시작하면, 그 결과는 평온한 목적, 안정감, 판단의 정확성, 균형이다.

40세가 되었는데도 이 말을 분석하고 자신의 경험에 비추어 확증할 수 없는 사람만큼 불행한 사람이 있을까?

오직 성 정서만을 기반으로 여성을 만족시키고 싶은 욕구에 끌려 다닐 때도, 사람은 커다란 성취를 이룰 힘을 가질 수 있고 보통 가지고 있다. 그러나 그의 행동은 조직적이지 못하고, 뒤틀리고, 완전히 파괴적이다. 또한 훔치고, 속이고, 심지어 살인을 저지르기도 한다. 그러나 사랑의 정서가 성 정서와 합쳐지면 똑같은 사람이 더 건전하고, 균형 잡히고, 이성적으로 행동하게 된다. 사랑, 로맨스, 성은 모두 인간이 엄청난 성취를 이루도록 할 수 있는 정서다. 사랑은 안전밸브의 역할을 하고 균형, 안정감, 건설적 노력을 보증하는 정서다. 이 3가지 정서가 합쳐질 때 사람을 천재의 위치로 들어 올릴 수 있다.

정서는 마음 상태다. 자연은 인간에게 '마음의 화학 작용'을 제공해 주었다. 그것은 물질의 화학작용 원리와 비슷한 방식으로 작동한다. 물질의 화학작용을 통해서 화학자가 그 자체로는 해롭지 않은 물질들을 적당한 비율로 섞어서 치명적인 독약을 만들 수도 있다는 것은 이미 잘 알려진 사실이다. 정서도 마찬가지로 결합되어서 치명적인 독약이 될 수 있다. 성 정서와 질투가 섞이면 사람을 미친 짐승으로 바꿔 버릴 수 있다. 인간의 마음에 파괴적 정서가 무엇이든 하나 이상 존재한다는 것은 마음이 가진 화학작용을 통해서 그 사람의 정의감과 공정성을 파괴할 수 있는 독약이 준비된 것과 같다.

천재로 가는 길은 성, 사랑, 로맨스를 개발하고 통제하고 활용하는 것으로 이루어져 있다. 간단히 말해서, 그 과정은 다음과 같다. 이 3가지 정서를 마음의 지배적 정서로 받아들여 키우고, 모든 파괴적 정서는 마음에서 억제한다. 마음은 습관의 산물이다. 마음은 그 안에 들어오는 지배적 생각이라는 음식을 먹고 산다. 의지력의 힘을 통해 사람은 어떤 정서는 촉진하고 다른 정서는 단념할 수 있다. 의지력을 사용해서 마음을 통제하는 것은 어렵지 않다. 통제는 끈기와 습관에서 온다. 통제할 수 있는 비밀은 변환 과정을 이해하는 데 있다. 어떤 부정적 정서가 마음에 있을 때, 그것은 자신의 생각을 바꾸는 간단한 절차에 의해서 긍정적이고 건설적인 정서로 변환될 수 있다.

자발적인 자기 노력 없이 천재가 될 수 있는 다른 길은 없다! 어떤 사람이 오직 성 에너지가 주는 추진력만으로 경제적으로나 사업적으로 위대한 성취를 이룰 수도 있다. 그러나 역사는 그런 사람은 내부에 자신이 쌓은 부를 오랫동안 유지하거나 즐기지 못하게 하는 어떤 기질들이 잠재할 가능성이 있거나 대개 그렇다는 증거로 가득 차 있다. 이것은 진실을 말하는 것이고 그 지식이 남녀 모두에게 도움을 줄 수 있으므로 분석하고, 사고하고, 명상할 가치가 있다. 이 사실을 몰라서 수많은 사람들이 부를 소유하고 있으면서도 행복을 누리지 못했다.

진정으로 사랑하는 사람은 결코 전부 잃지 않는다

사랑의 기억은 결코 지워지지 않는다. 그것은 사랑이 사라진 다음에도 마음속에 머물면서 이끌고 영향을 미친다. 이것에 새로운 것이라고는 없다. 진정한 사랑을 경험한 사람은 누구나 그것이 인간의 가슴에 지울 수 없는 흔적을 남긴다는 점을 안다. 사랑의 기억이 지속되는 것은 사랑이 본질적으로 영적이기 때문이다. 사랑의 힘으로 큰 성취를 이루지 못하는 사람은 희망이 없다. 그는 살아있는 것처럼 보이지만 죽은 것이나 다름 없다. 때로 과거로 돌아가서 아름다웠던 옛사랑의 기억에 잠겨라. 그러면 현재의 근심과 걱정이 누그러질 것이다. 그것이 유쾌하지 못한 현실의 도피처가 되어 주고, 잠시 환상의 세계로 도피한 사이에 당신 삶의 경제적 또는 정신적 상황을 완전히 바꿀 수 있는 아이디어나 계획이 갑자기 생각날지 누가 알겠는가?

사랑했지만 실연했기 때문에 자신이 불행하다고 믿는다면, 그 생각을 버리기 바란다. 진정으로 사랑하는 사람은 결코 전부 잃지는 않는다. 사랑은 변덕스럽고 신경질적이다. 마음 내킬 때 오고, 아무런 경고도 없이 떠나 버린다. 사랑이 머물고 있을 때 받아들이고 즐기되 사랑이 떠날 것을 걱정하면서 시간을 낭비하지 말라. 걱정한다고 해서 결코 돌아오지 않는다. 사랑이 일생에 오직 한 번밖에 오지 않는다는 생각도 버려라. 사랑은 수도 없이 왔다가 가지만 똑같은 사랑은 절대 없다. 다른 모든 것보다 깊은 흔적을 남기는 특별한 사랑이 하나 있는 것은 사실이지만, 모든 사랑의 경험은 사랑이 떠날 때 분노하고 냉소적이 되는 사람을 제외하고는 유익하다.

사랑에 대해서 실망해서는 안 되며, 사랑의 정서와 성 사이의 차이를 이해한다면 실망하지도 않을 것이다. 그 둘의 주된 차이는 성은 생물학적인 반면에 사랑은 영적이라는 점이다. 영적 힘으로 사람들 마음을 울리는 경험은 무지와 질투를 제외하면 결코 해로울 수가 없다. 사랑은 의문의 여지없이 인생에서 가장 위대한 경험이다. 사랑을 통해서 사람은 무한 지성과 교감한다. 로맨스와 성이 결합되면 사람을 창조적 능력의 사다리 맨 끝으로 이끈다. 사랑, 성, 로맨스의 정서는 성취하는 천재를 만드는 영구적 삼각형의 3가지 변이다.

사랑은 여러 가지 측면, 명암, 색깔을 가진 정서다. 그러나 사랑 중에서 가장 강렬한 것은 사랑과 성의 정서가 함께 합쳐질 때 경험하는 사랑이다. 성과 적절하게 균형과 조화를 이루는 영원한 사랑의 감정이 없는 결혼은 오래 행복할 수 없고 지속되는 일이 거의 드물다. 사랑 하나만으로는 행복한 결혼 생활이 어렵고, 사랑 없는 성만으로도 마찬가지다. 이 두 가지 아름다운 정서가 합쳐질 때, 결혼은 현세에서 우리가 경험할 수 있는 가장 영적인 마음의 상태를 만든다. 로맨스라는 정서가 이 사랑과 성이라는 정서에 추가되면, 유한한 인간의 마음과 무한 지성 사이를 가로막는 장애물이 제거된다. 그 순간 천재가 태어난다!

아내가 남편을 인물로 만들 수도 있고 망칠 수도 있는 이유

이제 잘 이해하면 결혼 안에 존재하는 무수한 혼란을 제거하고 화목한 가정생활을 가져올 수 있는 방법에 관한 설명을 들어 보자. 바가지라는 형태로 표현되는 부부간 부조화 원인을 찾아보면, 성에 관한 지식 부족이 원인인 경우가 일반적이다. 사랑, 로맨스, 성의 정서와 기능에 관한 적절한 이해가 있으면 부부 사이에 부조화가 없다. 부부가 사랑, 성, 로맨스 정서 사이의 진정한 관계를 파악하는 것은 축복이다. 이 신성한 3가지가 동기가 되면 어떤 노동도 힘들지 않다. 왜냐하면 아무리 저급한 노동이라도 사랑을 위한 일이 되어 버리기 때문이다.

"아내가 남편을 성공하게 할 수도 망하게 할 수도 있다(A man's wife may either make him or break him)."라는 옛말이 있지만, 그 이유가 반드시 분명한 것은 아니다. 성공하게 하느냐 망하게 하느냐는 아내가 사랑, 성, 로맨스라는 정서를 이해하는지 아니면 이해하지 못하는지에 달려 있다. 만약 어떤 여성이 자기 남편을 자신보다 다른 여성에게 더 흥미를 느끼게 만든다면, 그것은 대개 그 여성이 성, 사랑, 로맨스라는 주제에 대해서 무지하거나 무관심하기 때문이다. 이 말은 물론 두 사람 사이에 진정한 사랑이 한때 존재했다는 점을 전제로 한다. 아내가 남편에게 흥미를 잃을 때도 마찬가지다.

부부간에는 수없이 많은 사소한 다툼이 벌어진다. 그것을 정확하게 분석해 보면, 다툼의 진짜 원인이 이 3가지 주제에 관한 무관심이나 무지로 밝혀지는 경우가 잦을 것이다.

여성 없는 재산의 무용성

남성이 가진 가장 큰 동기 부여 요인은 여성을 기쁘게 하고 싶은 욕구다! 문명 이전 선사 시대에도 탁월한 사냥꾼들이 사냥에 뛰어났던 것은 여성들 눈에 잘나 보이고 싶었기 때문이었다. 남자들 천성은 이런 점에서 변하지 않았다.

오늘날 '사냥꾼'은 야생동물의 가죽을 집으로 가져오진 않지만, 대신 아내에게 좋은 옷, 차, 재산을 제공해 호감을 얻고자 한다. 문명 이전 시대와 마찬가지로 남성은 여성을 기쁘게 하고 싶은 욕구를 갖고 있다. 오직 한 가지 변한 것이 있다면 기쁘게 만드는 방법이다. 주로 여성의 마음에 들고 싶은 자기 욕구를 만족하기 위해서 남성은 많은 재산을 모으고, 거대한 힘과 명성을 획득한다. 삶에서 여성을 빼면 대부분의 남성들에게 아무리 큰 재산도 의미가 없을 것이다. 이런 여성의 호감을 얻고자 하는 남성의 내재된 욕구가 바로 남성을 성공하게 하거나 망하게 할 수 있는 여성의 힘이다.

남성의 이런 본성을 이해하고 요령 있게 그에 영합하는 여성은 다른 여성들과의 경쟁을 두려워할 필요가 없다. 남성이 다른 남성과 겨룰 때는 불굴의 의지력을 가진 거인일지 모르지만, 자신이 선택한 여성에게는 관리하기 쉬운 존재다. 남자들 대부분은 자신이 좋아하는 여성에 의해 쉽게 좌우된다는 점을 인정하지 않으려고 한다. 왜냐하면 남성은 천성적으로 여성보다 자신이 더 강한 존재라고 인정받고 싶어 하기 때문이다. 그런데 현명한 여성은 이런 남성의 특성을 인지하고 지혜롭게도 그것을 문제없게 만든다.

어떤 남자들은 자신이 좋아하는 여성 – 예를 들어 아내, 연인, 어머니, 혹은 여동생–이 자신에게 영향을 주고 있다는 사실을 알면서도 재치 있게 그들의 뜻에 저항하지 않는다. 왜냐하면 그들은 어떤 남자도 자신이 좋아하는 여성의 영향을 수용하지 않고서는 행복하거나 완전해질 수 없다는 것을 이해할 만큼 지혜롭기 때문이다. 이런 중요한 진실을 인지하지 못하는 남자는 다른 모든 힘을 합친 것보다 성공에 더 많은 도움을 주어 온 큰 힘을 자신에게서 박탈해 버린다.

성적 표현에 대한 욕구는 자연스러운 것이다. 그것은 감춰지거나 제거될 수 없고, 그래서는 안 된다. 성적 표현 욕구는 신체, 마음, 정신을 풍요롭게 하는 다양한 형태의 표현을 통해서 추가 배출구가 주어질 수 있고, 또 주어져야 한다.

다음 질문들에 답하시오.

1. 1~5까지 등급으로(1이 가장 낮고, 5가 가장 높다), 당신의 성적 욕구 평균치는 어느 정도라고 평가하는가? (아무도 당신 어깨 너머로 훔쳐보고 있지 않으니 솔직히 답한다)

　　1　　2　　3　　4　　5

2. 당신의 성적 표현 추구의 결과는 얼마나 건설적이고 유용했는가?

　　1　　2　　3　　4　　5

3. 성에 대해 너무 많이 생각해서 당신 일에 지장을 초래한다고 느낄 때가 있는가?
　□ 그렇다　　　　　□ 아니다

4. 성적 표현에 사용한 시간과 에너지를 더 건설적이고 순간적이지 않은 것에 사용했다면 좋았을 것이라고 생각한 적이 있는가?
　□ 그렇다　　　　　□ 아니다

5. 과거를 돌아볼 때, 성적 욕구를 배출하기 위해 사용했던 에너지를 대신 다른 곳에 사용했더라면 좋았겠다고 생각하는 분야나 일은 무엇인가?

6. 그 분야나 일 쪽으로 에너지를 방향 전환하기 위해서 당신이 할 수 있는 것은 무엇인가?

XII 잠재의식

누구나 부자가 되고 싶다는 바람을 가질 수 있다.
또 사람들 대부분은 그런 바람을 갖고 있다.
그러나 오직 소수만이 확고한 계획과 불타는 욕구를
더하는 것만이 부자가 될 수 있는 유일하게 믿을 수 있는
방법이라는 것을 안다.

Anybody can wish for riches, and most people do,
but only a few know that a definite plan,
plus a burning desire for wealth, are the only dependable
means of accumulating wealth.

잠재의식은 의식의 한 부분으로 이루어져 있다. 그곳에서는 오감의 어느 하나를 통해서 의식에 도달하는 모든 생각이 분류되고 기록된다. 분류되고 기록된 것은 서류함에서 꺼낸 편지처럼 기억해 내거나 뽑아낼 수 있다. 잠재의식은 감각이나 생각을 성질에 관계없이 받아들이고 정리하여 보관한다. 당신은 스스로 잠재의식에 물질이나 돈으로 바꾸고 싶은 어떤 계획, 생각이나 목적을 심어 넣을 수 있다. 잠재의식은 믿음 같은 정서적 느낌과 결합된 지배적 욕구에 먼저 반응한다.

이것을 2장 '욕구'에서 설명한 부자가 되는 6단계, 계획의 설정과 실행에 관한 7장과 연결해 보면, 지금 하는 말의 중요성을 이해할 수 있을 것이다. 잠재의식은 하루 종일 밤낮을 가리지 않고 일한다. 인간이 알 수 없는 절차와 방법을 통해서 잠재의식은 무한 지성에 접속해 힘을 얻고, 그 힘을 사용해서 항상 가장 현실적 방법으로 사람이 가진 욕구를 그에 상응하는 물질로 변환한다.

잠재의식을 완전히 통제할 수는 없다. 그러나 구체적 형태로 바꾸기 원하는 어떤 계획, 욕구, 혹은 목적을 의식적으로 잠재의식에 넘길 수는 있다. 이와 관련하여 4장 '자기암시'에서 설명한 잠재의식을 활용하는 방법을 다시 읽기 바란다.

잠재의식이 유한한 인간의 정신을 무한 지성과 연결하는 통로라는 믿음을 지지해 주는 증거는 얼마든지 있다. 잠재의식은 우리가 무한 지성의 힘을 자유자재로 이용할 수 있는 매개체다. 오직 잠재의식만이 정신적 자극이 그에 상응하는 영적 모습으로 바뀌는 비밀 과정을 담고 있다. 잠재의식만이 기도에 응답할 수 있는 원천에 기도가 전달될 수 있도록 하는 매개체다.

창조적 노력을 위해 잠재의식을 활성화하는 방법

잠재의식과 연관된 창조적 노력의 가능성은 엄청나고 상상할 수 없을 정도여서 경외심을 느끼게 한다. 나는 잠재의식에 관해서 이야기할 때마다 왜소해지는 듯하고 열등감을 느낀다. 아마 인간이 이 주제에 대해서 지닌 지식이 비참하다고 할 만큼 제한적이라는 사실 때문일 것이다.

잠재의식의 존재를 현실로 받아들이고 욕구를 물질이나 돈으로 변환하는 매개체로서의 가능성을 알게 되면, 당신은 2장 '욕구'에서 이야기한 방법의 중요성을 확실하게 이해하게 될 것이다. 또 왜 내가 자신의 욕구를 명확하게 하고 그것을 기록하도록 반복해서 이야기했는지, 왜 내가 말한 방법을 끈기 있게 실행해야 하는지도 이해하게 될 것이다.

13가지 원칙은 모두 자극이다. 당신은 그 자극으로 잠재의식에 도달하고 잠재의식에 영향을 미치는 능력을 습득한다. 첫 번째 시도에서 그렇게 할 수 없다고 해서 좌절하지 않기 바란다. 잠재의식은 3장 '믿음'에서 설명한 방법에 따라 오직 습관을 통해서만 의식적으로 조절할 수 있다는 점을 기억하라. 당신은 아직 믿음을 완전히 익힐 만큼 충분한 시간을 들이지 못했다. 참을성을 가지고 꾸준하게 시도하라.

3장 '믿음'과 4장 '자기암시'에서 했던 이야기들 중 상당수가 당신의 잠재의식에 도움을 주기 위해 여기서 반복될 것이다. 잠재의식은 당신이 그것에 영향을 미치기 위해 노력하는지 아닌지와 관계없이 저절로 기능한다는 점을 기억하라. 이것은 당신이 두려움과 가난에 관한 생각을 억제하고 잠재의식에 다른 좋은 음식을 먹이지 않는 한 두려움과 가난, 부정적 자극들이 잠재의식에 들어간다는 점을 시사한다.

잠재의식은 가만히 있지 않는다. 당신이 잠재의식에 자신이 열망하는 것을 심지 않으면, 잠재의식은 당신이 소홀히 한 결과로 그것에 도달하는 다른 생각들을 먹으면서 살 것이다. 생각은 부정적인 것과 긍정적인 것 둘 다 11장 '성 에너지 변환'에서 언급한 4가지 원천으로부터 계속 잠재의식에 도달하고 있다는 사실을 이미 설명했다.

지금은 당신이 매일 알지 못한 채 온갖 종류의 생각 속에서 살고 있다는 점을 기억하는 것으로 충분하다. 이런 자극들 중에서 어떤 것은 긍정적이고 어떤 것은 부정적이다.

당신은 지금 부정적 자극의 흐름을 닫고, 욕구라는 긍정적 자극을 통해서 잠재의식에 의식적으로 영향을 미치고자 노력하고 있는 중이다. 이것을 달성하게 되면, 당신은 잠재의식으로 통하는 문을 여는 열쇠를 갖게 될 것이다. 또 당신은 그 문을 완벽히 통제할 수 있어서 어떤 바람직하지 못한 생각도 잠재의식에 영향을 미치지 못할 것이다.

인간이 창조하는 모든 것은 생각이라는 형태에서 시작된다. 인간은 머릿속에서 먼저 상상하지 못하면 아무것도 창조하지 못한다. 상상력의 도움을 받아서 생각은 계획으로 만들어진다. 통제 아래 있을 때 상상력은 자신이 선택한 분야에서 성공으로 이끌어 주는 계획이나 목적을 만드는 데 사용될 수 있다.

실체로 바꾸기 위한 목적으로 잠재의식에 의식적으로 심어진 모든 생각은 상상력을 통과해서 믿음과 섞여야 한다. 잠재의식에 넘기기 위해서 믿음을 계획이나 목적과 섞는 것은 오직 상상력을 통해서만 가능하다. 이것을 보면 잠재의식을 자신이 원하는 대로 사용하려면 모든 원칙들을 조율하고 적용해야 한다는 사실을 쉽게 알 수 있다.

긍정적 정서를 활용하라

잠재의식은 마음의 이성적 부분에서만 나오는 생각보다는 감정이나 정서와 혼합된 생각에 더 잘 반응한다. 사실 정서적 생각만이 잠재의식에게 어떤 행동을 하도록 영향을 미칠 수 있다는 증거가 많이 있다. 정서나 감정이 대부분의 사람들을 지배한다는 것은 잘 알려진 사실이다.

잠재의식이 정서와 혼합된 생각에 더 빨리 반응하고 더 쉽게 영향받는다는 것이 사실이라면, 정서 중에서도 더 중요한 정서들이 무엇인지 아는 일은 매우 요긴할 것이다.

정서에는 7가지 주요 긍정적 정서와 7가지 주요 부정적 정서가 있다.

부정적 정서들은 자발적으로 생각에 들어가 생각과 혼합해서 잠재의식에 아무 문제없이 도달한다. 그러나 긍정적 정서들은 자기암시의 원칙을 통해서 우리가 잠재의식에 전달하고자 하는 생각에 의식적으로 주입되어야 한다(그 방법은 4장 자기암시에서 설명했다).

이런 정서나 감정들은 행동 요소 action element 로 생각을 수동적 상태에서 능동적 상태로 바꿔주기 때문에 빵에 들어있는 효모와 비슷하다. 이것은 왜 정서와 잘 혼합된 생각이 단순히 '차가운 이성'에서 비롯된 생각보다 더 손쉽게 행동으로 옮겨지는지를 설명해 준다.

당신은 지금 잠재의식이라는 '내면에 있는 청중'에게 돈을 벌고 싶다는 열망을 전달하기 위해 영향을 미치고 통제할 수 있도록 준비하고 있다. 따라서 이 내면에 있는 청중에게 접근하는 방법을 알아야 한다. 당신은 그 청중 언어로 이야기해야 한다. 그렇지 않으면 당신 말에 귀를 기울이지 않을 것이다. 그 청중은 정서와 감정의 언어를 가장 잘 이해한다. 따라서 당신이 잠재의식에 지시를 내릴 때 긍정적 정서는 이용하고 부정적 정서는 피할 수 있도록 여기에 7가지 긍정적 정서와 7가지 부정적 정서를 서술한다.

7가지 주요 긍정적 정서

욕구 정서 The emotion of desire

믿음 정서 The emotion of faith

사랑 정서 The emotion of love

성 정서 The emotion of sex

열정 정서 The emotion of enthusiasm

로맨스 정서 The emotion of romance

희망 정서 The emotion of hope

물론 다른 정서들도 있지만 이 7가지가 가장 강하고, 창조적 작업에서 가장 흔히 사용되는 정서들이다. 이 7가지 정서를 완전히 익히기 바란다. 그것을 터득하는 유일한 방법은 자주 사용하는 것이다. 이 7가지 정서를 마스터하면 다른 긍정적 정서들은 당신이 그것을 필요로 할 때 자유자재로 사용할 수 있다. 이와 관련해서, 지금 당신은 마음을 긍정적 정서로 채움으로써 '부자 의식'을 개발하도록 도와주는 책을 읽고 있다는 점을 기억하기 바란다.

7가지 주요 부정적 정서(피해야 할 것)

두려움 정서 The emotion of fear

질투 정서 The emotion of jealousy

미움 정서 The emotion of hatred

복수 정서 The emotion of revenge

탐욕 정서 The emotion of greed

미신 정서 The emotion of superstition

분노 정서 The emotion of anger

긍정적 정서와 부정적 정서는 동시에 마음을 차지할 수 없다. 둘 중 하나가 지배해야 한다. 그중에서 반드시 긍정적 정서가 마음에 지배적 영향력을 행사하도록 하는 것은 당신의 책임이다. 습관의 법칙이 당신을 도울 것이다. 긍정적 정서를 적용하고 사용하는 습관을 형성하라. 그러면 결국에는 긍정적 정서가 당신 마음을 완전히 지배하게 되어 부정적 정서는 마음에 들어설 수 없게 될 것이다.

이 설명을 철저히 지속적으로 따라야만 잠재의식을 통제할 수 있다. 당신의 의식 속에 자리 잡은 단 하나의 부정적 정서만으로도 잠재의식이 줄 수 있는 모든 긍정적 도움의 가능성을 파괴하기에 충분하다.

효과적인 기도의 비밀

당신이 관찰력이 뛰어나다면, 사람들 대부분은 다른 모든 방법이 실패한 다음 절박해져야 기도에 호소한다는 사실을 발견했을 것이다. 그렇지 않을 경우에는 온갖 별 의미 없는 말로 기도한다. 기도하는 사람들 대부분이 다른 방법들이 모두 실패한 다음에야 기도하기 때문에, 그때 그들의 마음은 두려움과 의심으로 가득 차 있다. 잠재의식은 바로 그 정서들에 반응해서 무한 지성으로 전달한다. 마찬가지로 무한 지성이 받아들이고 응답하는 것도 그 정서다.

무엇인가를 위해 기도하면서 그것을 받지 못할 수도 있다거나 무한 지성이 당신의 기도에 응답하지 않을지도 모른다는 두려움을 갖고 있으면, 당신의 기도는 보람이 없을 것이다. 가끔 기도한 결과 자신이 원하는 것을 얻을 수 있다. 당신이 기도를 했더니 원하는 대로 된 경험이 있다면, 기억을 더듬어서 당신이 기도했을 때 마음 자세를 떠올려 보기 바란다. 그러면 지금 여기에서 말한 내용이 단순한 이론을 넘어선다는 점을 확실히 알 수 있을 것이다.

당신이 무한 지성과 소통하는 방법은 소리의 진동이 라디오를 통해 전달되는 것과 비슷하다. 당신이 라디오의 작동 원리를 알고 있다면, 소리가 인간의 귀로는 탐지할 수 없는 주파수로 바뀌기 전까지는 전달될 수 없다는 사실을 알고 있을 것이다. 라디오 방송국에서는 사람이 말을 하면 그 소리의 진동을 수백만 배 증폭해서 형태를 바꾼다. 이 방식으로만 공간을 통해서 그 소리 에너지가 전달될 수 있다. 소리가 증폭을 통해서 에너지로 바뀐 다음에 에너지(원래는 소리 진동의 형태였다)가 라디오 수신기로 전달되고, 라디오 수신기가 에너지를 원래의 주파수로 환원하고 나서 소리로 들을 수 있게 된다.

잠재의식은 중간 매개체로 우리가 하는 기도를 무한 지성이 알아들을 수 있도록 번역한 다음에 그 메시지를 전달하고, 무한 지성으로부터 받은 답을 기도의 목적을 달성할 수 있는 명확한 계획이나 아이디어의 형태로 가져온다. 이 원칙을 이해하면 기도 책에 있는 글을 그냥 읽기만 하는 것은 결코 인간의 마음과 무한 지성 사이의 의사소통 수단이 될 수 없고, 되지도 않으리라는 사실을 알 수 있다.

연습문제

다음 질문들에 답하시오.

1. 지난주를 되돌아보면서, 당신의 감정 중 몇 퍼센트가 긍정적이었고 몇 퍼센트가 부정적이었는지 평가하라.

    긍정적   %   부정적   %

2. 당신이 경험한 가장 흔한 긍정적 감정은 무엇이었는가?

3. 당신이 경험한 가장 흔한 부정적 감정은 무엇이었는가?

4. 앞으로 이런 부정적 감정들을 피하기 위한 구체적 계획들을 아래에 열거하라.

CHAPTER **XIII** 두뇌

성공의 사다리 꼭대기는
항상 사람이 그다지 많지 않다.

**The ladder of success is
never crowded at the top.**

20여 년 전 알렉산더 그레이엄 벨 박사Dr. Alexander Graham Bell, 엘머 게이츠 박사Dr. R. Gates와 함께 일하면서 나는 모든 사람의 두뇌는 생각의 진동을 보내고 받는 송신국과 수신국이라는 것을 알게 되었다. 라디오 방송과 비슷한 원리로 모든 인간의 두뇌는 다른 사람이 방출하는 생각의 진동을 포착할 수 있다.

이것을 6장 '상상'에서 말한 창조적 상상력의 설명과 비교해서 생각해 보기 바란다. 창조적 상상력은 두뇌의 수신기로 다른 사람의 두뇌가 방출하는 생각을 수신한다. 창조적 상상력은 자신의 의식적 또는 논리적 사고와 아이디어의 4가지 원천 사이의 커뮤니케이션 수단이다.

인간의 정신이 높은 주파수로 자극되거나 강화되면 외부 원천을 통해 들어오는 생각에 보다 더 수용적이 된다. 긍정적 정서나 부정적 정서를 통해서 이 강화 절차가 이루어진다. 즉 정서를 통해서 생각의 진동이 증가될 수 있는 것이다.

성 정서는 정서의 강도와 추진력에 관한 한 인간의 정서 목록에서 가장 상단에 위치한다. 성 정서에 의해서 자극받은 두뇌는 그 정서가 잠잠하거나 없을 때와 비교해서 훨씬 빠른 속도로 활동한다.

성 에너지 변환이 이뤄지면 생각이 엄청나게 높은 수준으로 향상되어 창조적 상상력이 아이디어에 높은 수용성을 보인다. 한편 두뇌가 빠르게 작동할 때 두뇌는 다른 두뇌들이 방출하는 생각과 아이디어를 끌어들일 뿐만 아니라, 잠재의식이 선택해서 행동으로 옮기는 데 필수적인 감정을 자신의 생각에도 집어넣는다.

잠재의식은 생각의 진동이 방송되는 두뇌의 "송신국"이고, 창조적 상상력은 생각의 에너지가 선택되는 "수신기"다. 당신의 정신적 송신국과 수신국 역할을 하는 잠재의식의 중요한 요소들과 창조적 상상력의 능력에 따라 이제 당신의 방송국을 움직이는 수단인 자기암시의 원칙에 대해서 생각하기 바란다.

4장 '자기암시'에서 설명한 방법대로 실행하면 당신은 욕구를 그에 상당하는 돈으로 변환할 수 있다. 당신의 정신적 '방송국' 운영은 비교적 간단한 절차다. 정신적 방송국을 사용하고 싶을 때 기억하고 적용해야 할 것은 단 3가지 원칙, 즉 잠재의식, 창조적 상상력, 자기암시다. 이 3가지 원칙을 작동하는 데 필요한 자극들에 관해서는 이미 설명했다. 그 절차는 욕구로 시작한다.

눈에 보이지 않는 위대한 힘

인간은 오랜 세월에 걸쳐서 과도하게 신체적 감각들에 의존해 왔고, 따라서 지식도 볼 수 있고, 만질 수 있고, 무게를 재고, 측정할 수 있는 물질적인 것에 제한되어 있었다. 이제 비로소 우리 주위를 둘러싸고 있는 보이지 않는 힘에 관해서 무엇인가 가르쳐 줄 역사상 가장 놀라운 시대에 진입하고 있다.

우리는 아마 이 시대를 지나가면서 거울에 비치는 물리적인 나보다 더 강력한 '다른 나other self'를 배우게 될 것이다. 사람들은 때로 오감을 통해서 인식할 수 없는 눈에 보이지 않는 것들에 대해서 무시하는 말을 한다. 그런 말을 듣게 되면 "우리 모두는 보이지 않고 형체가 없는 것들에 의해서 통제되고 있다."라는 사실을 상기하기 바란다.

인류 전체를 합쳐도 밀려오는 파도 속에 담긴 눈에 보이지 않는 힘에 대응하거나 그것을 통제할 수는 없다. 또 인간은 이 지구를 우주에서 지탱하고, 인간을 지구에서 떨어지지 않도록 해 주는 중력이라는 실체가 없는 힘을 이해할 능력도 없다.

하물며 그 힘을 통제할 수 있겠는가? 인간은 비와 천둥을 동반한 태풍을 일으키는 자연현상과 같은 무형의 힘에 완전히 무력하고, 전기라는 눈에 보이지 않는 힘에 대해서도 마찬가지다.

보이지도 만질 수도 없는 힘과 관련해서 인간이 알지 못하는 것은 이것만이 아니다. 인간은 지구의 흙 속에 숨은 눈에 보이지 않는 힘에 대해서도 알지 못한다. 그 힘은 인간이 먹는 모든 음식, 인간이 입는 모든 의복, 주머니에 갖고 다니는 모든 돈을 제공한다.

놀라운 두뇌 이야기

마지막이긴 하지만 중요하기로는 뒤지지 않는 것이 있다. 사람들은 문화와 교육에 대해서 자랑하지만 무형의 힘 중에서도 가장 위대한 힘인 생각에 관해서는 거의 혹은 전혀 알지 못한다. 사람들은 두뇌에 관해서, 생각을 그에 상응하는 물질로 전환하는 광대하고 정교한 두뇌의 네트워크에 관해서 아주 조금 밖에 모르지만, 이제 그 주제에 대해 새롭게 많은 것을 깨우치는 시기로 들어서고 있다.

과학자들은 두뇌라는 엄청난 대상에 관심을 기울이기 시작했다. 아직 시작단계에 지나지 않지만, 이미 두뇌의 중앙 교환기 즉 두뇌 세포를 서로 연결하는 라인의 수는 숫자 1 다음에 오는 0의 개수가 1,500만 개에 달한다는 사실을 밝혀냈다.

"숫자가 너무 엄청나다."라고 시카고 대학교 헤릭 박사Dr.C.Judson Herrick가 말했다. "수억 광년이라는 천문학적 숫자는 이것과 비교해 보면 너무 미미하다. 인간의 대뇌 피질에는 100억에서 140억에 달하는 신경세포가 있다는 사실이 밝혀졌다. 우리는 이 신경 세포들이 특정한 패턴으로 정렬되어 있다는 점을 알아냈다. 그들은 아무렇게나 놓여 있는 것이 아니고 질서를 이루고 있다. 최근에 개발된 전기 생리학적 방법은 미세 전극을 사용해서 특정한 위치의 세포나 섬유로부터 활동 전류를 선택한 다음에, 진공관을 사용해 증폭하고 100만분의 1볼트 수준까지 그 차이를 기록한다."

이처럼 정교한 네트워크가 단지 우리 몸의 성장과 유지에 필요한 신체적 기능만을 목적으로 존재한다는 것은 상상하기 어렵다. 수십억에 달하는 뇌세포들에게 상호 커뮤니케이션 수단을 제공하는 시스템이라면 다른 무형의 힘들 사이의 커뮤니케이션도 함께 제공할 것이라고 생각하는 것이 타당하지 않을까?

　뉴욕타임스The New York Times는 저명한 대학교 한 곳 이상과 심령현상 연구
자 한 사람이 체계적 연구를 수행하고 있으며, 연구 결과로 이번 13장과
다음 14장의 내용과 동일한 결론을 얻었다는 사설을 실었다. 사설은 간
략하게 라인 박사Dr. Rhine와 듀크 대학교Duke University 동료들이 수행하고 있
는 연구에 대해서 다음과 같이 분석하고 있다.

'텔레파시'란 무엇인가?

한 달 전 우리는 사설에서 듀크 대학교 라인 교수와 동료 연구자들이 '텔레파시'
와 '투시력'이 존재하는지를 판단하기 위해 시행한 10만 번 이상의 테스트에
서 얻었던 몇 가지 놀라운 결과에 대해서 이야기했다. 테스트 결과는 월간 잡지
Harper's Magazine에 두 번 기사로 실렸다. 두 번째 기사에서 기고자 라이
트E. H. Wright는 이들 초감각적 인지 형태의 정확한 성격에 관해 테스트를 통해서
새로 알게 된 사실과 논리적으로 추측 가능한 점을 정리해서 제시했다.

일부 과학자들은 라인 박사의 실험 결과로 텔레파시와 투시력이 실제로 존재
할 가능성이 무척 크다고 보고 있다. 초감각을 지닌 사람들 여러 명에게 보지
않거나 그 밖의 다른 감각을 이용할 수 없도록 하면서 특별하게 제작된 카드
팩 안에 들어 있는 카드를 가능한 한 많이 맞추게 했다. 그들 중에서 약 20명
정도는 카드를 정확하게 알아내는 빈도수가 너무 높아서 그들이 우연히 그렇
게 맞출 가능성은 백만에 백만을 곱한 횟수에 한 번도 안 되었다.

그렇다면 어떻게 그렇게 할 수 있을까? 그 같은 초능력이 존재한다는 가정 하
에서 보면, 그 초능력은 감각적 능력은 아닌 것으로 여겨진다. 인체에 그런 기
능을 담당하는 기관은 없다. 수백 마일 떨어진 거리에서 실험을 해도 한 방에

서 실험할 때와 동일한 결과를 얻었다.

라이트에 의하면 이것은 텔레파시나 투시력을 물리적 방사이론theory of radiation 에 의해 설명하려는 시도를 폐기하도록 만든다. 방사이론에 의하면 모든 방사 에너지는 떨어진 거리의 제곱에 반비례해서 줄어드는데, 텔레파시와 투시력은 그렇지 않기 때문이다. 텔레파시와 투시력은 다른 정신 능력과 마찬가지로 물리적 원인에 따라서 변한다. 많은 사람들이 생각하는 것과 달리 초감각 소지자가 자고 있거나 반쯤 잠들어 있을 때 능력이 커지는 것이 아니라, 반대로 완전히 잠이 깨서 긴장 상태에 있을 때 커졌다. 라인 박사는 마취약은 예외 없이 실험 대상자의 점수를 떨어뜨리고, 자극제는 항상 높인다는 것을 발견했다. 아무리 높은 점수를 꾸준히 유지하는 실험 대상자라도 최선을 다하지 않으면 좋은 점수를 받을 수 없었다.

라이트가 어느 정도 자신감을 갖고 내린 결론은 텔레파시와 투시력은 서로 다른 것이 아니라 하나라는 사실이다. 즉 테이블 위에 뒤집어져 놓인 카드를 보는 능력은 다른 사람들의 마음속에 들어 있는 생각을 읽는 능력과 완전히 동일한 능력이라는 것이다. 그렇게 생각하는 데에는 근거가 있다. 예를 들어서 지금까지 두 가지 능력 중 하나를 갖고 있다고 알려진 사람들을 조사해 보면, 두 가지 능력이 모두 발견되었다. 그리고 그들이 가진 두 가지 능력의 크기는 거의 동일했다. 칸막이, 벽, 거리는 그 두 능력의 어느 곳에도 영향을 미치지 못했다.

라이트는 이 결과로부터 단지 그의 직감일 뿐이지만 다른 초감각적 경험, 앞날을 예언하는 꿈, 재앙에 대한 예고 같은 것들도 동일한 능력의 일부분으로 밝혀질지도 모른다고 말한다. 이 결과를 받아들일지는 당신의 선택에 달려 있지만 라인 교수의 연구 결과는 인상적이다.

팀원들 마음을 하나로 모으는 방법

마음이 '초감각적' 인지 형태에 반응하는 조건과 관련된 라인 박사 발표를 고려해서, 나도 추가하고 싶은 것이 있다. 나와 동료들은 다음 장에서 설명하는 육감이 잘 발휘될 수 있도록 자극하는 이상적 조건을 발견했다.

내가 말하는 이상적 조건은 나와 동료 두 명이 업무상 문제 해결을 위해서 함께 힘을 모으는 것을 말한다. 우리는 실험과 연습을 통해서(다음 장에서 설명하는 '눈에 보이지 않는 조언자들'과 관련된 원칙을 적용함으로써), 고객들이 제출한 온갖 다양한 개인적 문제들의 해결책을 찾을 수 있도록 우리 세 사람의 마음을 하나로 합치는 절차를 통해서 마음을 자극하는 방법을 발견했다.

절차는 매우 단순하다. 우선 회의용 테이블에 앉는다. 그리고 우리가 검토하고 있는 문제의 성격을 명확하게 서술한 다음 토론을 시작한다. 누구나 떠오르는 생각을 무엇이든 말한다.

이런 자극 방법의 독특한 점은 각 참가자가 자기 자신의 경험 밖에 있다는 것이 확실한 미지의 지식 원천들과 소통하도록 해 준다는 사실이다. 당신이 10장 마스터마인드에서 설명한 원칙을 이해한다면, 당연히 여기서 설명하는 둥근 테이블을 이용한 절차가 마스터마인드 원칙을 실제로 적용하는 것이라는 사실을 알 수 있다.

이와 유사한 자기 나름의 방식을 사용하면 누구나 이 책의 도입부에서 간략하게 설명했던 카네기 공식을 소유할 수 있다. 지금까지 내용이 당신에게 아무 의미가 없다면, 이 페이지를 표시해 두었다가 끝까지 다 읽은 후 다시 읽기 바란다.

다음 질문들에 답하시오.

1. 당신은 이 책이 제공하는 두뇌에 관한 정보를 마스터마인드 그룹의 발전을 위해 어떻게 사용할 계획인가?

---

2. 이 정보를 사용할 경우 당신이 기대할 수 있는 긍정적 효과는 무엇인가?

---

3. 정신적 방송국 운영에 미치는 부정적 영향을 피하기 위해서 당신이 취할 수 있는
   조치는 무엇인가?

육감은 유한한 인간의 정신과
무한 지성의 연락수단이다.

The sixth sense is the medium of contact
between the finite mind of man
and Infinite Intelligence.

지혜의 사원 Temple of wisdom 으로 가는 문
부자가 되기 위한 13단계

13번째 원칙은 소위 말하는 육감이다. 육감을 통해서 무한 지성은 개인의 노력이나 요구 없이도 의사소통을 할 수 있다. 이 원칙은 성공 철학의 정점에 있다. 이 원칙을 받아들이고, 이해하고, 실행에 옮기기 위해서는 먼저 다른 12가지 원칙을 완전히 익혀야 한다. 육감은 잠재의식에서 창조적 상상력이라고 불리는 부분이다. 육감은 또 아이디어, 계획, 생각이 그것을 통해 마음에 섬광처럼 들어오는 수신기로도 언급되어 왔다. 그 섬광을 보통 직감 또는 영감이라고 부른다.

육감은 언어로 표현할 수 없다! 우선 이 성공 철학의 다른 원칙들을 마스터하지 않은 사람에게는 육감을 설명해 줄 수 없다. 왜냐하면 그 사람은 육감을 비교해서 설명해 줄 지식과 경험이 없기 때문이다. 육감은 오직 내면으로부터 정신 개발을 통한 명상에 의해서만 이해할 수 있다. 육감은 유효한 인간의 정신과 무한 지성의 연락 수단이라서 정신적인 것과 영적인 것의 혼합물이다.

이 책에서 설명하는 원칙들을 익히고 나면, 당신은 그렇지 않았다면 믿지 않았을 말도 진실로 받아들일 수 있게 될 것이다. 즉, 다음과 같은 말이다.

"육감의 도움을 받아서 당신은 임박한 위험에 대한 경고를 받기 때문에 그 위험을 피할 수 있게 되고, 기회가 온다는 것을 미리 알고 있어서 그것을 제 시간에 포착할 수 있게 된다." 육감이 발달하게 되면 '수호천사'가 당신을 돕기 위해서, 당신 명령에 따르기 위해서 온다. 수호천사는 언제나 당신에게 지혜의 사원으로 가는 문을 열어 줄 것이다.

육감의 기적

나는 기적을 믿는 사람도 기적을 옹호하는 사람도 아니다. "자연은 이미 만들어진 자연의 법칙에서 결코 벗어나지 않는다."라는 것을 이해할 수 있을 만큼 자연에 관한 충분한 지식을 갖고 있기 때문이다. 자연의 법칙 중에서 어떤 것들은 너무나 이해할 수 없기 때문에 '기적'으로 보이는 현상을 초래한다. 육감은 내가 경험한 것 중에서 가장 기적에 가깝다.

내가 아는 한은 이렇다. 세상에는 힘, 조물주, 혹은 지성이 있어서 모든 물질 분자에 스며들고, 인간이 지각할 수 있는 모든 에너지에 미친다. 또 이 무한 지성은 도토리 열매를 참나무로 만들고, 중력의 법칙에 따라서 물이 언덕을 따라 흘러내리도록 하고, 밤 다음에는 낮 그리고 겨울 다음에는 여름이 각자 자신의 적절한 위치와 관계를 유지하면서 오게 한다. 이 책에 담긴 원칙들을 통해서 이 무한 지성이 욕구를 물질로 변환하는 데에 도움을 주도록 할 수 있다. 그렇게 확신하는 것은 내가 그것을 직접 실험하고 경험했기 때문이다.

한 발자국 한 발자국 걸어서 이제 당신은 마지막 원칙에 도달했다. 앞에 설명한 12가지 원칙을 마스터했다면, 당신은 여기서 말하는 엄청난 주장을 큰 무리나 회의 없이 받아들일 수 있을 것이다. 그러나 당신이 아직까지 다른 원칙들을 완전히 익히지 않았다면, 지금 이곳에서 이야기하는 것이 진실인지 아닌지를 결정하기 전에 먼저 그 원칙들을 마스터해야 한다.

위인들이 당신의 삶을 형성하게 하라

'영웅 숭배'의 시대를 지나면서 나는 존경하는 사람들을 닮으려고 하는 나를 발견했다. 그리고 그들을 닮으려는 노력은 성공적이었다. 나는 그 이유가 그들을 닮으려는 노력에 믿음이라는 요소가 있었던 덕분이라는 사실을 발견했다. 나는 평생 동안 영웅 숭배의 습관을 완전히 버리지 못했다. 경험을 통해서 나는 위인이 되는 것 다음으로 좋은 것은 최대한 위인처럼 느끼고 위인처럼 행동함으로써 위인을 닮는 일이라는 점을 배웠다.

나는 책을 쓰거나 대중 연설을 시작하기 훨씬 전부터, 삶과 업적을 통해서 내게 가장 커다란 감동을 준 9명을 모방함으로써 내 성품을 개조하는 습관을 따랐다. 이 9명은 에머슨, 페인, 에디슨, 다윈, 링컨, 버뱅크, 나폴레옹, 포드, 카네기였다. 나는 이 9명을 '눈에 보이지 않는 조언자들'이라고 불렀다. 오랜 세월에 걸쳐서 나는 그들과 매일 밤 가상의 자문 회의를 가졌다.

절차는 이랬다. 밤에 잠자리에 들기 전 나는 눈을 감고 상상 속에서 이 9명이 자문 회의를 위해 나와 함께 테이블에 둘러앉아 있는 모습을 보았다. 이곳에서 나는 위인이라고 생각하는 사람들과 함께 앉을 수 있는 기회를 갖는 것만이 아니라, 의장으로서 모임을 주도했다. 내가 매일 밤 상상 속에서 이 자문 회의를 하는 데는 분명한 목적이 있었다. 그것은 내 성품을 상상 속 자문관들 성품을 합친 것이 되도록 개조하는 일이었다. 나는 무지와 미신이라는 환경 속에서 태어난 불리한 조건을 극복해야만 한다는 사실을 어린 시절에 깨닫고, 앞에서 이야기한 방법으로 나 자신을 새롭게 태어나도록 하는 과제를 자신에게 부여했다.

자기암시를 통한 성격 형성

나는 물론 모든 사람이 현재의 모습이 된 것은 그가 갖고 있는 지배적 생각과 욕구 때문이라는 점을 알고 있었다. 또 깊숙이 자리 잡은 모든 욕구는 외부로 표출되려고 하고 그것을 통해서 욕구가 현실로 변환될 수 있다는 점도 알았다. 나는 자기암시가 성격 형성에서 강력한 요소라는 것, 사실상 유일한 원칙이라는 점도 알고 있었다.

마음을 움직이는 원칙들에 대해서 이런 지식을 갖고 있었던 나는 어떤 의미에서 성격을 새롭게 형성하는 데 필요한 도구를 잘 갖추고 있었다고 볼 수 있다. 나는 이 가상의 자문 회의에서 자문 회의 멤버들에게 내가 그들 각자에게 원하는 지식을 다음과 같이 소리 내어 부탁했다.

> 에머슨 씨, 내가 당신에게 배우고 싶은 것은 자연에 대한 놀라운 이해입니다. 나는 에머슨 씨가 자연의 법칙을 이해하고 그 법칙에 자신을 적응하도록 해 주었던 모든 자질을 내 잠재의식에 각인시켜 주시기 바랍니다.
>
> 버뱅크 씨, 나는 당신이 자연의 법칙들과 조화를 이룰 수 있었던 지식과 선인장이 가시를 버리고 먹을 수 있는 음식이 되게 해 주었던 지식들을 제게 전달해 주시길

요청합니다. 또 이전의 한 잎이 아니라 두 잎 풀 Two blades of grass을 길러 낸 버뱅크 씨의 지식에도 접근할 수 있도록 해 주십시오.

나폴레옹 씨, 저는 사람들을 격려하고 단호하게 행동하도록 하는 놀라운 능력을 배우고 싶습니다. 그리고 패배를 승리로 바꾸고 믿기 어려운 장애물을 극복할 수 있도록 한 꾸준한 믿음도 배우고 싶습니다.

페인 씨, 나는 당신에게서 생각의 자유, 당신을 너무도 두드러지게 만든 신념을 표명하는 용기와 명료성을 배우고 싶습니다.

다윈 씨, 나는 당신에게서 자연과학 분야에서 보여 준 뛰어난 인내, 편견이나 선입견 없이 인과관계를 연구하는 능력을 배우고 싶습니다.

링컨 씨, 나는 당신의 두드러진 특성이었던 높은 정의감, 인내, 유머감각, 인간에 대한 이해, 관용을 내 성격 속에 형성하고 싶습니다.

카네기 씨, 나는 당신이 위대한 기업을 만드는 데 효과적으로 사용했던 체계적 노력의 원칙을 완전히 이해하고 싶습니다.

포드 씨, 다른 사람들이 당신 뒤를 따르도록 돕기 위해서, 나는 가난을 극복하고 사람들 노력을 조직, 통합, 단순화할 수 있도록 해 주었던 당신의 끈기, 결단력, 침착성, 자신감을 배우고 싶습니다.

에디슨 씨, 나는 당신이 수많은 자연의 비밀을 밝혀낼 수 있었던 믿음, 패배에서 수없이 많은 승리를 이끌어 냈던 끊임없는 노력을 배우고 싶습니다.

상상력의 놀라운 힘

가상의 자문 회의 멤버들을 부르는 방법은 그때 내가 가장 배우고 싶은 성품이 무엇인가에 따라서 달라졌다. 나는 온갖 노력을 다 쏟아서 자문 회의 멤버들에 관한 삶의 기록을 연구했다. 몇 개월에 걸쳐서 매일 밤 자문 회의를 한 뒤, 나는 이 가상의 인물들이 실제 인물들로 변한 것을 발견하고 깜짝 놀랐다.

놀랍게도 모든 멤버들은 각기 독특한 특성을 보였다. 예를 들어서 링컨은 항상 회의에 늦게 와서 엄숙하게 주위를 도는 습관이 생겼다. 그는 항상 심각한 표정을 하고 있었다. 나는 그가 웃는 것을 거의 본 적이 없다. 다른 사람들은 달랐다. 버뱅크와 페인은 종종 서로 말장난을 즐겼는데 가끔 사람들이 그것에 놀라는 것 같았다. 한번은 버뱅크가 회의에 늦었다. 그는 오자마자 흥분 상태로 자신이 늦은 것은 실험 때문인데, 어떤 나무에서나 사과가 열리도록 만들기 위한 것이라고 말했다. 페인은 남자와 여자 사이의 모든 문제를 일으킨 것이 바로 사과가 아니냐면서 그에게 핀잔을 줬다. 다윈은 페인에게 숲에 사과를 따러 들어갈 때 뱀을 조심하라며 시원하게 웃었다. 에머슨이 "뱀이 없으면 사과도 없다."라고 하자 나폴레옹은 "사과가 없으면 국가도 없다."라고 대꾸했다.

그들과의 만남이 너무나 실제처럼 느껴졌다. 나는 무슨 일이 일어날까 겁이 나서 몇 달 동안 회의를 중단하기도 했다. 느낌이 너무 기묘해서 모임을 계속하면 그것이 순전히 내 상상속의 경험이라는 사실을 잊어버릴 것 같아서 두려웠다. 내가 이 이야기를 꺼낸 것은 이번이 처음이다. 누군가 다른 사람이 내게 이런 이야기를 할 때 내 태도가 어떨지 생각해 보면 다른 사람들도 내가 말하는 이 특이한 경험을 이해하지 못할 것이라고 확신했기에 지금까지는 입을 다물고 있었다. 지금 이렇게 이야기하는 것은 다른 사람들이 뭐라고 하는지에 과거처럼 그렇게 신경을 쓰지 않기 때문이다.

오해받을까 봐 분명하게 말하지만 자문 회의는 상상 속에서 이루어졌고, 자문 회의 멤버들과의 회의는 오직 내 상상 속에서만 존재했다. 그렇지만 그들은 나를 영광스러운 모험의 길로 인도했고, 진정한 위대함에 새롭게 눈을 뜨게 해 주었다. 또한 창조적 노력을 격려했고, 정직하게 내 생각을 말할 수 있는 용기를 주었다.

영감의 원천 두드리기

두뇌의 어딘가에는 보통 직감(육감)이라고 부르는 생각의 진동을 받아들이는 기관이 자리하고 있다. 아직까지 과학은 이 육감을 관장하는 기관의 위치를 찾아내지 못했지만, 이것이 중요한 것은 아니다. 인간이 신체적 감각이 아닌 다른 곳에서 정확한 지식을 받는다는 사실은 변함없다. 그 지식은 대개 정신이 대단히 특별한 자극을 받을 때 들어온다. 정서를 자극하고 평소보다 심장 박동이 빨라지는 긴급 상황은 육감이 움직이도록 만든다. 운전하다가 거의 사고가 날 뻔 했던 경험이 있는 사람이라면 바로 그 절박한 순간 단 몇 초 사이로 사고를 피하는 것은 육감의 도움인 경우가 많다는 사실을 안다.

이런 이야기를 하는 것은 내가 '눈에 보이지 않는 자문관들' 과 회의할 때 내 정신이 육감을 통해 도달한 아이디어, 생각, 지식에 가장 수용적이었음을 발견했기 때문이다. 수십 번 내 삶 전체를 위험에 빠뜨릴지도 모르는 위기 상황에 직면했을 때, 나는 '눈에 보이지 않는 자문관들' 의 도움을 통해서 어려움을 기적적으로 극복할 수 있었다.

상상 속 인물들과 자문 회의를 한 내 원래 목적은 자기암시의 원칙을 통해서 잠재의식에 내가 습득하기 원하는 어떤 특성을 각인하는 것이었다. 그러나 최근 몇 년 동안 회의의 성격이 전혀 달라졌다. 지금 나는 가상의 자문관들에게 나와 내 고객들이 직면한 모든 어려운 문제들을 가지고 간다. 내가 이런 형태의 자문에만 완전히 의존하는 것은 아니지만, 그 결과는 종종 정말 놀랍다.

느린 성장의 강력한 힘

육감은 마음대로 껐다가 뺄 수 있는 것이 아니다. 이 커다란 힘을 사용할 수 있는 능력은 이 책에서 설명하는 다른 원칙들의 적용을 통해서 천천히 생긴다. 당신이 누구든지, 이 책을 읽는 목적이 무엇이든지 간에 이 장에서 설명하는 원리를 이해하지 않더라도 육감을 통해서 도움을 받을 수 있다. 당신의 주된 목적이 돈이나 다른 물질적인 것을 축적하는 것이라면 더욱 그렇다. 육감에 관한 내용을 넣은 것은 개인이 원하는 것이 무엇이든 틀림없이 얻도록 자신을 인도할 수 있는 완전한 성공 철학을 제공하는 일이 이 책의 목적이기 때문이다.

　모든 성공의 출발점은 욕구다. 종착점은 지식 즉 자신, 다른 사람들, 자연 법칙, 행복을 이해할 수 있게 인도하는 지식이다. 육감의 원리에 친숙해지고, 육감을 사용할 때만 그에 대한 이해가 완벽해질 수 있다.

　지금까지 육감에 관한 내용을 읽으면서 당신은 자신이 높은 정신 수준에 올라와 있다는 점을 느꼈을 것이다. 아주 좋다! 지금부터 한 달 뒤에 다시 이 14장을 읽고, 당신의 정신이 지금보다 더 높은 수준으로 급상승하는 것을 관찰하기 바란다. 이 경험을 때때로 반복하라. 그 당시에 얼마나 배우는지 혹은 배우지 못하는지는 신경 쓰지 마라. 언젠가 당신은 좌절하지 않고, 두려움을 극복하고, 뒤로 미루는 습관을 제거하고, 상상력을 자유자재로 사용할 수 있도록 하는 힘을 지닌 자신을 발견할 것이다.

그런 다음 당신은 모든 위대한 사상가, 리더, 예술가, 음악가, 작가, 정치인들을 움직여 온 알 수 없는 '그 무엇'의 감촉을 느낄 것이다. 그러면 당신은 과거에 어려움에 부딪치자마자 바로 포기해 버렸던 것과는 달리, 이번에는 큰 힘을 들이지 않고 아주 쉽게 자신의 욕구를 그에 상응하는 물질적 혹은 금전적인 것으로 변환할 수 있다.

연습문제

다음 질문들에 답하시오.

1. 당신의 가장 큰 두려움 3가지는 무엇인가? 어떤 두려움을 갖고 있는지 확인한 다음 왜 두려워하는지, 그리고 당신의 결정과 삶에서 원하는 것들을 추구하는 데에 각각 의 두려움이 어떤 영향을 미치는지 설명하라.

   a)
   b)
   c)

2. 방금 당신이 열거한 3가지 중에서 가장 큰 두려움을 선택하고, 아래 빈 공간에 그 두려움을 줄이기 위한 몇 가지 전략들을 적어라.

3. 두려움을 줄이기 위해서 당신은 자기암시라는 개념을 어떻게 사용할 수 있는가?

CHAPTER XV 6가지 두려움

자기 자신에 대한 반성과 분석

이 철학의 어떤 부분이든 성공적으로 사용하려면 먼저 당신의 마음이 그것을 받아들일 준비가 되어 있어야 한다. 준비는 어렵지 않다. 준비는 제거해야 할 3가지 적인 우유부단, 의심, 두려움에 관해 연구, 분석, 이 해하는 것으로 시작된다. 이 3가지 부정적 요소의 전부나 일부가 마음속에 있는 한 육감은 절대 기능하지 못한다. 이 위험한 3인조 구성원들은 서로 밀접하게 관련되어 있다. 그중 하나가 발견되면 나머지 둘도 가까이 있다고 보면 된다.

우유부단은 두려움의 묘목이다! 이 장을 읽으면서 이것을 기억하기 바란다. 우유부단은 의심으로 응축되고, 그 둘이 합쳐져서 두려움이 된다! 합쳐지는 과정은 종종 느리다. 그것이 이 3인조 적이 아주 위험한 이유 중 하나다. 그들은 우리가 존재를 눈치채지 못하는 사이에 싹트고 자라난다.

이 장의 나머지는 이 철학이 전체적으로 활용되기 전에 도달해야만 될 목적지에 대해서 설명한다. 또 엄청나게 많은 사람들을 가난으로 몰락하게 한 조건을 분석하고, 돈이나 돈보다 훨씬 더 큰 가치를 지닌 마음의 상태 측면에서 부를 쌓고자 하는 사람이라면 반드시 이해해야만 하는 진실에 대해서도 이야기한다.

15장의 목적은 관심의 초점을 6가지 기본적 두려움의 원인과 치료로 돌리는 것이다. 적을 이기려면 먼저 적의 이름, 습관, 거주지를 알아야 한다. 책을 읽으면서 자신을 잘 분석하고, 6가지 공통적 두려움 중에서 어느 것이 당신에게 들러붙어 있는지 알아내기 바란다. 이 교묘한 적들의 습성에 속지 말아야 한다. 때때로 그들은 잠재의식에 숨어 있기 때문에 찾아내기도 어렵지만 제거하기는 더 어렵다.

6가지 기본적 두려움

사람들에게는 누구나 살아가면서 한번쯤은 그중 몇 가지에 시달리는 6가지 기본적 두려움이 존재한다. 사실 6가지 전부로 고통받지 않는다면 대부분은 운이 좋은 것이다. 가장 자주 나타나는 순서로 정리해 보면 다음과 같다.

가난에 대한 두려움
비난에 대한 두려움   우리가 하는 대부분의 걱정 아래에는
질병에 대한 두려움   이 3가지 두려움이 깔려 있다.

사랑의 상실에 대한 두려움
늙는 것에 대한 두려움
죽음에 대한 두려움

다른 모든 두려움은 이 6가지에 비해 중요도가 떨어지고, 이 6가지 주제 중 하나로 분류할 수 있다. 두려움은 마음의 상태에 불과하고, 마음의 상태는 통제하고 이끌 수 있다.

사람은 먼저 생각이라는 형태로 상상하지 않은 것은 창조할 수 없다. 다음에 나오는 말은 이보다 더 중요한 말이다. 즉, 사람의 생각은 그것이 의식적이든 무의식적이든 즉시 그에 상응하는 물질로 변화되기 시작한다. 다른 사람들이 방출한 생각 에너지를 우연히 포착했더라도 의도와 계획을 가지고 만든 생각 에너지와 마찬가지로 사람의 재정적, 사업적, 전문적 혹은 사회적 운명을 결정할 수 있다.

우리는 여기서 어떤 사람들은 행운을 누리고 있는데, 왜 동등하거나 그 이상의 능력, 교육, 경험, 두뇌를 갖고 있는 사람들이 불행으로 나아갈 운명처럼 보이는지를 이해하지 못하는 사람들에게 엄청나게 중요한 사실을 말하기 위한 기초를 닦고 있는 중이다. 인간은 누구나 자기 자신의 마음을 완전하게 통제할 수 있는 능력을 갖고 있다. 누구나 그 능력으로 다른 두뇌가 방출하는 쓰레기 같은 생각 에너지에 대해 마음의 문을 열 수도 있고, 아니면 그 문을 꼭 닫고 자신이 선택한 생각 에너지에만 입장을 허락할 수도 있다.

자연은 인간에게 오직 한 가지에 대해서만 완전한 통제권을 주었는데, 바로 생각이다. 이 점을 인간이 창조하는 모든 것은 생각의 형태에서 시작한다는 추가 사실과 결합하면, 두려움을 극복할 수 있는 원칙에 다가갈 수 있다. 모든 생각은 그에 상응하는 물질로 자신의 외부를 둘러싼다는 것이 사실이라면(실제로 그것은 의심의 여지가 없는 진실이다), 두려움과 가난이라는 생각 에너지가 용기와 경제적 소득으로 바뀔 수 없다는 것 역시 사실이다.

가난의 두려움

가난과 부 사이에 타협은 불가능하다! 가난과 부로 가는 두 가지 길은 서로 반대 방향이다. 부를 원한다면 가난으로 인도하는 어떤 상황도 거부해야 한다(여기서 부는 재정적, 영적, 정신적, 물질적 재산을 포괄하는 넓은 의미로 사용되었다). 부로 향하는 길의 출발점은 욕구다. 1장에서 당신은 욕구를 적절하게 사용하는 방법을 배웠다. 두려움에 관한 이번 15장에서는 욕구를 활용하기 위해서 마음을 준비하는 완벽한 방법을 배우게 된다.

여기는 당신이 지금까지 이 철학을 얼마나 받아들였는지 판단할 수 있는 곳이다. 여기서 당신은 스스로 예언자가 되어 자신의 미래를 정확하게 예측할 수 있다. 이 15장을 읽은 후에 가난을 기꺼이 받아들이겠다는 마음이 든다면, 가난을 수용하겠다고 결정하는 편이 낫다. 이것은 당신이 피할 수 없는 한 가지 결정이다.

당신이 부를 원한다면, 어떤 형태의 부를 얼마나 많이 가져야 만족할 것인지 결정해야 한다. 당신은 부로 인도하는 길을 알고 있다. 그대로 따르기만 하면 부로 안내해 주는 지도를 이미 손에 넣었다. 당신이 출발하지 않거나 도착하기 전에 멈추더라도, 자신을 제외한 누구도 당신을 비난하지 않을 것이다. 책임은 자기 자신에게 있다. 지금 부를 달라고 요구하지 않는다면, 어떤 변명도 당신을 책임에서 자유롭게 해 주지 않을 것이다. 왜냐하면 책임이 요구하는 것은 단 하나 -그것도 우연히 당신이 통제할 수 있는 유일한 것- 즉 마음의 상태이기 때문이다. 마음의 상태란 사실이라고 생각하는 어떤 것으로 구입할 수는 없고, 창조되어야 한다.

가장 파괴적인 두려움

가난에 대한 두려움은 마음의 상태 그 이상도 이하도 아니다! 하지만 그것은 어떤 일에서든 우리의 성공 가능성을 파괴하기에 충분하다. 가난에 대한 두려움은 우리 이성을 마비시키고, 상상력을 파괴하고, 자립심을 없애고, 열정을 잠식한다. 또 주도성을 떨어뜨리고, 삶의 목표를 흔들리게 하고, 뒤로 미루게 하고, 자기통제를 불가능하게 한다. 성격에서 매력을 뺏어가고, 정확한 사고를 못하게 하며, 노력의 집중을 분산시킨다. 가난에 대한 두려움은 어떤 일을 꾸준히 할 수 없게 하고, 의지력을 없애고, 야망을 파괴하고, 기억을 흐리게 하고, 온갖 형태의 실패를 부른다.

이 두려움은 사랑을 죽이고, 마음속에 있는 좋은 정서들을 훼손하고, 우정을 방해하고, 수백 가지의 재앙을 부르고, 불면증과 고통, 불행으로 인도한다. 우리가 사는 세상에는 우리가 바라는 것이 넘치도록 존재한다. 단 하나 확고한 목적이 없다는 비극을 제외하면, 우리와 우리 욕구 사이에 서 있는 것은 아무 것도 없다.

가난에 대한 두려움은 의심의 여지없이 6가지 기본적 두려움 중에서도 가장 파괴적인 두려움이다. 이 두려움이 목록의 맨 앞에 자리한 것은 가장 극복하기 어렵기 때문이다. 가난에 대한 두려움은 다른 인간을 착취하려고 하는 인간의 유전적 성향에서 나온다. 인간보다 하등 동물은 거의 대부분 본능에 따라 움직이고 생각하는 능력이 떨어지기 때문에 다른 동물들을 실제로 잡아먹는다. 그러나 인간은 직관이 뛰어나고, 생각하고 추리하는 능력을 갖고 있어서 다른 인간을 실제로 잡아먹지는 않는다. 대신 인간은 다른 인간들을 경제적으로 착취하는 것에서 만족을 얻는다. 인간이 너무나 탐욕스럽기 때문에 인간을 다른 이들로부터 보호하기 위해서 생각할 수 있는 온갖 종류의 법이 만들어졌다.

가난만큼 인간에게 고통과 모욕감을 주는 것은 없다! 가난을 실제로 경험해 본 사람만이 이 말의 진정한 의미를 이해할 수 있다. 사람들이 가난을 두려워하는 것은 당연하다. 사람들은 오랜 경험을 통해서 돈과 물질적 문제에 관한 한 신뢰할 수 없는 사람들이 있다는 사실을 배웠다. 부를 소유하고자 하는 욕구가 너무나 강해서 사람은 어떤 방법으로든 부를 획득하려고 한다. 가능하면 합법적인 방법을 사용하지만 필요하다면 다른 방법도 이용한다.

자기분석을 통해서 자신이 인정하고 싶지 않은 약점이 발견될 수 있다. 이런 조사 형태는 평범한 삶이나 가난보다 더 많은 것을 추구하는 사람에게 필수적이다. 자신에 관해 하나하나 살펴보면서 자신이 법정이자 배심원이고, 검사인 동시에 변호사이며, 원고이자 피고라는 점을 기억하라. 또 당신은 재판을 받고 있는 중이라는 점도 기억하라. 사실을 정확하게 직면하라. 자신에게 명확한 질문을 던지고 분명한 답을 요구하라. 심문이 마무리되면 당신은 자신에 대해서 더 많은 것을 알게 될 것이다.

만약 자신이 심문 과정에서 공정한 판사가 되기 어렵다고 느껴지면, 스스로 반대 심문을 진행하되 판사 역할은 당신을 잘 아는 사람에게 맡겨라. 당신이 찾고 있는 것은 진실이다. 비록 그것이 일시적으로 당신을 난처하게 하더라도, 어떤 비용을 치르더라도 반드시 진실을 찾아야 한다.

사람들에게 가장 두려워하는 것이 무엇이냐고 물으면 대부분 "나는 어떤 것도 두려워하지 않는다."라고 대답할 것이다. 그것은 정확한 답변이 아니다. 왜냐하면 자신이 여러 형태의 두려움에 의해 묶여 있고, 방해받고, 정신적 · 신체적으로 매질당하고 있다는 것을 인식하고 있는 사람들은 거의 없기 때문이다.

두려움의 정서가 너무 교묘하고 깊이 자리 잡고 있기 때문에, 사람들은 두려움으로 힘든 삶을 살면서도 자신에게 두려움이 있다는 사실을 인식하지 못한다. 오직 용감한 분석을 통해서만 이 공통의 적이 존재한다는 점을 밝혀낼 수 있다. 분석을 시작할 때 자신의 성품 저 깊은 곳을 조사하라. 당신이 관심을 갖고 찾아볼 증상에는 다음과 같은 것들이 있다.

가난에 대한 두려움의 증상

1. 무관심
   보통 야망의 부족, 가난을 기꺼이 견디는 것, 자신이 받는 보상을 아무런 불평 없이 수용하는 것, 정신적 · 신체적 게으름, 주도성, 상상력, 열정, 자기 통제의 결여로 나타난다.

2. 우유부단
   다른 사람들이 자기 대신 생각하도록 하는 습관이다. 애매한 태도를 유지한다.

3. 의심
   보통 구실과 변명을 통해 자신의 실패를 감추고, 왜 실패했는지 설명하거나 실패에 대해서 사과하는 형태로 표출된다. 가끔 성공한 사람들에 대한 질투 혹은 비난으로 표현되기도 한다.

4. 걱정

보통 다른 사람들의 흠을 찾거나, 수입보다 더 많이 지출하는 습관, 외모를 소홀히 하는 것, 노려보고 찌푸리는 것, 술이나 수면제를 과하게 복용하는 것, 신경과민, 침착함과 자아 인식의 결여로 표출된다.

5. 과도한 조심

모든 상황에서 부정적 측면을 보고, 성공 방법에 집중하는 대신에 실패 가능성에 관해 생각하고 말하는 습관이다. 실패로 가는 길에 대해서는 모두 알면서도 어떻게 하면 실패를 피할 수 있는지 그 방법을 찾으려는 노력은 하지 않는다. 항상 아이디어를 실행에 옮길 가장 좋은 때를 기다리기만 하다가 그것이 영구적 습관이 되어 버린다. 실패한 사람들은 기억하면서도 성공한 사람들에 대해서는 잊어버린다. 도넛에 있는 구멍을 보면서 도넛은 보지 못한다. 비관주의로 인해서 소화불량, 불충분한 배설, 독성 물질의 체내 축적, 입 냄새와 병에 걸리기 쉬운 체질이 된다.

6. 뒤로 미루기

작년에 했어야 할 일을 내일로 미루는 습관이다. 왜 할 수 없었는지에 대해서 합리화와 변명하는 데 시간을 쓴다. 이 증상은 과도한 조심, 의심, 걱정과 깊은 관계가 있다. 피할 수만 있으면 책임지지 않으려고 한다. 강력하게 싸우기보다 타협하려고 한다. 어려움을 잘 통제해서 성장의 발판으로 삼기보다 어려움에 굴복한다. 삶에 번영, 풍요로움, 부, 만족과 행복을 요구하는 대신에 잔돈을 달라고 부탁한다. 퇴로를 불태워서 후퇴할 수 없도록 하는 대신에 만약 실패하면 어떻게 할 것인가를 계획한다. 자신감, 확고한 목적, 자기 통제, 주도성, 열정, 꿈, 절약, 건전한 사고능력이 부족하거나 없다. 부를 달라고 요구하는 대신에 가난할 것이라고 예상한다. 부를 요구하고 받는 사람들이 아니라 가난을 받아들이는 사람들과 어울린다.

돈이 말한다!

어떤 사람들은 "왜 돈에 관한 책을 씁니까? 왜 부를 돈으로만 측정합니까?"라고 물을 것이다. 사람들 중에는 돈 이외에 보다 더 바람직한 형태의 부가 있다고 믿는 사람들이 있다. 물론 옳은 말이다. 세상에는 돈으로 측정할 수 없는 부가 있는 것이 사실이지만, 세상에는 "내게 필요한 돈만 다 준다면, 그 돈으로 내가 원하는 다른 모든 것을 가질 수 있다."라고 말하는 수많은 사람이 있다.

어떻게 하면 돈을 벌 수 있는지에 관해 내가 이 책을 쓴 이유는 세상에는 가난에 대한 공포로 인해 얼어붙어 버린 사람들 수백만, 수천만이 존재해서다. 이런 종류의 두려움이 어떤 영향을 미치는지에 관해 웨스트부르크 페글러Westbrook Pegler가 잘 이야기하고 있다.

돈은 단지 조개껍질, 원반 모양의 금속, 종잇조각에 지나지 않는다. 또 세상에는 돈으로는 살 수 없는 마음과 영혼의 보물들이 있는 것이 사실이다. 하지만 사람들은 대부분 돈이 없으면 이런 생각을 하지 못하고 좋은 기분을 유지하지도 못한다. 사람이 한 푼도 없는 빈털터리가 되어 거리에 나앉게 되고, 아무 직업도 구할 수 없게 되면, 그의 내면에 무엇인가 변화가 생겨서 어깨가 처지고, 모자를 쓰는 모습, 걸음걸이, 시선이 과거와 달라진다. 제대로 된 직업을 갖고 있는 사람들과 만나면 자신이 그들에 비해서 성품, 지성, 능력에서 우수하더라도 열등감을 피할 수 없다.

한편 제대로 된 직업을 갖고 있지 않은 사람들에 대해서는 심지어 친구들까지도 그에게 우월감을 느끼고, 의식적으로는 아닐지 모르지만 그를 인생 패배자로 본다. 그는 잠시 동안 돈을 빌릴 수 있을지 모르지만 자신이 과거에 생활했던 방식을 유지하기에는 부족하며, 계속해서 오랫동안 빌릴 수도 없다. 더구나 단순히 살아가기 위해서 돈을 빌리는 것은 돈을 빌린다는 그 자체가 괴로운 경험인데다가, 다른 사람에게 빌린 돈은 자기가 직접 번 돈처럼 활력을 되찾아 주지 못한다.

물론 이것은 걸인이나 부랑배가 아니라 포부와 자존감을 갖고 있는 정상적인 사람들에게 해당되는 말이다.

여성들은 같은 곤경에 처해 있다고 해도 다르다. 우리는 어쩐 일인지 여성에 대해서는 빈털터리라고 생각하지 않는다. 직업 전선에서 일하는 여성들이 드물고, 거리에서 구걸하는 여성들도 드물고, 인생에서 실패한 남자들처럼 군중들 사이에서 눈에 띄지도 않는다. 물론 여기서 말하는 것은 시내 거리에서 구걸하는 여자들이 아니라 젊고, 점잖고, 지적인 여성들에 관한 이야기다. 빈털터리가 된 여성들도 많이 있겠지만 절망하는 모습이 밖으로 드러나지는 않는다. 물론 내면에서 죽어 가고 있을 수는 있다.

남자들이 빈털터리가 되면 그에게 남은 것은 고민할 수 있는 시간뿐이다. 면접을 하러 멀리 떨어진 곳까지 고생해서 가면 자리가 이미 채워졌다거나, 있다고 하더라도 별로 도움이 될 것 같지 않은 물건을 팔고 판매 수수료를 받는 외판원이 고작이다. 그것을 거절하면 남는 것은 갈 곳 없이 다시 거리로 나와서 방황하는 일 밖에 없다. 그래서 정처 없이 걷고 또 걷는다. 창문으로 보이는 값비싼 물건들을 바라보다가 살 엄두도 못내는 자신의 처지를 생각하면서 열등감을 느낀다. 누군가 살 만한 사람이 멈춰 서서 상품을 쳐다보면 그 자리를 피해 버린다. 기차역이나 도서관에 들러서 잠깐 다리를 쉬고 따뜻함을 즐기지만, 그래서는 직업을 구할 수 없기 때문에 다시 거리로 나선다.

자신은 알지 못할지 모르지만 외모가 아니더라도 목적지 없이 이리저리 방황하는 것이 그 사람의 처지를 드러낸다. 직업을 가졌을 때 입었던 옷이 있어서 복장은 잘 갖추고 있다고 해도 옷차림이 의기소침해 있는 내면을 감출 수는 없다. 그는 경리사원, 점원, 약사 등 수없이 많은 사람이 열심히 자기 일을 하는 것을 보면서 마음 깊은 곳으로부터 부러워한다. 그들은 자립했고, 자신을 존중하고, 남자답다. 아무리 마음속으로 매시간 열심히 논쟁해서 유리한 평결에 도달해도,

나도 괜찮은 사람이라고 쉽게 자신을 설득할 수 없다.

사람을 이렇게 다르게 만드는 것이 바로 돈이다. 돈만 조금 있으면 예전의 자신으로 다시 돌아갈 수 있다.

비난에 대한 두려움

도대체 왜 사람들이 처음 이 두려움을 갖게 되었는지 누구도 명확하게 말할 수 없지만, 한 가지는 분명하다. 그것은 사람들이 이 두려움을 고도로 발전된 형태로 갖고 있다는 점이다. 나는 비난에 대한 두려움을 다른 사람들의 소유물을 뺏으려는 것뿐만 아니라 다른 사람들의 성품을 비난함으로써 자신의 행동을 정당화하려는 본성 때문이라고 본다. 도둑이 자신이 훔쳤던 대상을 비난하고, 정치가들이 자기 장점과 자격을 보여 주는 것이 아니라 자신의 경쟁자를 깎아내려서 자리를 차지하려고 한다는 것은 잘 알려진 사실이다.

눈치 빠른 의류 제조업자들이 누구도 자유롭지 못한 이 두려움을 재빠르게 이용해 왔다. 매 시즌마다 유행하는 스타일이 달라진다. 대체 누가 스타일을 결정하는가? 옷을 구매하는 사람이 아니라 바로 의류 제조업자다. 그러면 왜 의류 제조업자는 그렇게 자주 스타일을 바꾸는가? 답은 분명하다. 제조업자가 옷을 많이 팔기 위해서다. 같은 이유로 자동차 제조회사들도 매년 자동차 모델을 바꾼다. 누구도 유행이 지난 구닥다리 차를 타고 싶어 하지 않는다.

지금까지 의류나 자동차 등 삶의 작은 부분에서 사람들이 비난의 두려움에 대응하는 행동 양식에 관해서 말했다. 이제 더 중요한 인간관계에서 이 두려움이 어떤 영향을 미치는지 살펴보자.

누구든 좋으니 보통 정신적으로 성숙했다고 생각하는 35세에서 40세 사이에 있는 사람을 골라서 그가 남몰래 머릿속으로 하는 생각을 들여다 볼 수 있다면, 2~30년 전에 거의 주입식으로 배웠던 우화의 대부분을 전혀 믿지 않는다는 사실을 알게 될 것이다. 그렇다면 사람들은 왜 이 개방된 사회에서도 자신이 우화를 믿지 않는다고 말하기를 피하는 것일까? 답은 "비난에 대한 두려움 때문"이다. 옛날에 사람들은 유령을 믿지 않는다고 용감하게 말했다가 화형을 당했다. 우리 의식 속에 비난에 대한 두려움을 물려받은 것은 그리 놀랄 일이 아니다. 그다지 멀지 않은 과거에 비난은 심한 처벌을 동반했고, 지금까지도 그런 나라들이 있다.

비난에 대한 두려움은 사람들에게서 주도성을 훔쳐가고, 상상력을 파괴하며, 개성을 제한하고, 독립성을 빼앗고, 그 밖에 수백 가지가 넘는 다른 손해를 입힌다. 부모들은 자녀들을 비난해서 종종 회복할 수 없는 상처를 준다. 내가 어릴 때 친구 어머니는 거의 매일 그 애를 회초리로 때렸다. 회초리의 마무리는 다음과 같은 말이었다. "너는 스무 살이 되기 전에 교도소에 갈 거다." 친구는 결국 17세 때 소년원에 갔다.

비난은 사람들이 너무 후하게 베푸는 서비스다. 사람들은 필요할 때나 없을 때나 무료로 이 서비스를 제공한다. 부모와 친척 등 가장 가까운 사람들이 이 일을 제일 자주 한다. 부모들이 불필요한 비난으로 아이들 마음속에 열등감을 심는 것은 범죄로 인식해야 한다. 실제로 가장 죄질이 나쁜 범죄이기도 하다. 인간의 본성을 이해하는 고용주라면 비난을 통해서가 아니라 건설적인 제안을 통해서 직원들로부터 최고를 이끌어 낼 수 있다. 부모와 아이의 관계에서도 마찬가지다. 비난은 사람들 마음속에 두려움과 분노를 심어 주지만, 사랑이나 애정을 쌓지는 못한다.

비난에 대한 두려움의 증상

비난에 대한 두려움은 가난에 대한 두려움만큼이나 일반적이고, 적극성을 파괴하고 상상력을 억제하므로 성공에도 그 못지않게 치명적이다. 비난에 대한 두려움의 주된 증상은 다음과 같다.

1. 자의식 과잉
일반적 긴장, 모르는 사람과 만날 때 소심한 것, 몸을 부자연스럽게 움직이는 것, 시선을 이리저리 움직이는 것 등으로 나타난다.

2. 침착성 부족
목소리가 차분하지 않고, 다른 사람들과 있을 때 긴장하는 것, 자세가 나쁜 것, 잘 기억하지 못하는 것 등으로 나타난다.

3. 성격
결정을 확고하게 내리지 못하는 것, 개인적 매력 부족, 의견을 분명하게 말하지 못하는 것. 문제를 직면하지 않고 피하는 습관. 상대방의 의견을 주의 깊게 검토하지 않고 동의하는 것 등으로 나타난다.

4. 열등감
열등감을 감추기 위해서 말이나 행동으로 자화자찬하는 습관이다. 말의 의미를 잘 알지도 못하면서 멋있어 보이는 말을 하는 것. 다른 사람의 옷 입는 법, 말이나 행동 양식을 모방하는 것. 하지도 않은 일을 했다고 자랑하는 것. 열등감은 때로 겉으로 보기에 우월감의 모습을 띠기도 한다.

5. 사치
남에게 뒤지지 않으려고 허세를 부리면서 자신의 수입 이상을 지출하는 것.

6. 주도성 결여

자기 성장의 기회 포착에 실패하는 것, 의견 표현을 두려워하는 것, 자기 의견에 자신감이 부족한 것, 상사들의 질문에 명확한 답을 피하는 것, 주저하는 말과 태도, 기만하는 말과 행동.

7. 야망의 결여

정신적 · 신체적 게으름, 자기주장을 못하는 것, 결정에 도달하는 속도가 느린 것, 너무 쉽게 휩쓸리는 것, 다른 사람들이 없을 때 비난하고 앞에서는 칭찬하는 습관, 저항 없이 실패를 받아 들이거나 다른 사람들이 반대하면 하려고 했던 일을 포기해 버리는 것, 정당한 이유 없이 다른 사람들을 의심하는 것, 말과 태도의 재치 부족, 잘못에 대한 비판을 받아들이지 않는 것.

질병에 대한 두려움

이 두려움은 신체적, 사회적 전통 양쪽에서 유래한다. 이 두려움의 원천은 늙는 것에 대한 두려움, 죽음에 대한 두려움의 원인과 깊은 관계가 있다. 왜냐하면 질병에 대한 두려움은 전에 많이 들었던 겁나는 이야기를 통해서 미지의 '무서운 세상'으로 우리를 데려 가기 때문이다. 또 비윤리적인 사람들이 건강에 대한 두려움을 키워서 '건강 장사'를 하고 있다고 생각하는 사람들도 많다. 사람이 질병을 두려워하는 주된 이유는 죽으면 어떤 일이 벌어지는지에 대해 마음속에 심어져 왔던 무서운 그림들 때문이다. 또한 질병이 가져올 경제적 부담도 두렵다.

믿을 만한 의사 한 사람은 의사를 찾는 사람들의 75%는 진짜로 아픈 것이 아니라 건강 염려증hypochondria(가상의 질병)으로 고생한다고 추정했다. 어떤 병을 두려워하면 실제로는 그 병에 걸리지 않았는데도 종종 그 병의 증상이 신체적으로 나타난다. 인간의 마음이란 얼마나 위력적인가? 인간의 마음은 인간을 흥하게 할 수도 있고 망하게 할 수도 있다.

인간이 공통적으로 가진 이런 질병에 대한 두려움을 이용해서 특허 의약품을 취급하는 사람들은 엄청난 돈을 벌었다. 몇 십 년 전에는 이렇게 다른 사람 말을 쉬이 믿는 것을 악용하는 일이 너무 심해져서 어떤 잡지(Collier's Magazine)에서는 특허 약품 비즈니스에서 가장 질이 나쁜 사람들을 선정해 강력한 반대 캠페인을 전개하기도 했다.

몇 년 전 일련의 실험을 통해서, 단지 암시만으로도 병에 걸릴 수 있다는 사실이 증명되었다. 우리는 평소 조금 알고 지내던 세 사람이 실험 대상자들을 방문해서 "어디 아파요? 몸이 아주 안 좋아 보이네요."라고 묻게 했다. 첫 번째 사람이 질문하면 실험 대상자들은 보통 웃으면서 가볍게 "아무렇지도 않아요. 아무 문제없어요."라고 대답했다. 두 번째로 질문한 사람이 받는 대답은 대개 "잘 모르겠어요. 기분이 안 좋아요."였다. 세 번째 질문에 대한 답은 실제로 몸이 좋지 않다고 인정하는 내용이었다. 이 말이 믿기지 않으면 아는 사람에게 실험해 봐도 좋다. 하지만 너무 멀리 나가지는 말기 바란다. 어떤 종교 집단에서는 적들에게 '저주'라는 방법으로 복수를 하는데, 그것을 "주문을 건다."라고 부른다.

세상에는 병이 때때로 부정적 생각 에너지에서 시작된다는 강력한 증거들이 존재한다. 그런 에너지는 암시에 의해서 한 사람으로부터 다른 사람에게 전달되거나 혹은 자신의 마음속에서 만들어진다. 어떤 지혜로운 사람이 이런 말을 한 적이 있다. "누군가 나에게 기분이 어떠냐고 물으면, 항상 내 마음속에 떠오르는 생각은 그 사람을 때려눕히고 싶다는 것이다."

의사는 건강을 회복하도록 돕기 위해서 환자를 새로운 환경으로 보낸다. 환자의 정신적 태도를 바꿀 필요가 있기 때문이다. 질병에 대한 두려움의 씨앗은 모든 사람들 마음속에 살고 있다. 걱정, 두려움, 의욕 상실, 사랑이나 사업에서 얻은 마음의 상처는 씨앗을 발아시키고 키운다. 사랑과 사업에서의 상심은 질병에 대한 두려움을 만드는 목록 최상단에 위치하고 있다.

젊은이 한 사람이 사랑의 실패로 마음에 상처를 입고 병원에 입원했다. 젊은이는 몇 달 동안 생사를 건 투병을 했다. 어느 날 심리치료 전문의사가 그를 진찰하고 나서, 간호사들을 바꾸고 대단히 젊고 예쁜 간호사가 환자를 담당하도록 지시했다. 담당 간호사는 미리 의사와 이야기한 대로 첫날부터 그 젊은이와 사랑을 시작했고, 3주가 안 되어서 젊은이는 병원에서 퇴원했다. 아직 병을 앓고 있었지만 입원할 때와는 전혀 다른 병이었다. 담당 간호사와 사랑의 열병을 앓고 있었던 것이다. 속임수를 이용한 치료법이었지만, 그 환자와 간호사는 나중에 결혼했다.

질병에 대한 두려움의 증상

거의 모든 사람들이 갖고 있는 이 두려움의 증상은 다음과 같다.

1. 자기암시

온갖 질병의 증상을 찾고, 또 찾을 것이라고 생각해서 부정적 자기암시를 하는 습관. 가공의 질병을 어느 의미에서 즐기고, 마치 실제로 아픈 것처럼 그 질병에 관해서 이야기한다. 다른 사람들이 치료에 도움이 된다고 권하는 온갖 것들을 다 사용해 보는 습관이다. 다른 사람들에게 수술, 사고, 질병에 대해서 이야기한다. 전문가의 도움 없이 식이요법, 운동, 체중 감량 요법 등을 시험해 본다. 민간요법, 특효약, 엉터리

약들을 시도한다.

2. 가상의 질병

신경쇠약에 걸릴 정도까지 병에 관해서 말하고, 병에 정신을 집중하고, 병이 걸릴 것이라고 기대하는 습관. 이것은 약으로 치료할 수 없다. 부정적 습관으로 인해서 생기기 때문에 오직 긍정적 사고로만 치료가 가능하다. 가상의 질병도 걸릴까봐 두려워하는 진짜 질병과 다름없는 피해를 줄 수 있다고 알려져 있다. 대부분의 신경성 질환은 가상의 질병에서 온다.

3. 운동

질병에 대한 두려움으로 실외 생활을 피하는 경우가 종종 있다. 그것은 적절한 운동을 방해하고 그 결과 과체중을 초래한다.

4. 질병에 취약

질병에 대한 두려움은 신체가 가진 저항력을 떨어뜨려서 질병에 걸리기 쉬운 조건을 만든다. 질병에 대한 두려움 중에서도 특히 가상의 질병은 가난에 대한 두려움과 종종 연결되어 있어서 이 질병에 걸린 사람은 항상 진료비, 병원비 등에 대한 걱정을 떨쳐버리지 못한다. 이런 사람은 질병에 대한 대비, 죽음에 관한 이야기, 묘지 구입과 장례비용을 마련하기 위한 저축 등에 많은 시간과 노력을 쏟는다.

5. 응석부리기

가상의 질병을 미끼로 사용해서 동정을 받으려는 습관. 사람들은 종종 일을 피하기 위해서 이 기술을 사용한다. 단순한 게으름을 숨기기 위해서 혹은 야망의 부족을 정당화하기 위해서 꾀병을 부리는 습관이다.

6. 무절제

두통, 신경통 등의 원인을 찾아서 제거하는 대신에 통증을 줄이기 위해 술이나 진통제를 사용하는 습관이다.

이 밖에 병에 관한 기사를 읽고 그 병에 걸리지나 않을까 걱정하는 습관, 특효약 광고를 보는 습관 등이 있다.

사랑의 상실에 대한 두려움

우리 안에 존재하는 이 두려움의 근원은 다른 남자의 배우자를 빼앗아 자기 마음대로 하는 일부다처제에서 비롯된 것이 분명하다. 질투나 다른 유사한 형태의 신경증은 우리 내면 깊이 자리한 누군가의 사랑을 상실하는 것에 대한 두려움에서 생긴다. 이 두려움은 6가지 기본적 두려움 중에서도 가장 고통스럽고, 다른 어떤 두려움보다 몸과 마음을 황폐하게 만든다.

사랑의 상실에 대한 두려움은 남자들이 거친 폭력으로 여성들을 약탈했던 석기시대까지 거슬러 올라간다. 남성은 지금도 여성을 훔치지만, 사용하는 방법은 달라졌다. 힘을 사용하는 대신에 설득, 예쁜 옷, 좋은 차 등 그보다 훨씬 더 효과적인 미끼를 사용한다. 남자의 습성은 동일하지만 문명 생활의 도래로 그 습성을 다른 방식으로 표현하는 것이다.

면밀한 분석 결과는 여성이 남성보다 이 두려움을 더 느끼기 쉽다는 사실을 보여 주는데, 어렵지 않게 설명할 수 있다. 여성은 경험을 통해서 남성이 천성적으로 일부다처 지향이고, 다른 경쟁 상대인 여성들로부터 자유롭지 못하다는 것을 학습한 탓이다.

사랑의 상실에 대한 두려움의 증상

이 두려움이 보이는 두드러진 증상은 다음과 같다.

1. **질투**
   증거도 없이 친구나 연인을 의심하는 습관. 근거도 없이 아내나 남편이 불륜을 저질렀다고 비난하는 습관. 모든 사람을 의심하고, 누구도 완전하게 신뢰하지 못한다.

2. **흠잡기**
   친구, 친척, 직장 동료, 연인의 사소한 문제나 문제가 없는 경우에도 흠을 잡는 습관.

3. 도박

사랑하는 사람을 위해서 도박, 도둑질, 사기, 그 밖에 다른 위험한 일을 하는 습관. 이는 사랑을 살 수 있다는 믿음에 근거한다. 사랑하는 사람에게 좋은 사람이라는 것을 보여 주기 위해서 자신의 능력을 초과하는 지출이나 부채를 지는 습관. 불면증, 불안, 끈기 부족, 의지력 부족, 자기통제 부족, 자립심 부족, 고약한 성질.

늙는 것에 대한 두려움

크게 보면 이 두려움은 두 가지에서 나온다. 첫째는 늙으면 가난해질지 모른다는 생각이다. 둘째는 지옥불과 다른 악령들을 잘 혼합한 과거의 가르침으로, 두려움을 통해서 인간을 지배하기 위해서 만들어진 것이다.

늙는 것에 대해 인간은 두려움을 느낄 두 가지 합당한 이유가 있다. 하나는 다른 사람들에 대한 불신에서 오는 것으로 자신이 소유한 재산을 가져가 버릴지도 모른다는 두려움이고, 다른 하나는 자기 마음속에 있는 사후 세계의 무서운 그림에서 나온다. 나이가 들면서 병에 걸릴 가능성이 높아지는 것도 이 두려움을 키운다. 또 누구도 성적 매력이 감소하는 것을 좋아하지 않기 때문에 성욕도 늙는 것에 대한 두려움의 원인 중 하나다.

늙는 것에 대한 두려움과 관련해서 가장 일반적 원인은 가난해질 가능성이다. '가난한 집'이란 말은 그다지 아름답지 못한 말이다. 가난한 농장에서 노후를 보내야 하는 사람들에게 '가난한 집'이란 말은 오싹한 느낌을 준다. 늙는 것에 대한 두려움을 일으키는 또 하나의 원인은 자유와 독립을 상실할 가능성이다. 늙어가면서 신체적·경제적 자유를 잃을 수도 있기 때문이다.

늙는 것에 대한 두려움의 증상

가장 일반적인 증상은 다음과 같다.

1. 나이로 인해서 자신이 약해지기 시작한다고 잘못 생각하고, 정신적으로 높은 성숙도에 이르는 40세 무렵에 삶의 속도를 늦추고 열등감을 느낀다. 사실 40세에서 60세 사이가 정신적, 신체적으로 가장 생산적인 나이다.

2. 단지 40세 혹은 50세가 되었다는 이유로 자신이 '나이가 든 것'을 왠지 미안하다는 듯이 말하는 습관. 오히려 세상의 이치를 아는 지혜로운 나이가 된 사실을 감사하는 것이 올바른 태도다.

3. 자신이 너무 나이가 많다고 잘못 생각해서 주도성, 상상력, 자립심을 죽이는 것. 40세 이상의 남자와 여자가 젊게 보이기 위해서 나이에 어울리지 않는 옷을 입거나 젊은 사람들의 유행을 쫓다가 친구나 다른 이들에게 비웃음의 대상이 되는 것.

죽음에 대한 두려움

어떤 사람들에게는 이것이 기본적 두려움 중에서도 가장 지독한 두려움이다. 이유는 명확하다. 죽음에 대한 생각과 관련된 엄청난 두려움의 고통은 대부분 종교적 맹신 때문이다. 소위 '이교도'라고 불리는 사람들은 '개화된' 사람들보다 죽음에 대한 두려움이 적다. 사람들은 아주 오랜 옛날부터 두 가지 의문을 갖고 있었다. 아직까지 그 누구도 답하지 못하고 있는 그 두 가지는 '어디에서whence'와 '어디로whither'라는 의문이다. "나는 어디에서 왔으며, 또 어디로 가는가?"

르네상스 이전 암흑기부터 교활하고 간사한 사람들은 이것을 악용해 답을 주면서 대가를 요구했다. "내 천막 안으로 들어와서, 내 믿음을 받아들이고, 내 교리를 따르라. 그러면 죽을 때 천당으로 가는 표를 주겠다. 그러나 만약 내 천막 밖에 있으면, 악마가 너를 데리고 가서 영원무궁토록 지옥 불에 태울 것이다."라고 종교 지도자들은 외쳤다.

영원히 벌 받을지도 모른다는 생각은 삶에 대한 흥미를 말살하고 행복을 불가능하게 만든다. 종교 지도자가 천당으로 안전하게 갈 수 있는 통행증을 줄 수 없다거나 혹은 천당행 통행증이 부족해서 잘못하다가는 지옥에 떨어질 수도 있는데, 지옥행 가능성이 너무 끔찍해 보여서 그 생각만 해도 그 광경이 생생하게 떠올라 이성을 마비시키고 죽음에 대한 공포를 불러일으켰다.

죽음에 대한 공포는 대학교 등 고등 교육 기관이 없던 과거 암흑기와 비교해 볼 때, 지금은 덜한 편이다. 과학자들은 세상에 진실의 빛을 비춰 왔고, 그 결과 사람들은 과거에 비해서 죽음에 대한 심한 공포로부터 빠른 속도로 자유로워졌다. 대학생들은 지옥의 유황불에 그리 쉽게 겁먹지 않는다. 생물학, 천문학, 지질학, 다른 연관된 과학의 도움으로 암흑기에 살던 사람들의 마음을 억누르던 공포는 사라져 버렸다.

세상을 구성하는 것은 오직 두 가지, 즉 에너지energy와 물질matter이다. 기초 물리학에서 우리는 물질도 에너지도(인간에게 알려진 단 두 가지 실체) 새로 만들거나 파괴할 수 없다고 배운다. 물질과 에너지는 변환될 수는 있으나 소실되지는 않는다. 생명은 곧 에너지다. 에너지도 물질도 파괴될 수 없다면 물론 생명도 파괴될 수 없다. 다른 형태의 에너지와 마찬가지로 생명도 여러 가지 전환 과정을 거치기는 하지만 소실될 수는 없다. 죽음이란 전환일 뿐이다. 만약 죽음이 단순한 변화나 전환이 아니라면 죽음 이후에 오는 것은 길고, 영원하고, 평화로운 잠 외에는 없다. 잠은 결코 두려움의 대상이 아니다. 따라서 당신은 영원히 죽음에 대한 두려움은 잊어버려도 된다.

죽음에 대한 두려움의 증상

이 두려움의 일반적 증상은 다음과 같다.

삶을 충실히 살아가는 대신에 죽음에 대해 생각하는 습관. 대개 목적의 결여나 적당한 직업이 없기 때문인 경우가 많다. 이 두려움은 주로 노인들에게 나타나는 두려움이지만, 가끔 젊은이들도 이 두려움의 희생자가 된다.

이 두려움의 가장 좋은 치료약은 다른 사람들을 위한 유용한 서비스에 의해 뒷받침된 성취하려고 하는 불타는 욕구다. 바쁜 사람들은 죽음에 대해서 생각할 겨를이 없고, 죽음에 대해서 생각하기에는 삶이 너무나 스릴 만점이다.

죽음에 대한 두려움은 종종 가난에 대한 두려움, 즉 자신이 죽으면 남은 가족들이 가난으로 고생하지나 않을까 하는 두려움과 깊은 관련이 있다. 죽음에 대한 두려움은 또 질병과 그에 뒤따르는 신체 저항력 쇠약과 관련된 경우도 있다. 죽음에 대한 두려움의 가장 일반적 원인은 건강이 좋지 않은 것, 가난, 적당한 직업이 없는 것, 사랑으로 인한 상실감, 정신 이상, 종교적 맹신 등이다.

오랜 친구 '걱정'

걱정은 두려움에 뿌리를 내리고 있는 마음의 상태다. 걱정은 느리지만 끈기 있게 움직이며 교활하고 음흉하다. 이성을 마비시키고 자신감과 주도성을 무너뜨릴 때까지 천천히 자리 잡는다. 걱정은 결정을 내리지 못해서 생기는 지속적인 두려움이므로 우리가 통제할 수 있는 마음의 상태다.

불안정한 마음은 무기력하다. 결정을 내리지 못하는 것이 마음을 불안정하게 만든다. 사람들은 대부분 신속하게 의사결정을 내리고, 그 결정을 고수하는 의지력이 부족하다. 우리는 일단 확고한 행동 방향을 결정하고 나면 더 이상 상황과 조건 때문에 걱정하지 않는다.

언젠가 2시간 후 전기의자에 앉아 사형당할 사람을 인터뷰한 적이 있다. 사형수 감방에 있던 8명 중에서 그 사람이 가장 차분했다. 그 점이 이해되지 않아서 사형수에게 얼마 뒤 영원한 세상으로 간다는 사실을 알고 있는 느낌이 어떠냐고 물었다. 얼굴에 웃음을 띠면서 그는 "좋아요. 생각해 봐요. 내 온갖 골치 아픈 문제가 곧 없어질 것 아닙니까? 나는 평생 동안 골치 아픈 문제 밖에 없었어요. 먹을 것과 입을 것을 구하는 일이 너무 힘들었어요. 이제 곧 그런 것이 더 이상 필요 없게 돼요. 내가 죽는다는 것이 확실해진 다음부터는 기분이 계속 좋았어요. 그때 내 운명을 기분 좋게 받아들이기로 결정했거든요." 이런 이야기를 하면서 그는 세 사람이 먹어도 충분한 양의 음식을 하나도 남기지 않고 맛있게 먹었다. 전혀 곧 사형 집행을 앞둔 사람 같지 않았다. 결정을 내림으로써 운명에 순응하게 된 것이다. 결정은 또한 자신이 원하지 않는 상황에 끌려다니는 것을 막아 준다.

6가지 기본적 두려움은 망설임을 통해서 걱정으로 바뀐다. 우리가 죽음을 피할 수 없는 사건으로 받아들이면 죽음에 대한 두려움에서 영원히 자유로워질 수 있다. 가난에 대한 두려움은 자신이 얼마를 벌든 그것으로 잘 살아가겠다고 결심해서 이길 수 있다. 비난에 대한 두려움은 다른 사람들이 뭐라고 생각하고, 행동하고, 말하는가에 대해서 걱정하지 않겠다고 결정함으로써 물리칠 수 있다. 늙는 것에 대한 두려움은 늙는 것을 장애물이 아니라 젊은이들에게는 허용되지 않는 지혜와 자기통제를 가능하게 하는 큰 축복으로 여김으로써 제거할 수 있다. 질병에 대한 두려움은 질병의 증상을 잊어버리겠다고 결정함으로써 없앨 수 있다. 사랑의 상실에 대한 두려움은 필요하다면 사랑 없이도 잘 살겠다고 결심해서 제압할 수 있다. 걱정의 습관은 그것이 어떤 형태든 이 세상 무엇이라도 걱정이라는 값비싼 대가를 치를 정도의 가치는 없다는 총괄적이고 전반적 결정으로 없앨 수 있다. 이렇게 결정하고 나면 행복을 가져오는 안정감, 마음의 평화, 차분한 생각을 누릴 수 있다.

마음속에 두려움이 가득 찬 사람은 스스로 지혜로운 행동을 할 수 없을 뿐만 아니라, 그와 접하는 모든 사람에게 파괴적 에너지를 보내서 그 사람마저 올바른 선택을 할 수 없게 한다. 개나 말 같은 동물도 주인이 용기가 없으면 그것을 눈치챈다. 또 주인이 보내는 두려움의 진동을 느끼고 그에 따라서 행동한다. 개나 말보다 지능이 낮은 동물까지도 두려움의 진동을 포착하는 능력을 갖고 있다.

파괴적 생각이 부르는 재앙

사람의 목소리가 방송국에서 각 가정에 있는 라디오 수신기로 전달되는 것처럼 두려움의 진동도 한 사람에게서 다른 사람에게로 분명히 전달된다. 부정적인 생각을 말로 표현하는 사람들은 거의 예외 없이 그 부정적인 말의 부작용을 경험한다.

말로 표현되지 않더라도 부정적 생각 에너지만으로도 최소한 한 가지 이상의 부작용이 생긴다. 첫 번째이자 가장 중요한 부작용으로 파괴적 성격의 생각 에너지를 방출하는 사람은 창조적 상상력의 파손 때문에 피해를 입는다는 점이다. 두 번째 부작용으로 마음속에 파괴적 정서가 자리 잡은 사람은 부정적인 성격이 되어서 사람들이 멀리하게 된다는 점이다. 부정적 생각을 하거나 내보내는 사람이 입는 세 번째 피해는 다음과 같은 중요한 사실에 있다. "부정적 생각 에너지는 다른 사람들에게 해를 끼칠 뿐만 아니라 그 부정적 생각 에너지를 내보내는 사람 자신의 잠재의식에 깊숙이 자리 잡고, 그 사람 성품의 한 부분이 된다."

우리가 살아가면서 할 일은 아마도 성공을 이루는 것이다. 성공하려면 마음의 평화를 찾고, 생활에 필요한 돈을 벌고, 무엇보다도 행복을 누려야 한다. 이런 성공의 징표들은 모두 생각에서 시작된다. 당신은 자신이 선택한 생각 에너지를 마음속에 집어넣어서 자기 마음을 통제할 수 있다. 이런 특권에는 마음을 건설적으로 사용해야 한다는 책임이 함께한다.

당신은 환경에 영향을 미치고, 지시하고, 통제함으로써 삶을 자신이 원하는 모습으로 형성할 수 있다. 아니면 당신에게 부여된 삶을 건강한 모습으로 가꿀 수 있는 특권을 소홀히 함으로써 넓은 바다 위에 떠 있는 나무 조각처럼 광대한 주변 환경이라는 바다에서 이리저리 휩쓸려 다닐 수도 있다.

악마의 일터

6가지 기본적 두려움에 추가해서 사람들에게 고통을 주는 또 하나의 악이 있다. 그것은 수많은 실패의 씨앗이 자라는 기름진 땅이다. 그것은 너무나 교묘하게 숨어 있어서 사람들이 그 존재를 모르는 경우가 많다. 그것은 두려움과는 다르다. 6가지 두려움 전부 보다 더 깊이 자리하고 있고, 더 치명적이다. 바로 '부정적 영향에 대한 민감성'이다.

큰돈을 번 사람들은 누구나 이 무서운 악으로부터 자신을 보호한다. 가난으로 고생하는 사람들은 그렇게 하지 않는다. 어떤 직업에서든 성공한 사람들은 이 악으로부터 자신을 방어하기 위해서 마음을 다스린다. 당신이 부자가 되기 위해서 이 책을 읽고 있다면, 자신을 눈여겨보고 부정적 영향에 민감한지 판단해야 한다. 이 자기분석을 소홀히 하면 당신은 자신이 원하는 목표를 성취할 수 있는 권리를 박탈당할 것이다.

자기분석은 철저하게 해야 한다. 자기분석 질문을 읽고 나서 엄격한 회계 관리를 하듯이 정확하게 대답해야 한다. 당신을 습격하기 위해서 잠복하고 있는 적군을 찾아내듯이 빈틈없이 자기분석을 하고, 적군을 처리하듯이 당신의 잘못을 해결하라.

노상강도에게서 자신을 보호하는 일은 쉽다. 법에 따라서 체계적 도움을 받을 수 있기 때문이다. 그러나 이 일곱 번째 기본적인 악은 우리가 자고 있을 때나 깨어있을 때나 전혀 예측하지 못할 때 기습하기 때문에 제압하기가 더 어렵다. 또 이 일곱 번째 악이 사용하는 무기는 형체가 없는 단지 마음의 상태일 뿐이다.

이 악이 위험한 또 다른 이유는 인간의 경험이 다양한 만큼 이것의 형태도 다양하다는 데 있다. 때로는 부모나 친척들이 던지는 좋은 의도를 가진 말일 수도 있고, 더러는 자기 자신의 태도를 통해서 안으로부터 뚫고 나올 수도 있다. 이 악은 비록 속도는 느릴지 모르지만 언제나 독약만큼 치명적이다.

부정적 영향에서 자신을 보호하는 방법

자기 자신이 만들어 낸 것이든 아니면 주위 사람들의 부정적 행동으로 인해서 생긴 것이든 부정적 영향에서 자신을 지키기 위해서는, 자신이 의지력을 갖고 있음을 인식하고 마음속에 부정적 영향을 막아 주는 방호벽이 쌓일 때까지 계속해서 의지력을 발휘해야 한다. 당신을 포함해서 모든 사람들은 천성적으로 게으르고, 무관심하고, 6가지 두려움 모두에 대해 취약하다는 사실을 인식하고, 이 모든 두려움을 상쇄할 수 있는 습관을 개발해야 한다.

부정적 영향은 잠재의식을 통해서 당신에게 영향을 행사하는 경우가 많기 때문에 발견하기 어렵다는 것을 의식하고, 어떤 식으로든 당신의 마음을 우울하게 하거나 의욕을 떨어뜨리는 사람들에게는 마음의 문을 닫아 버려라. 약장을 비우고 그 안에 들어 있던 모든 약을 버려라. 감기, 두통, 통증, 가상의 질병 등에 약한 모습을 보이지 마라. 당신이 스스로 생각하고 행동하도록 좋은 영향을 미치는 사람들과 가까이 하려고 노력하라. 골치 아픈 문제가 생길지 걱정하지 마라. 그런 생각을 하면 실제로 그런 일이 생기는 경우가 많다.

모든 사람들이 공통적으로 갖고 있는 가장 흔한 약점은 의심의 여지없이 다른 사람들의 부정적 영향에 마음의 문을 열어 놓는 습관이다. 이 약점이 더욱 해로운 것은 사람들이 대부분 자신이 그 약점을 갖고 있다는 것을 알지 못하고, 의식하는 사람들 중에서도 많은 사람이 그것을 통제 불가능한 일상 습관이 될 때까지 교정하지 않는다는 점이다.

자신의 실제 모습을 알고 싶은 사람들을 돕기 위해서 질문을 준비했다. 질문을 하나하나 읽고 나서 자신의 목소리를 들을 수 있을 정도로 큰 소리로 대답하라. 그렇게 하면 진실한 답변을 하는 데 도움이 된다.

자기분석 질문

1. "기분이 안 좋다."라는 말을 종종 하는가? 만일 그렇다면 그 이유는 무엇인가?
2. 아주 사소한 일에도 다른 사람들의 흠을 찾는가?
3. 업무에서 실수를 자주 하는가? 만일 그렇다면 이유는 무엇인가?
4. 대화할 때 빈정거리거나 공격적인가?
5. 다른 사람과 어울리는 것을 의도적으로 피하는가? 만일 그렇다면 이유가 무엇인가?
6. 자주 소화불량에 걸리는가? 만일 그렇다면 이유는?
7. 인생이 허망하거나 미래가 암울해 보이지는 않는가?
8. 자기 직업을 좋아하는가? 그렇지 않다면 이유는?
9. 종종 자기 연민을 느끼는가? 만일 그렇다면 왜 그런가?
10. 당신보다 뛰어난 사람들을 시샘하는가?
11. 어느 쪽에 더 많은 시간을 쓰는가? 성공에 대한 생각인가 아니면 실패에 대한 생각인가?
12. 나이가 들면서 자신감이 커지는가 아니면 작아지는가?
13. 당신은 모든 실수를 통해서 가치 있는 무언가를 배우는가?
14. 당신은 친척이나 친지들이 당신에게 걱정을 끼치도록 허용하는가? 그렇다면 왜

그런가?

15. 당신은 때때로 기분이 천당에 있다가 지옥에 있다가 하는가?

16. 당신을 가장 기운 나게 하는 사람은 누구인가? 이유는 무엇인가?

17. 당신은 피할 수도 있는 부정적이거나 의욕을 꺾는 영향을 묵인하는가?

18. 당신은 외모에 무관심한가? 만일 그렇다면 언제, 왜 그런가?

19. 당신은 너무 바빠서 걱정할 시간이 없도록 함으로써 골치 아픈 일을 잊는 법을 배웠는가?

20. 만일 다른 사람들이 당신을 위해 대신 생각하도록 허용하는 사람이라면 당신은 자신을 '줏대 없는 놈'이라고 부르겠는가?

21. 당신은 자가 중독auto-intoxication으로 성격이 괴팍해지고, 짜증을 잘 내는 사람이 될 때까지 내부 세척을 방치하는가?

22. 예방할 수도 있는 걱정이 얼마나 많이 당신을 괴롭히는가? 왜 그것을 참는가?

23. 신경을 가라앉히기 위해서 술, 마약이나 담배에 의지하는가? 만일 그렇다면 왜 그 대신 의지력으로 노력하지 않는가?

24. 누군가 당신을 괴롭히는 사람이 있는가? 만일 그렇다면 무슨 이유로 그러는가?

25. 확고한 주목적이 있는가? 만일 그렇다면 그것은 무엇이고, 그것을 달성하기 위한 계획은 무엇인가?

26. 6가지 기본적 두려움으로 고통받고 있는가? 만일 그렇다면 어떤 것인가?

27. 당신은 다른 사람들의 부정적 영향에서 자신을 보호할 수 있는 방법을 가지고 있는가?

28. 당신은 긍정적 마음을 갖기 위해 자기암시를 의도적으로 사용하는가?

29. 물질적 재산과 자신의 생각을 통제할 수 있는 특권 중에서 어느 것을 가치 있게 여기는가?

30. 당신은 자신의 판단에 반대하는 다른 사람들에게 쉽게 영향을 받는가?

31. 오늘 당신의 지식이나 정신에 뭔가 가치 있는 것을 추가했는가?

32. 당신은 자신을 불행하게 하는 상황에 정면으로 맞서는가 아니면 책임을 회피하는가?

33. 당신은 자신이 저질렀던 모든 실수나 실패를 분석해서 도움이 되는 것을 얻으려고 노력하는가 아니면 그것은 당신의 의무가 아니라는 태도를 취하는가?

34. 자신에게 가장 피해를 주는 3가지 약점을 말할 수 있는가? 그것을 고치기 위해서 무엇을 하고 있는가?

35. 당신은 다른 사람들을 동정해서 괴로운 일이 있으면 당신에게 가져오라고 권하는가?

36. 당신은 일상 경험들에서 자신의 성장에 도움이 되는 교훈이나 영향을 받아들이는가?

37. 당신과 같이 있는 것이 다른 사람들에게 대체로 부정적 영향을 주는가?

38. 다른 사람들의 어떤 습관이 가장 짜증나는가?

39. 당신은 독자적 판단을 내리는가 아니면 다른 사람들에 의해서 영향받도록 허용하는가?

40. 당신은 의욕을 떨어뜨리는 모든 부정적 영향에서 자신을 보호할 수 있는 정신 자세를 만드는 방법을 익혔는가?

41. 현재 직업은 당신에게 믿음과 희망을 불러일으키고 있는가?

42. 당신의 마음을 모든 형태의 두려움에서 자유롭게 해 줄 수 있는 충분한 영적 힘을 소유하고 있다는 것을 자각하고 있는가?

43. 당신의 종교는 마음을 긍정적으로 유지하는 데 도움을 주는가?

44. 당신은 다른 사람들의 걱정을 함께 나누는 것이 자신의 책임이라고 느끼는가? 만일 그렇다면 왜 그런가?

45. 만일 '유유상종' 이라는 말을 믿는다면, 당신이 끌어당긴 친구들을 분석함으로써 자신에 관해서 무엇을 알게 되었는가?

46. 당신과 가장 가깝게 어울리는 사람들과 당신이 경험하는 불행 사이에 어떤 관계가 있다고 생각하는가?

47. 당신이 친구라고 생각하는 어떤 사람이 당신에게 미치는 부정적 영향 때문에 실제로는 최악의 적이 될 수도 있는가?

48. 어떤 기준으로 당신에게 도움이 되는 사람과 해를 끼치는 사람을 판단하는가?

49. 당신과 가까운 동료는 당신보다 정신적으로 뛰어난가 아니면 뒤지는가?

50. 24시간 중에서 얼마만큼의 시간을 다음 활동에 전념하는가?

    a. 직업

    b. 잠자기

    c. 취미생활과 휴식

    d. 유용한 지식의 습득

    e. 단순한 낭비

51. 지인들 중에 누가

    a. 가장 당신을 격려해 주는가?

    b. 가장 주의를 많이 주는가?

    c. 가장 의욕을 꺾는가?

52. 당신의 가장 큰 걱정은 무엇인가? 왜 그것을 참고 견디는가?

53. 다른 사람들이 청하지도 않은 충고를 해 줄 때 그것을 별 의문 없이 그냥 받아들이는가 아니면 그들의 동기를 분석하는가?

54. 당신이 가진 다른 무엇보다 가장 큰 욕구는 무엇인가? 그것을 획득할 생각인가? 이 욕구를 위해 다른 모든 욕구들을 기꺼이 포기할 것인가? 매일 얼마만큼의 시간을 그것을 획득하는 데에 전념하는가?

55. 당신은 마음을 자주 바꾸는가? 그렇다면 왜 그런가?

56. 당신은 일단 시작한 일은 대개 마무리를 짓는가?

57. 당신은 쉽게 다른 사람들의 사업, 직함, 학위, 재산 등에서 깊은 인상을 받는가?

58. 당신은 다른 사람들이 당신에 관해서 생각하거나 말하는 것에 의해 쉽게 영향받는가?

59. 당신은 사람들의 사회적 혹은 재정 상태 때문에 그들에게 영합하는가?

60. 살아있는 사람들 중에서 가장 위대한 사람은 누구라고 생각하는가? 그 사람은 어떤 점에서 당신보다 우월한가?

61. 이 질문들에 대해 연구하고 답변하는 데 얼마만큼의 시간을 사용했는가?

    (전체 목록에 대해서 분석하고 대답하기 위해서는 최소한 하루가 필요하다)

지금까지 모든 질문에 진실하게 대답했다면, 당신은 대부분의 사람들보다 자신에 대해서 더 많이 알고 있다. 이 질문에 대해서 세심하게 연구하고 몇 달 동안 매주 한 번씩 이 질문에 다시 답해 보기 바란다. 그러면 이 질문에 대해서 정직하게 답하는 단순한 방법으로 얼마나 자신에게 커다란 가치가 있는 엄청난 양의 추가 지식을 얻을 수 있는지에 놀라게 될 것이다.

어떤 질문에 대해서 확실하게 대답할 수 없다면, 당신을 잘 알고 있는 사람 특히 당신에게 듣기 좋은 말을 할 필요가 없는 사람의 도움을 받아서 그의 눈에 비친 자신의 모습을 보라. 놀라운 경험이 될 것이다.

우리가 완벽히 통제할 수 있는 유일한 것

당신이 완벽히 통제할 수 있는 단 한 가지는 바로 당신의 생각이다. 이것은 인간이 지금까지 알고 있는 모든 사실 중에서 가장 의미가 크고 용기를 주는 사실이다! 이것은 인간의 신성을 반영하는데, 이 신성이 가진 힘이야말로 당신이 자기 운명을 통제할 수 있는 유일한 수단이다.

당신이 자신의 마음을 통제하지 못한다면, 분명히 그 밖의 아무것도 통제할 수 없을 것이다. 만일 당신이 자신이 소유한 것 중에서 무언가를 소홀히 다뤄야 한다면, 그것은 물질적인 것이어야 한다. 당신의 마음은 당신이 가진 영적 재산이다! 마음은 신성의 존엄이 부여된 곳이기 때문에 정성을 다해서 보호하고 사용해야 한다. 당신에게 의지력이 부여된 것은 바로 이 목적을 위해서다.

불행하게도 의도적이든 아니면 무지해서든 부정적 암시를 통해서 다른 사람들의 마음에 독을 주입하는 사람들에게서 우리를 보호해 주는 법적 장치는 없다. 이런 형태의 파괴는 사실 무거운 형벌에 처할 필요가 있다. 왜냐하면 부정적 암시는 법으로 보호되고 있는 물질을 획득할 수 있는 기회를 망쳐버릴 수 있고, 실제로 자주 망치기 때문이다.

부정적 마음을 가진 사람들이 에디슨에게 사람 목소리를 기록하고 재생할 수 있는 기계는 만들 수 없다고 설득하려고 했다. 그들은 "누구도 지금까지 그런 기계를 만들지 못했다."라고 말했다. 에디슨은 그들을 믿지 않았다. 그는 마음속으로 생각하고 믿는 것은 어떤 것이든 만들어 낼 수 있다는 점을 알고 있었다. 바로 그 지식이 에디슨을 평범한 사람들 사이에서 위인의 반열로 올린 것이다.

부정적 마음을 가진 사람들이 울워스 F. W. Woolworth 에게 5센트에서 10센트짜리 상품을 파는 가게를 경영하면 망할 것이라고 말했다. 울워스는 그들을 믿지 않았다. 그는 사리에 벗어나지 않는 일은 무엇이든 믿음을 갖고 계획을 꾸준히 추진하면 해 낼 수 있다는 것을 알고 있었다. 다른 사람들의 부정적 암시에서 자기 마음을 보호할 수 있는 권리를 행사하면서 그는 1억 달러 이상의 부를 쌓았다.

헨리 포드가 디트로이트 거리에서 엉성하게 제조된 그의 첫 번째 차를 시험했을 때, 의심 많은 사람들은 그를 깔보고 비웃었다. 어떤 사람들은 절대 실용화되지 못할 것이라고 했고, 또 어떤 사람들은 아무도 그런 장치를 위해 돈을 쓰지 않을 것이라고 했다. 포드는 "나는 믿을 수 있는 차를 만들어서 지구를 둘러싸겠다."라고 말했다.

그리고 그는 해냈다! 당신이 큰 부자가 되기를 원하는 사람이라면 헨리 포드와 대부분의 근로자들 사이의 사실상 유일한 차이를 기억하라. 바로 포드는 마음을 갖고 있었고, 그 마음을 통제했다는 점이다. 다른 사람들도 마음은 갖고 있었지만 그 마음을 통제하려고 하지는 않았다.

마음을 통제하는 것은 자기 절제와 습관의 결과다. 당신이 마음을 통제하지 않으면 마음이 당신을 통제한다. 중간에서 타협할 수는 없다. 마음을 통제하는 가장 현실적 방법은 마음을 확고한 목적 때문에 바쁘게 만들고, 그 목적을 확고한 계획으로 뒷받침하는 것이다. 누구든 주목할 만한 성공을 거둔 사람의 기록을 조사해 보면, 그가 자신의 마음을 통제하고 게다가 마음을 확고한 목적 달성을 위한 방향으로 통제하고 향하도록 사용한다는 사실을 알 수 있다. 이런 통제가 없다면 성공은 불가능하다.

오랜 친구 '만약' 의 55가지 유명한 변명

성공하지 못하는 사람들은 공통적으로 한 가지 두드러진 특성을 갖고 있다. 그들은 실패하는 모든 이유를 알고 있고, 왜 성공하지 못했는지 설명할 수 있는 확실한 알리바이를 갖고 있다. 이런 변명 중 몇 가지는 번드르르하고, 몇 가지는 사실에 의해서 정당화된다. 그러나 변명은 돈을 벌기 위해서 사용할 수 없다. 세상은 오직 한 가지만 알고 싶어 한다. 즉, 당신은 성공을 거두었는가?

성격 분석가 한 사람이 가장 흔히 사용하는 변명들의 목록을 작성했다. 아래에 있는 목록을 읽으면서 자기 자신을 면밀히 살펴보고, 목록 중에서 몇 개나 당신에게 해당되는지 판단하기 바란다. 또 이 책에서 제시하는 철학은 목록에 포함된 모든 변명을 쓸모없게 만든다는 점도 기억하라.

1. 아내와 가족만 없으면…

2. 충분한 연줄만 있으면…

3. 돈만 있으면…

4. 교육만 잘 받았더라면…

5. 취업만 할 수 있으면…

6. 건강하기만 하다면…

7. 시간만 있으면…

8. 시기만 좋으면…

9. 다른 사람들이 나를 이해만 하면…

10. 내 주변 상황이 다르기만 하면…

11. 만일 인생을 다시 시작할 수만 있다면…

12. 다른 사람들이 무엇이라고 하든 두려워하지만 않았다면…

13. 기회만 있었더라면…

14. 지금 기회가 주어진다면…

15. 다른 사람들이 내게 원한을 품지만 않는다면…

16. 일이 생겨서 방해만 하지 않으면…

17. 젊기만 하면…

18. 내가 하고 싶은 대로 할 수만 있으면…

19. 부자로 태어나기만 했으면…

20. 제대로 된 사람을 만날 수만 있다면…

21. 다른 사람들처럼 재주만 있으면…

22. 자기주장을 할 용기만 있다면…

23. 과거에 기회를 잡기만 했더라면…

24. 사람들이 신경에 거슬리게 하지만 않으면…

25. 집에서 살림하고 애들을 돌보지만 않으면…

26. 돈을 조금 모을 수만 있으면…

27. 상사가 내 진가를 알아보기만 하면…

28. 나를 도와줄 사람만 있으면…

29. 가족들이 나를 이해만 해 주면…

30. 큰 도시에 살고 있다면…

31. 시작할 수만 있으면…

32. 내게 자유만 있으면…

33. 다른 사람들처럼 개성이 있으면…

34. 뚱뚱하지만 않으면…

35. 내 재능이 알려지기만 하면…

36. 행운을 얻을 수만 있으면…

37. 빚에서 벗어날 수만 있으면…

38. 실패만 하지 않았더라면…

39. 방법만 안다면…

40. 모두가 반대만 하지 않으면…

41. 걱정거리가 이렇게 많지만 않으면…

42. 나에게 딱 맞는 사람과 결혼하면…

43. 사람들이 바보가 아니라면…

44. 가족들이 낭비만 하지 않으면…

45. 자신감만 있다면…

46. 운이 나에게 등만 돌리지 않으면…

47. 이렇게 잘못된 운세를 지니고 태어나지만 않았더라면…

48. "운명은 미리 정해져 있다."라는 말이 사실이 아니라면…

49. 열심히 일하지 않아도 된다면…

50. 돈을 잃지만 않았다면…

51. 다른 동네에 산다면…

52. '과거'만 없다면…

53. 내 사업체만 있다면…

54. 다른 사람들이 내 말을 듣기만 한다면…

55. (이것이 가장 큰 문제다) 내 실체를 있는 그대로 볼 수 있는 용기만 있다면, 내 문제가 무엇인지 찾아서 고칠 텐데. 그러고 나서 나에게 뭔가 문제가 있다는 것을 알기 때문에 내 실수에서도 무엇인가를 얻을 수 있고, 다른 사람들의 경험에서 무언가를 배울 수도 있었을 텐데. 아니면 가진 약점을 분석하는 데에 더 많은 시간을 보내고, 그것을 덮을 수 있는 변명을 생각해 내는 데에 더 적은 시간을 보냈더라면 내가 진작 가 있었을 곳에 지금 있을 텐데.

왜 실패해야만 했는지 정당화할 수 있는 변명을 찾아내는 것이 전국적인 오락거리가 되고 있다. 이것은 인류만큼이나 오래된 습관으로 성공에 치명적이다! 사람들은 왜 변명에 집착하는 것일까? 이유는 명확하다. 자신이 만들어 낸 것이기 때문에 변명을 옹호하는 것이다. 변명은 자신의 상상력이 만들어 낸 작품이고, 자신의 창작물을 변호하는 것은 인간의 본성이다.

변명하는 것은 뿌리 깊은 습관이다. 습관은 깨기 어렵고, 특히 그것이 우리가 하는 일을 정당화할 수 있을 때는 더욱 그렇다. 플라톤은 그것을 알고 이렇게 말했다. "첫손으로 꼽는 최고의 승리는 자신을 정복하는 것이다. 자신에게 정복당하는 것은 다른 무엇보다도 가장 부끄럽고 수치스럽다."

다른 철학자 한 사람도 같은 생각을 하고 있었다. 그는 이렇게 말했다. "다른 사람들에게서 발견하는 대부분의 추한 것들은 단지 나 자신의 본성에 대한 반영일 뿐이라는 사실을 알고 깜짝 놀랐다." 엘버트 허버드 Elbert Hubbard는 "사람들이 자신의 약점을 덮기 위한 변명을 만들어서 자신을 의도적으로 속이는 데 왜 그렇게 많은 시간을 소비하는지가 내게는 항상 수수께끼였다. 그 시간을 자기 약점을 교정하는 데 사용한다면 변명이 필요 없어질 것이다."라고 말했다.

이 책을 마치면서, 당신에게 하고 싶은 말은 이것이다. "삶이란 장기판이고, 당신과 장기를 두고 있는 상대는 시간이다. 말을 움직이기 전에 망설이거나 제 시간에 움직이지 않으면, 당신의 말은 얼마 지나지 않아서 판에 하나도 남지 않게 될 것이다. 당신은 망설임을 참지 못하는 상대와 승부를 겨루고 있다!"

과거에는 삶을 당신이 원하는 대로 움직이도록 할 수 없는 것에 대한 논리적 핑계가 있었을지 모르지만, 이제 그 변명은 한물간 것이다. 왜냐하면 이제 당신은 삶이 제공하는 풍부한 재물이 가득한 방문을 열 수 있는 마스터키를 갖고 있기 때문이다.

그 마스터키는 형체가 없지만 강력하다! 부자가 되겠다는 불타는 욕구를 자기 마음속에 갖는 것은 특권이다. 마스터키를 사용한다고 해서 벌

금을 내지는 않지만, 그것을 사용하지 않으면 반드시 실패라는 대가를 치러야 한다. 대신 사용하려고 열쇠를 꽂으면 엄청난 보상을 받는다. 자신을 정복하고 무엇을 원하든 삶이 그것을 지급하도록 만드는 모든 사람에게는 만족감이 찾아온다. 그 보상은 당신이 충분히 노력할 가치가 있다. 지금 바로 시작해서 정말 그렇다는 것을 확신해 보겠는가?

"인연이 있다면 우리는 만나게 될 것이다."라고 위대한 사상가 랄프 왈도 에머슨은 말했다. 나는 그의 말을 빌려서 "우리는 커다란 인연이 있었기에 이 책을 통해서 만날 수 있었다."라고 말하고 싶다.

브라이언 트레이시 Book 시리즈

전략적 세일즈

세일즈맨과 비즈니스맨을 위한 마케팅 필독서!
당신의 세일즈 취약점을 정확히 진단해 판매 인생을 획기적으로 변화시켜줄
세일즈 법칙과 실천 전략들로 구성되어 있다.

브라이언 트레이시 지음 | 홍성화 옮김 | 김동수 감수 | 값 22,000원

마이셀프

행복과 성공의 밑거름이 되는 강력한 말 "나는 내가 좋다!" 성공을 꿈꾸는
당신에게 자신의 경험과 깨달음을 바탕으로 인생의 행복과 성공을 찾아가는
방법을 쉽고 간결하게 제시하고 있다.

브라이언 트레이시 지음 | 조환성 옮김 | 박석 감수 | 값 15,000원

괜찮아, 좌절하고 방황해도 포기하지 않는다면

밴쿠버에서 사하라 사막까지 목적지만 2만 7,000킬로미터, 그곳에 도달하려고
고군분투한 세 젊은이의 리얼 모험기
삶에서 미리 배워야 할 모든 것과 여행이 가르쳐 주는 지혜를 나는 사막에서 배웠다.

브라이언 트레이시 지음 | 이성엽 옮김 | 김동수 감수 | 값 13,800원

잠들어 있는 성공시스템을 깨워라 (양장본)

잠재의식 속 성공시스템을 이해하고 풀가동하라!
성공을 꿈꾸는 사람들의 '완역본' 교과서가 드디어 출간되다.
책에서 제시하는 마음의 법칙에 따라 그들이 한 방식대로 따라만 한다면
우리도 삶에서 일어나는 놀라운 변화와 행복을 만끽할 수 있을 것이다.

브라이언 트레이시 지음 | 홍성화 옮김 | 김동수 감수 | 값 22,000원

잠들어 있는 시간을 깨워라

목표를 성취하기 위해서는 자신의 시간을 완벽하게 지배하라!
이론적인 내용이 아닌 저자가 시행착오를 겪으며 깨달은 실질적인 내용들이
가득하기에 책에서 알려준 대로 실천한다면 당신도 삶에서 위대한 성공을
이룰 수 있다.

브라이언 트레이시 지음 | 이성엽 옮김 | 김동수 감수 | 값 14,800원

(주)코난미디어 02) 597-2588 📱 010-2274-0511

THE NAPOLEON HILL FOUNDATION

Our Mission
Our mission is to make the world a
better place in which to live

나폴레온 힐 코리아

강사교육 나폴레온 힐 코리아 연간 1~2회 진행
강사교육 수료 후 지역별 센터 개설계약 가능

한국 www.napoleonhillkorea.com
미국 www.napoleonhill.com
T : 070-8880-0611 / Email : info@napoleonhillkorea.com

전국 센터별 나폴레온 힐 세미나 문의 및 강의 안내

서울 강남센터	서울 서초구 서초동 1626-3 제일빌딩 1층 대표 이원길 010-3214-6702 / thevarom1@hanmail.net
서울 서초센터	서울 서초구 양재동 110-15 청암빌딩 2층 대표 김규순 010-7773-7731 / jusan20@hanmail.net
액션러닝 코리아	서울 서초구 양재동 203-1 동중빌딩 501호 대표 이영민 010-2589-1958 / actionlearningkorea@gmail.com blog.naver.com/iactionlearn
대구센터	대구시 동구 신천 3동 155-1번지 3층 (주)드림포유 대표 정수진 010-3513-6170 / gorae@hanmail.net www.idream4u.net
인천센터	인천 부평구 장제로 190번길 17-5 대표 이동주 010-8340-3729 pretty9397@hanmail.net / goodboy9397@gmail.com
청주센터	충북 청주시 서원구 호국로 169 2층 대표 홍성현 010-5403-1627 / cos1st@naver.com

Think and
Grow Rich